Matthias Schopp

Sauerland

mit Rothaarsteig

60 ausgewählte Touren

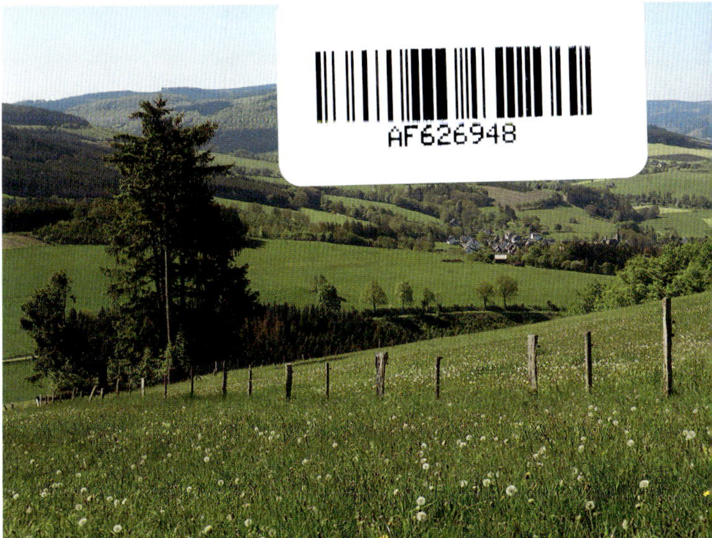

ROTHER
BERGVERLAG

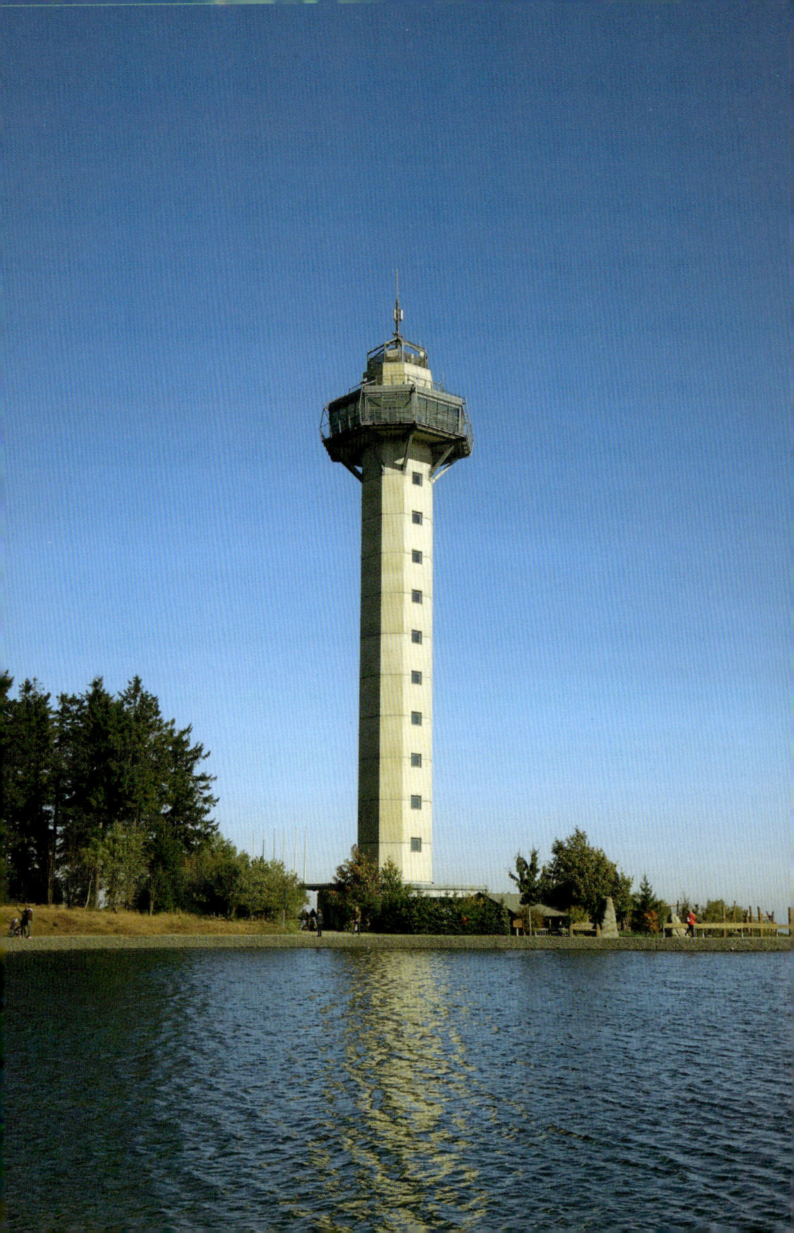

VORWORT

Seit Jahrzehnten steht das Sauerland wie kaum eine andere Region im deutschen Mittelgebirgsraum für eine Fülle von Freizeitmöglichkeiten im Outdoorbereich. Egal ob auf Skiern, mit dem Fahrrad oder zu Fuß: Entlang von Lenne und Ruhr werden Natursportfreunde auf ihre Kosten kommen. In jüngster Vergangenheit hat die ohnehin bereits populäre Ferienregion noch einmal an Attraktivität hinzugewonnen. Immer mehr Menschen möchten auch lohnende Nahziele entdecken und sich sportlich an der frischen Luft betätigen. Dazu haben gesellschaftliche Trends im Freizeitverhalten (u. a. das Thema »Nachhaltigkeit«), aber auch die Corona-Pandemie beigetragen. Dennoch – auch das darf nicht unerwähnt bleiben – vollzieht sich im Sauerland gegenwärtig ein radikaler Landschaftswandel. Nach Jahren der Trockenheit ist der sauerländische Wald vielerorts zerstört. Der massive Borkenkäferbefall lässt oft nur eine Möglichkeit zu: den Kahlschlag ganzer Fichtenbestände. Diesen Umstand dürfen wir nicht ausblenden. Man wird zur Zeit kaum eine Wanderung unternehmen können, die nicht auch teilweise durch abgeholzte Flächen und über breite, von Forstmaschinen zerfurchte Wege führt.
Der vorliegende Wanderführer erschließt das Sauerland und seine angrenzenden Höhenzüge in 60 Tourenvorschlägen. Er greift das bestehende Konzept von Bernhard Pollmann auf, der diesen Wanderführer über viele Jahre betreut und zum Standardwerk der Wanderliteratur über das Sauerland gemacht hat. Die Routen führen Sie zu den schönsten Plätzen in unserer Region: auf aussichtsreiche Gipfel, zu bekannten Talsperren und durch liebliche Quelltäler – das Sauerland ist noch immer eine wundervolle Erholungslandschaft. Die Touren selbst sind dabei bewusst so zusammengestellt, dass Sie aus einem vielfältigen Angebot auswählen können: Vom lockeren Spaziergang bis hin zur fordernden Bergtour bietet dieser Wanderführer für jedes Interesse und jeden konditionellen Anspruch die passende Wanderung. Wenn Sie etwas mehr Zeit mitbringen, bietet der Premiumwanderweg Rothaarsteig eine der schönsten Möglichkeiten, die Gegend zu entdecken.
Alle Tourenvorschläge orientieren sich am offiziellen Wanderwegenetz, auch um den Anforderungen seitens des Naturschutzes gerecht zu werden. Die Schönheit der sauerländischen Landschaft auch weiterhin gemeinsam erleben und genießen zu können, bleibt vorrangigstes Ziel.
Für Ihren Aufenthalt im Sauerland wünsche Ich Ihnen intensive und spannende Eindrücke, vor allem aber eine erholsame Zeit mit vielen positiven Erlebnissen.

Frühjahr 2022 Matthias Schopp

Der Hochheideturm auf dem Ettelsberg ist ein beliebtes Ausflugsziel.

INHALTSVERZEICHNIS

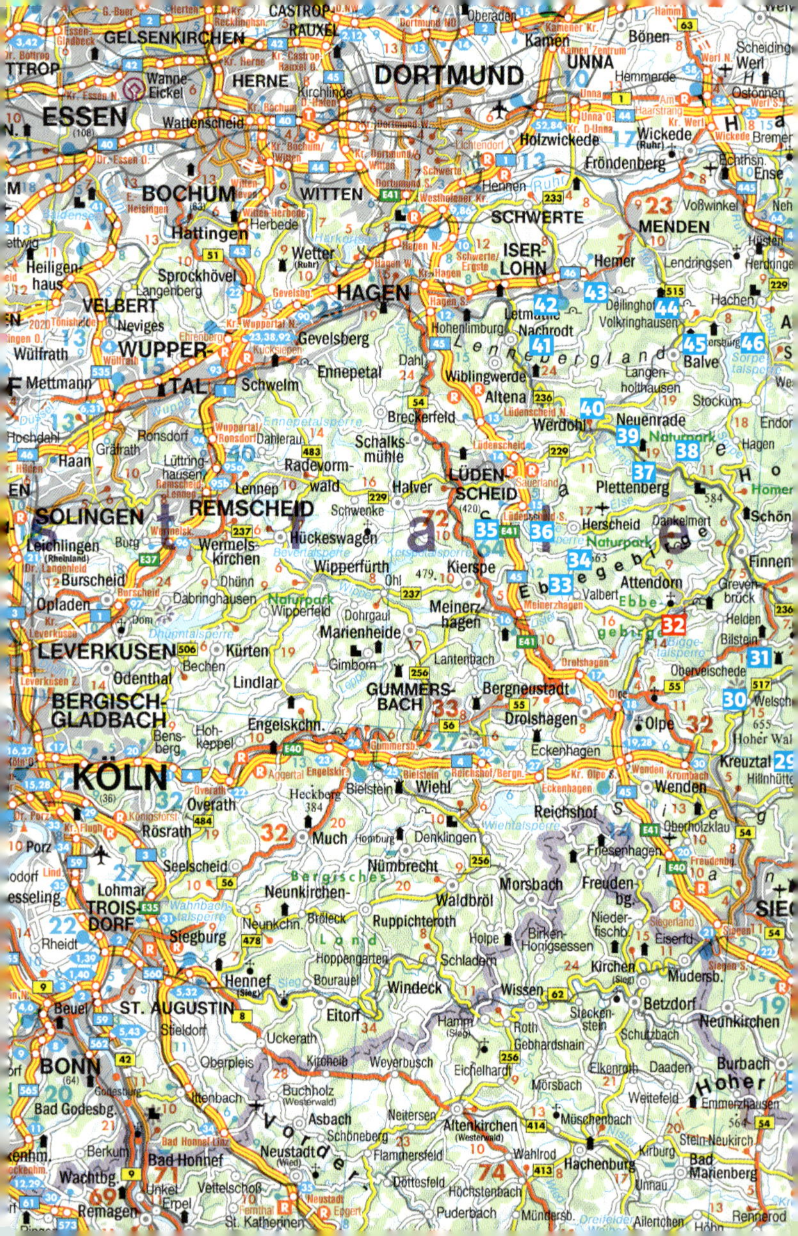

GELSENKIRCHEN
CASTROP-RAUXEL
DORTMUND
UNNA
Kamen
Bönen
Werl
HERNE
Wanne-Eickel
ESSEN
Wattenscheid
BOCHUM
WITTEN
Holzwickede
Fröndenberg
Wickede (Ruhr)
Ense
Hattingen
Herbede
Wetter (Ruhr)
SCHWERTE
MENDEN
Voßwinkel
Velbert
Heiligenhaus
Sprockhövel
Langenberg
Neviges
HAGEN
ISERLOHN
Hemer
Lendringsen
WUPPERTAL
Gevelsberg
Ennepetal
Schwelm
Hohenlimburg
Letmathe
Nachrodt
Lennebergland
Balve
Wülfrath
Mettmann
Haan
Hochdahl
Gräfrath
Ronsdorf
Dahlerau
Radevormwald
Breckerfeld
Schalksmühle
Dahl
Wiblingwerde
Altena
Werdohl
Neuenrade
Stockum
Plettenberg
Lüttringhausen
Lennep
REMSCHEID
SOLINGEN
LÜDENSCHEID
Halver
Schwenke
Hückeswagen
Wermelskirchen
Leichlingen (Rheinland)
Burg
Burscheid
Wipperfürth
Ohl
Kierspe
Herscheid
Attendorn
Finnentrop
Opladen
Dhünn
Dabringhausen
Wipperfeld
Dohrgaul
Marienheide
Meinerzhagen
Valbert
Ebbegebirge
Naturpark
Helden
LEVERKUSEN
Kürten
Bechen
Gimborn
Lantenbach
Odenthal
Lindlar
GUMMERSBACH
Bergneustadt
Drolshagen
Olpe
BERGISCH-GLADBACH
Bensberg
Hohkeppel
Engelskirchen
Eckenhagen
KÖLN
Overath
Heckberg
Bielstein
Wiehl
Reichshof
Wenden
Kreuztal
Rösrath
Much
Denklingen
Porz
Seelscheid
Nümbrecht
Friesenhagen
Lohmar
Neunkirchen-
Morsbach
Freudenberg
TROISDORF
Neunkirchen
Bröleck
Waldbröl
Ruppichteroth
Niederfischbach
SIEGEN
Rheidt
Siegburg
Hoppengarten
Holpe
Birken-Honigsessen
Eiserfeld
Hennef (Sieg)
Bourauel
Schladern
Windeck
Kirchen (Sieg)
Mudersbach
Wissen
Betzdorf
Beuel
ST. AUGUSTIN
Eitorf
Hamm (Sieg)
Roth
Steckenstein
Neunkirchen
Stieldorf
Uckerath
Gebhardshain
Schutzbach
BONN
Oberpleis
Kircheib
Weyerbusch
Eichelhardt
Elkenroth
Daaden
Burbach
Mörsbach
Bad Godesberg
Ittenbach
Buchholz (Westerwald)
Weitefeld
Hoher
Emmerzhausen
Asbach
Neitersen
Altenkirchen (Westerwald)
Müschenbach
Schöneberg
Stein-Neukirch
Berkum
Bad Honnef
Neustadt (Wied)
Flammersfeld
Wahlrod
Hachenburg
Kirburg
Bad Marienberg
Wachtberg
Unkel
Vettelschoß
Döttesfeld
Höchstenbach
Unnau
Remagen
Erpel
St. Katharinen
Puderbach
Mündersbach
Alertchen
Rennerod

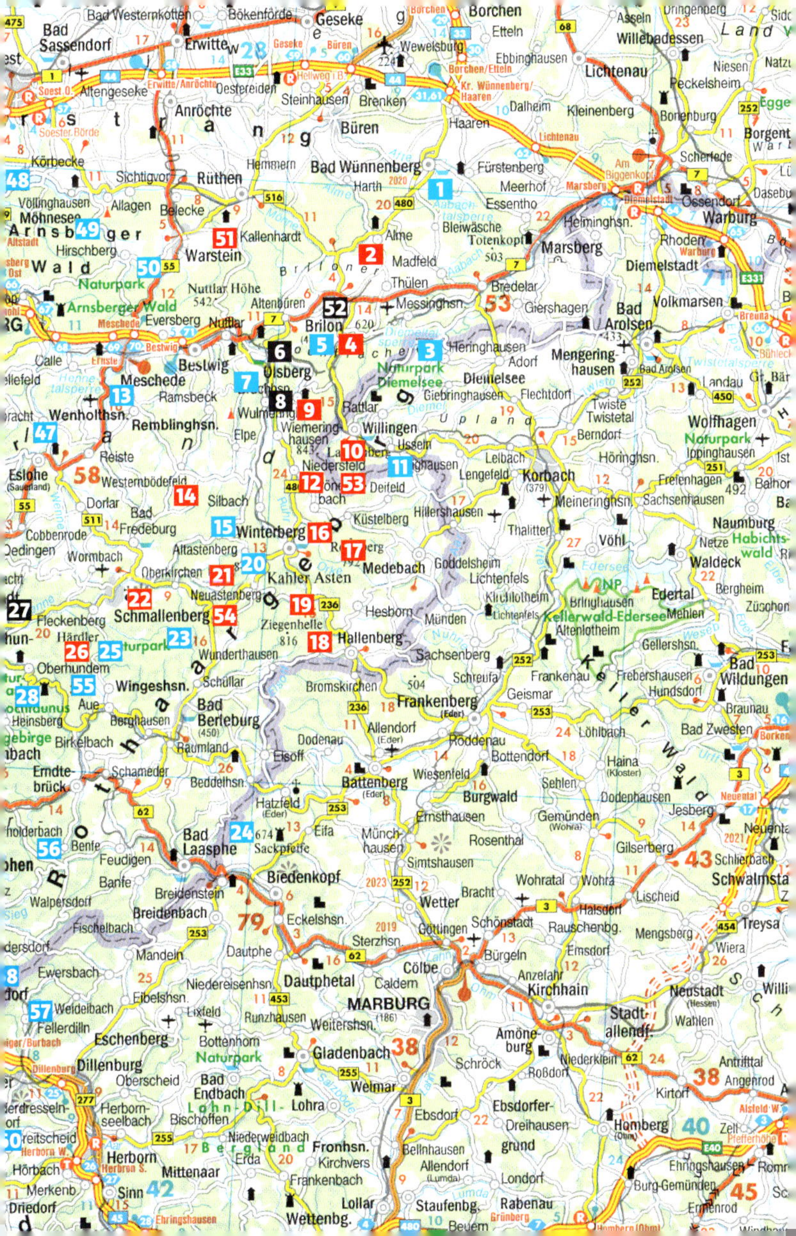

Bad Sassendorf
Erwitte
Geseke
Borchen
Willebadessen
Anröchte
Büren
Bad Wünnenberg
Lichtenau
Körbecke
Rüthen
Warstein
Arnsberger Wald
Naturpark
Möhnesee
Kallenhardt
Alme
Madfeld
Marsberg
Warburg
Diemelstadt
Brilon
Bredelar
Meschede
Bestwig
Olsberg
Naturpark Diemelsee
Diemelsee
Bad Arolsen
Volkmarsen
Mengeringhausen
Wolfhagen
Willingen
Usseln
Upland
Korbach
Eslohe
Wenholthsn.
Remblinghsn.
Winterberg
Bad Fredeburg
Medebach
Kahler Asten
Schmallenberg
Hallenberg
Frankenberg
Naturpark Kellerwald-Edersee
Edertal
Vöhl
Lichtenfels
Naumburg
Bad Wildungen
Bad Berleburg
Rothaargebirge
Wingeshsn.
Battenberg
Burgwald
Bad Laasphe
Biedenkopf
Wetter
Marburg
Kirchhain
Stadtallendorf
Neustadt
Schwalmstadt
Treysa
Dautphetal
Gladenbach
Eschenberg
Dillenburg
Herborn
Sinn
Mittenaar
Lohra
Weimar
Ebsdorfergrund
Homberg
Fronhsn.
Staufenbg.
Rabenau
Wettenbg.
Lahn-Dill-Bergland
Kellerwald

TOP-TOUREN

Was eine lohnende Wanderung zu einer besonderen macht, sind oft die persönlichen Erlebnisse, die Stimmung unterwegs, aber auch äußere Einflüsse wie Wetter, Wegbeschaffenheit und vieles andere mehr. Insofern fällt es nicht leicht, aus den beschriebenen Touren die attraktivsten unter ihnen herauszustellen, da jede Wanderung ihren eigenen Reiz ausübt. Dennoch stechen folgende Touren als »erste unter gleichen« hervor:

Almequellen
Das geheimnisvolle Karstquellgebiet der Alme verzauberte bereits Annette von Droste-Hülshoff. Noch heute präsentiert es sich seinen Gästen als wahrer Seelenort – und das bei jedem Wetter *(Tour 2, 1.50 h).*

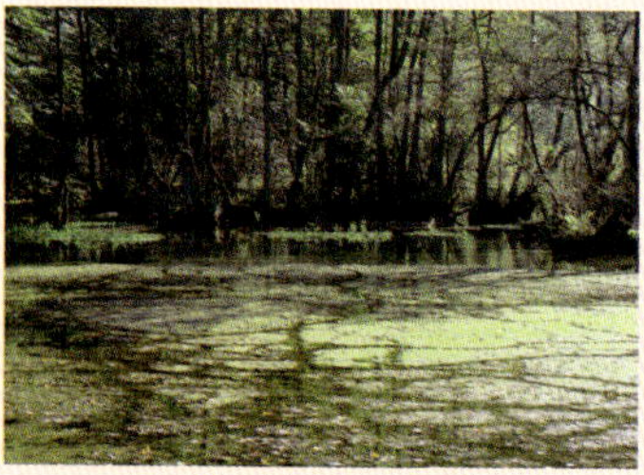

Borbergskirchhof und Olsberg
Die Marienkapelle auf dem Sauerländer Friedensberg ist Ziel mehrerer Wallfahrten. Herausragende Panoramen bieten sich zudem auf den Ginsterköpfen und dem Olsberg *(Tour 6, 6.20 h).*

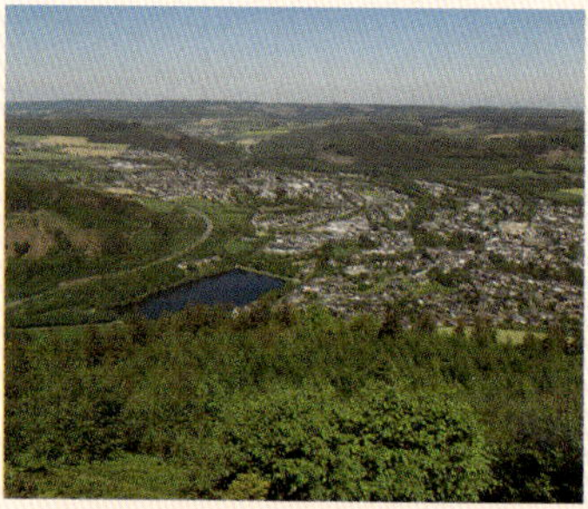

Bruchhauser Steine
Die sagenumwobenen Felsen im Hang des Istenbergs bilden eines der interessantesten Naturmonumente Westfalens. Allumfassend ist die Aussicht vom Bergkreuz auf dem Feldstein *(Tour 8, 1.15 h).*

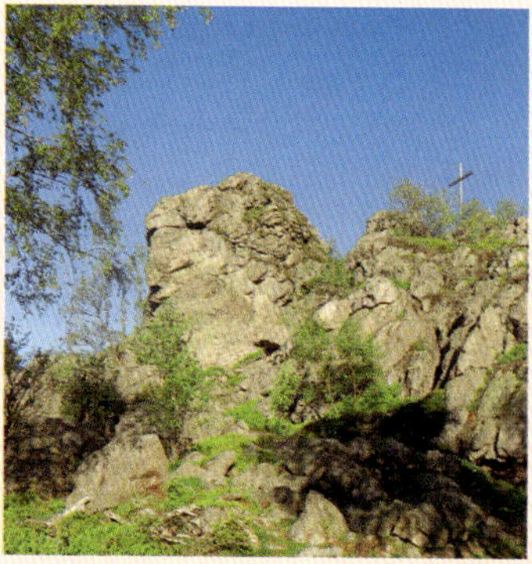

Kahle Pön
Eine gleichsam lohnende wie einfache Rundwanderung vereint fantastische Panoramaplätze im Upland mit dem Besuch in der Graf Stolberg Hütte *(Tour 11, 3.10 h).*

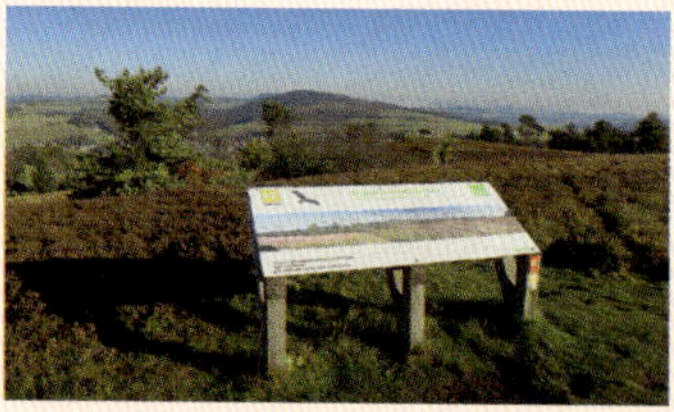

Niedersfelder Hochheide
Wenn im August die Heide blüht, wird das Naturschutzgebiet Neuer Hagen zu einem violetten Blütenmeer *(Tour 12, 6.20 h).*

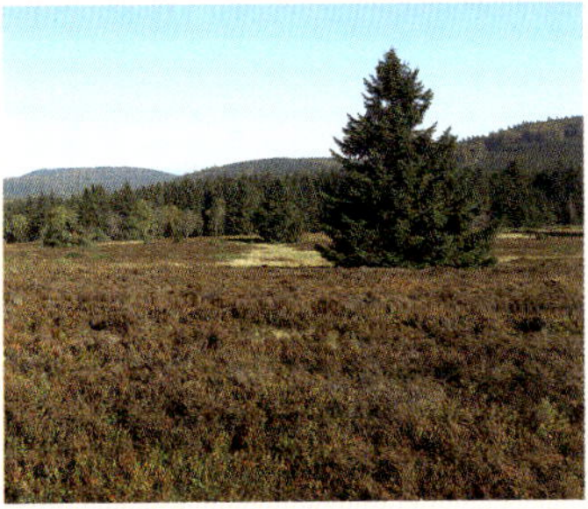

Kahler Asten
Der bekannteste Gipfel im Sauerland ist ein Besuchermagnet. Zu Recht – denn die top gepflegten Wege und das Panorama vom Gipfelplateau suchen oft ihresgleichen *(Tour 21, 5.00 h).*

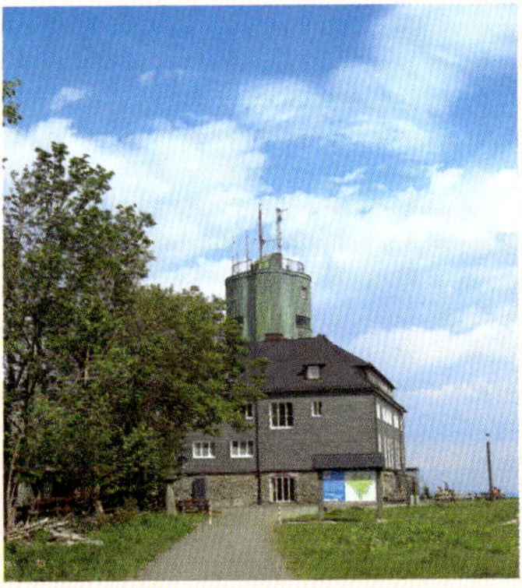

Hohe Bracht
Diese gemütliche Rundwanderung führt mit herrlichen Aussichtspassagen zu den Glanzpunkten im Bilsteiner Land *(Tour 31, 3.15 h).*

Nordhelle
Das höchste Massiv im Ebbegebirge wartet mit naturnahen Wegabschnitten durch uralte Moore sowie dem Robert-Kolb-Aussichtsturm auf *(Tour 33, 4.00 h).*

Felsenmeer
Die mystischen Kalkfelsen inmitten traumhafter Laubwaldvegetation sind ein wunderbares Ziel für Spaziergänge und kleine Wanderungen. Hier kann man auch mal einen Regentag verbringen *(Tour 43, 1.10 h).*

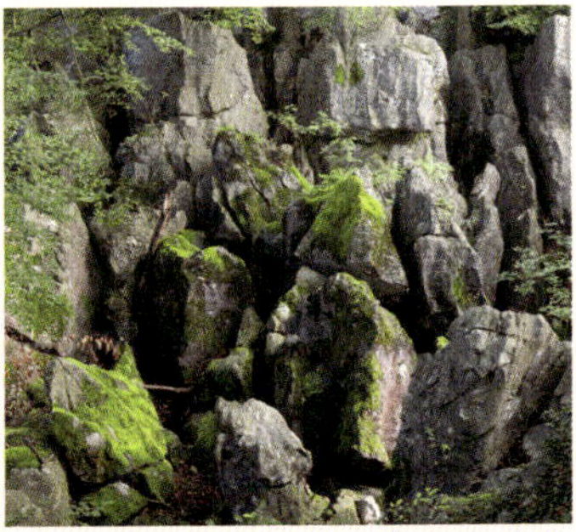

Möhnesee
Am größten See im Tourengebiet kommen alle auf ihre Kosten: Wandern, Radfahren und Wassersport haben hier eine lange Tradition. Am ruhigeren Südarm machen Zugvögel Halt zwischen ihren Brutgebieten und Winterrevieren *(Tour 48, 4.20 h).*

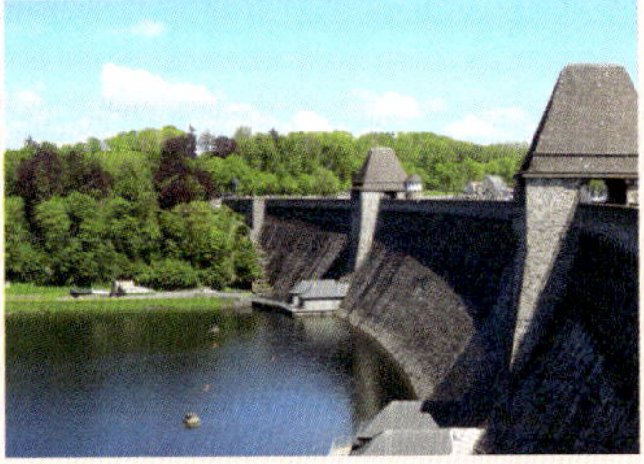

WICHTIGE HINWEISE FÜR UNTERWEGS

Schwierigkeiten

Da das Sauerland eine Mittelgebirgsregion ist, wird man keine Schwierigkeiten im alpinistischen Sinne antreffen. Um dennoch einen Eindruck über die zu erwartenden Ansprüche zu vermitteln, wurden die Anforderungen der einzelnen Touren durch Farben in drei Gruppen eingeteilt:

SCHWIERIGKEITSKATEGORIEN

■ = Leicht

Einfache Touren, die bei entsprechender Fitness auch für Anfänger gut geeignet sind. Die Routen enthalten – wenn überhaupt – nur kurze steilere oder abschüssige Passagen. Absturzgefahr kann bei normalem Verhalten in der Regel ausgeschlossen werden. Bei trockenen äußeren Bedingungen sind feste (Halb-)Schuhe mit Profilsohle für diese Wanderungen ausreichend.

■ = Mittel

Mittelschwere Touren weisen zusätzlich Passagen auf, die gute Trittsicherheit und solides Schuhwerk erfordern. Kurze Passagen können ausgesetzt sein und eine Abrutschgefahr mit ernstem Verletzungsrisiko beinhalten. Trekkingschuhe, die über den Knöchel reichen, sind empfehlenswert.

■ = Schwierig

Schwierige Bergtouren sind im Umfeld dieses Wanderführers nicht vorhanden. Dennoch erfordern einige wenige Passagen punktuell ein sehr umsichtiges Steigen. Diese Touren sind als schwierig ausgewiesen.

Diese Einteilung kann nur einen ersten Überblick über den technischen Anspruch der jeweiligen Tour geben. Die Schwierigkeit hängt zudem in hohem Maße von den äußeren Bedingungen ab und wird von jedem Einzelnen subjektiv wahrgenommen und bewertet. Neben dem technischen Anspruch sind auch weitere Kriterien wie Länge, Orientierung etc. hinzuzuziehen. Diese Faktoren wurden bei der o. g. Einteilung nur sekundär berücksichtigt. In der Kurzinfo bzw. dem Höhenprofil zu den einzelnen Touren sind diese Kriterien aber gegebenenfalls ersichtlich.

Gehzeiten

Die angegebenen Zeiten verstehen sich nur als grobe Orientierungshilfe. Allein aus den konditionellen Unterschieden ergibt sich bei der tatsächlichen Gehzeit eine breite Streuung. Wetter, Wegbeschaffenheit, Tagesform, Gruppengröße und Orientierung sind weitere Faktoren, die das Gehtempo beeinflussen. Eine gängige Methode für die Zeitberechnung für Wande-

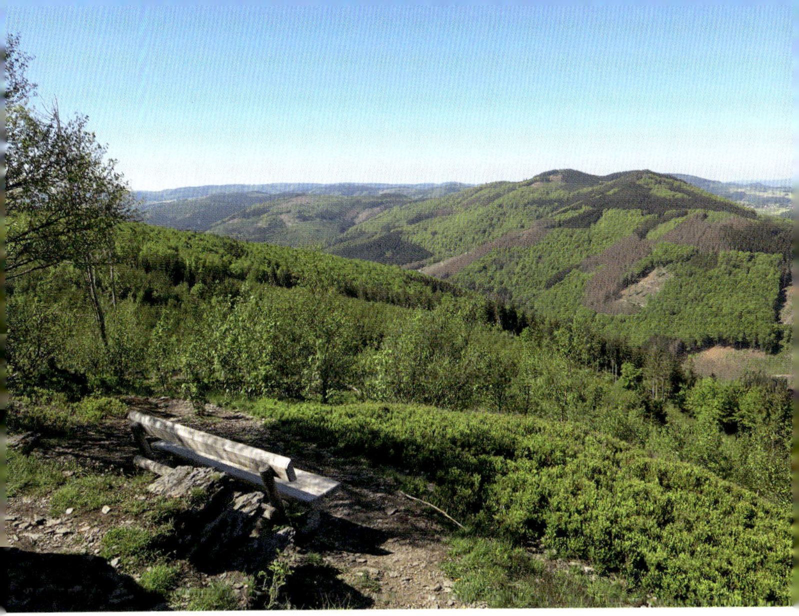

Auf dem Olsberg laden Bänke zum Verweilen ein.

rungen im Sommer ist folgende: Für 4 km Wegstrecke rechnet man 1 Std., genauso 1 Std. für 400 Höhenmeter im Aufstieg, Abstiegshöhenmeter werden nicht berücksichtigt. Der kleinere Wert wird halbiert und danach beide Werte addiert. Beispiel: Eine Strecke führt über 12 km, wobei 400 Hm überwunden werden: 12 km Wegstrecke ergeben 3 Std., 400 Hm 1 Std. (dieser Wert wird halbiert, also 0.30 Std.); die Addition ergibt 3.30 Std.
Diese Angaben können als Richtwert bei guten äußeren Bedingungen im abwechslungsreichen Gelände herangezogen werden. Wenn Schnee liegt, wird man deutlich länger brauchen. Dagegen werden konditionsstarke Geher auch schneller unterwegs sein. Generell müssen Zeiten für Erholungs- und Fotopausen sowie für Karten- und Geländestudium der oben ermittelten Zeit hinzugerechnet werden. Insbesondere Anfängern sei daher empfohlen, die eigene Gehzeit auf kürzeren Touren einzuschätzen zu üben. Bei einigen Wanderungen besteht die Möglichkeit, die Wegstrecke durch Benutzung von Bahn und Bus zu verkürzen und entsprechend den eigenen Bedürfnissen anzupassen.

Ausgangspunkt und Anreise

Unter »Ausgangspunkt« wird jeweils kurz der mit dem Pkw zu erreichende Ort genannt, an dem man losgeht. Bei der Anfahrt mit dem Auto sollte man bedenken, dass die Parkmöglichkeiten bei einigen Touren kostenpflichtig, seltener auch recht überschaubar sind, worauf an jeweiliger Stelle hingewiesen wird. Auch wenn es umständehalber oft angenehmer ist, mit dem Pkw anzureisen, viele Ausgangspunkte lassen sich gut mit öffentlichen Verkehrsmitteln erreichen. Daher wird jeweils auch auf eine mögliche Anreise mit dem ÖPNV hingewiesen. Für logierende Feriengäste ist eine Anreise mit Bus und Bahn besonders attraktiv, denn mit der Sauerland Card (Gästekarte) fahren sie kostenlos (mehr Infos unter www.sauerland.com). Da Fahrpläne nur begrenzt Gültigkeit besitzen, wurde bei den Tourenbeschreibungen auf Informationen dieser Art grundsätzlich verzichtet. An dieser Stelle sei auf die Fahrplanauskunft hingewiesen: www.bahn.de.

Wetter und beste Jahreszeit

Im Sauerland kann man das ganze Jahr hindurch wandern. Im Winter sind die tief gelegenen Routen unter 400 m Höhe meist schneefrei und können problemlos begangen werden. Solange noch kein Schnee liegt und es keine anderen Einschränkungen (Naturschutz, Loipen etc.) gibt, gilt dies auch für die Hochlagen. Der Frühling bietet sich für Touren in den Tieflagen an. Die ersten warmen Sonnenstrahlen eignen sich hervorragend für einen Spaziergang an einem der zahlreichen Stauseen. Am Rothaarkamm können sich Altschneereste bis weit ins Jahr hinein halten und die hochgelegenen Touren erschweren oder gar vereiteln. Im Sommer ist die Hauptsaison zum Wandern. Einige werden die hohen Temperaturen jedoch als nicht wanderfreundlich empfinden. Dafür kann man dann auf über 600 m der größten Hitze entfliehen und etwas Sommerfrische tanken. Aufgrund von nachmittäglichen Gewittern empfiehlt sich meist ein früher Aufbruch. Für viele ist der Herbst die schönste Jahreszeit. Insgesamt geht es deutlich ruhiger zu, die Blätter färben den Wald zu einem bunten Farbenteppich und die Fernsicht wird zunehmend besser. Besonders bei Inversionswetterlage kann der Rothaarkamm all seine Trümpfe ausspielen: Dann schwebt man hoch oben auf sonnigen Höhen, während sich in den Tallagen der Nebel ausbreitet.

KLIMATABELLE BRILON, 450 M ÜBER NN

		Jan	Feb	Mrz	Apr	Mai	Jun	Jul	Aug	Sep	Okt	Nov	Dez	Ø/Σ
Ø Temperatur	**°C**	0,9	2,2	4,5	8,5	12	16	17	17	14	9,6	4,8	3,1	9,1
Niederschlag	**mm**	95	71	69	35	56	74	57	59	45	73	54	81	769

KLIMATABELLE KAHLER ASTEN, 842 M ÜBER NN

		Jan	Feb	Mrz	Apr	Mai	Jun	Jul	Aug	Sep	Okt	Nov	Dez	Ø/Σ
Ø Temperatur	**°C**	-1,6	-0,5	1,9	6,2	9,8	14	15	15	12	7	2,4	0,5	6,8
Niederschlag	**mm**	134	96	97	55	77	90	83	74	72	119	94	130	1121

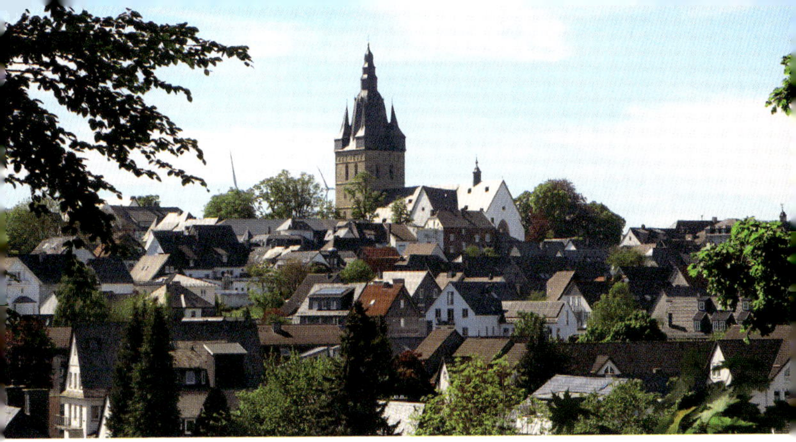

In der Briloner Altstadt beginnen Rothaarsteig und Briloner Kammweg.

Ausrüstung

Für das Sauerland kann, wie für andere Mittelgebirge auch, folgende Liste als Standardausrüstung angesehen werden:

- Wanderschuhe mit Profilsohle, Halbschuhe oder knöchelhoch, Kategorie A–B. Schwere Bergschuhe sind eher ungeeignet, ebenso Laufschuhe mit glatter Sohle und Trekkingsandalen.
- Dem Wetter angepasste Kleidung nach dem Zwiebelprinzip inklusive Kälteschutz und Nässeschutz. Die Temperaturunterschiede zwischen Flachland und Rothaarkamm betragen gelegentlich mehrere Grad, bei Wind sinkt die gefühlte Temperatur weiter ab.
- Rucksack (ca. 20 Liter)
- Proviant
- Kopfbedeckung, Sonnenbrille, Halstuch, Handschuhe, Regenschutz
- Teleskop-Trekkingstöcke
- Notfall-Apotheke, Sonnencreme, Wanderkarte, Mobiltelefon

Verpflegung und Einkehrmöglichkeiten

Eine ausreichende Energiezufuhr ist unabdingbare Voraussetzung für jede Art von Bewegung im Gelände. Genügend Proviant zum Trinken und Essen sollte grundsätzlich mitgeführt werden. Je nach Tourenlänge, Wegbeschaffenheit, Wetterbedingungen und anderen Faktoren kommt rasch ein nennenswerter Kalorienbedarf zusammen. Der regelmäßigen Flüssigkeitsaufnahme, beispielsweise bei einer langen Tour im Hochsommer, kommt dabei besondere Beachtung zu. Zwar beinhalten manche Tourenbeschreibungen Hinweise auf Brunnen und Quellen, sich ausschließlich darauf zu verlassen, kann jedoch schnell gefährlich werden, wenn diese wie in den vergangenen Sommern austrocknen.

Der Umwelt zuliebe ...

Auch beim Wandern hinterlassen wir einen ökologischen Fußabdruck, aber im Einklang mit der Natur unterwegs zu sein, ist gar nicht so schwer!

VORBEREITUNG UND ANFAHRT

- Sich vorab informieren, worauf in Bezug auf Natur und Umwelt in der jeweiligen Wanderregion besonders zu achten ist.
- Soweit möglich mit Bahn und Bus anreisen, Wander- und Rufbusse nutzen.
- Ist eine Anfahrt mit dem Auto nötig, Fahrgemeinschaften bilden.
- Bei weiten Anfahrten Mehrtagestouren planen oder von einem Quartier vor Ort aus mehrere Touren absolvieren.
- Flugreisen möglichst reduzieren und durch Beiträge zu Klimaschutzprojekten kompensieren.

KLEIDUNG UND AUSRÜSTUNG

- Beim Kauf von Outdoor-Kleidung auf umweltfreundliche und faire Herstellung achten und Kleidungsstücke möglichst viele Jahre nutzen.
- Ausrüstung kann man eventuell auch gebraucht kaufen oder ausleihen.
- Reparieren statt neu kaufen.

VERPFLEGUNG

- Beim Einkauf Bio-Ware, regionale und saisonale Erzeugnisse bevorzugen.
- Hütten und Gasthäuser auswählen, die regionale Produkte verwenden.
- Auf Einwegflaschen und Plastikverpackungen verzichten, stattdessen wiederverwendbare Trinkflaschen und Brotzeitboxen benutzen.

ÜBERNACHTUNG

- Bei lokalen Anbietern buchen, damit Menschen vor Ort profitieren.
- Auf Hütten und in anderen Unterkünften Strom und Wasser sparen.

UNTERWEGS

- Wege benutzen und Abkürzer vermeiden.
- Sperrungen von Wegen und Schutzgebieten respektieren.
- Keine Blumen pflücken und keine Pflanzen entnehmen.
- Waldbrandgefahr beachten.
- Müll wieder mit nach Hause nehmen und dort entsorgen.
- Toilettengänge in freier Natur möglichst vermeiden.
- Lärm vermeiden.
- Hunde an die Leine nehmen.

ROTHER
BERGVERLAG

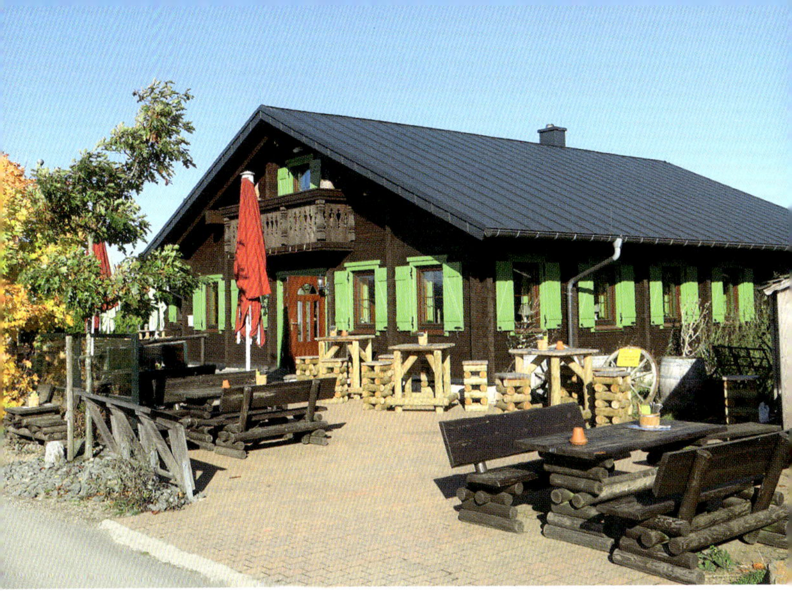

Die Graf Stolberg Hütte bei Usseln lädt zur gemütlichen Einkehr ein.

Oft, aber nicht immer, hat man die Gelegenheit, während der Tour einzukehren. Unterwegs bieten sich dafür etliche Hütten und Gasthöfe an, in denen man teilweise auch übernachten kann. Sofern die Tour durch ein Symbol für eine Einkehrmöglichkeit gekennzeichnet ist, bedeutet dies, dass sich ein Gastronomiebetrieb unmittelbar oder nahe an der Route befindet. Bei Touren ohne Einkehrsymbol ist dennoch oft ein Gasthof im Ausgangs- und/oder Zielort vorhanden. Der Stand der Informationen bezieht sich auf den Redaktionsschluss (Frühling 2022). Aufgrund rascher Veränderungen, beispielsweise durch einen Pächterwechsel, wurde auf die Angabe konkreter Öffnungszeiten – außer den Ruhetagen – verzichtet. Diese und andere aktuelle Informationen erhalten Sie auf den jeweiligen Internetpräsenzen.

Familienfreundlichkeit

Viele der vorgeschlagenen Wanderungen eignen sich auch für Familien mit Kindern. Wichtiger als das bloße Alter sind die Kondition und die Wandererfahrung, nicht zuletzt natürlich die Tatsache, ob Kinder Spaß am Wandern haben. Keine der Routen beschreibt jedoch eine kinderwagentaugliche Promenade. Sofern in der Kurzinfo das Symbol »familienfreundlich« auftaucht, handelt es sich um Touren, die für Kinder besonders interessant sind und/oder auch hinsichtlich des Routenverlaufs gut von Familien begangen werden können.

SYMBOLE

	Symbole im Tourenkopf		Kirche, Kapelle
	mit Bahn/Bus erreichbar		Burg, Schloss, Ruine
	Einkehrmöglichkeit unterwegs		Aussichtsturm
	für Kinder geeignet		Gipfel
	Symbole im Höhenprofil		Aussichtsplatz
	Ort mit Einkehrmöglichkeit		Höhle
	Einkehrmöglichkeit		Picknickplatz
	Schutzhütte, Unterstand		Brücke, Steg
P	Parkplatz		Abzweigung
	Bushaltestelle		Quelle
	Bahnhof / S-Bahn-Haltestelle		Badestelle

Karten und Orientierung

Das Sauerland verfügt über ein hervorragend ausgebautes, gepflegtes und markiertes Wanderwegenetz. Mit ganz wenigen Ausnahmen verlaufen sämtliche Wegabschnitte dieses Wanderführers auf ausgewiesenen Routen. Die Markierungen sind insgesamt allerdings recht vielseitig:

- Örtliche Wanderwege werden mit dem Anfangsbuchstaben des jeweiligen Orts (z. B. S1 für Rundwanderweg Schmallenberg 1) oder einem anderen Buchstaben (A1, wenn der Start an einem Wanderparkplatz liegt) markiert. Zudem gibt es einige Wege, die mit Symbolen (Dreieck, Raute, Kreis, Doppelstrich etc.) gekennzeichnet sind.
- Hauptwanderstrecken des Sauerländischen Gebirgsvereins SGV sind mit einem X und zusätzlich mit einer Zahl markiert, z.B. Plackweg (X1), Rothaarweg (X2) usw. Zwischen einzelnen Wegweisern ist meist nur das X (ohne Zahl) angeschlagen.
- Der Rothaarsteig ist durch ein weißes, liegendes R auf rotem Grund gekennzeichnet. Alle anderen Fernwanderwege haben jeweils eigene Markierungen wie beispielsweise Sauerland-Höhenflug, Sauerland-Waldroute und Winterberger Hochtour.
- Separate Themenwege runden das Angebot an Wanderwegen ab. Dazu zählen u. a. die Golddorf-Routen, die mit einem G markiert sind.

Zur besseren Orientierung sind die Markierungen der wichtigsten Wanderwege auch in den Karten dieses Tourenführers verzeichnet.

Die mit Abstand beste Karte über die Region ist jene des SGV im Idealmaßstab 1:25.000. Entscheidender Vorteil dieser Karte ist, dass die Wegmarkierungen im Gelände auch im Kartenwerk verzeichnet sind, was die Orientierung merklich erleichtert. Viele andere Karten enthalten keine oder nur spärliche topografische Angaben wie Höhenlinien und Bewuchs

– unabdingbare Informationen für jegliche Art von Sport in der Natur. In der Kurzinfo jeder Tour ist aufgeführt, welche Karte Sie für die jeweilige Wanderung benötigen.

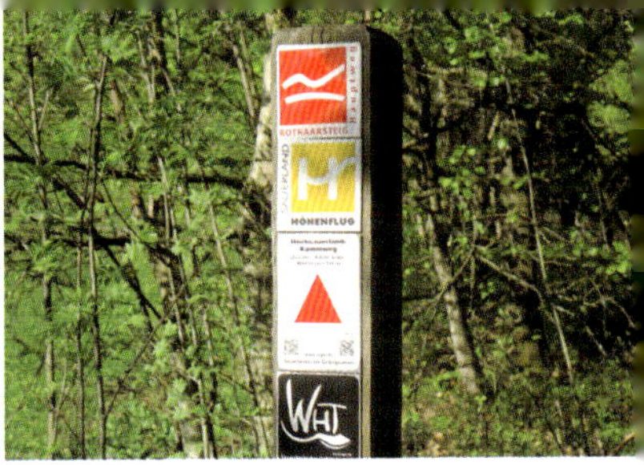

Das Tourengebiet wird durch folgende Kartenblätter dargestellt:

- Wanderkarte Brilon & Olsberg (für Touren 1–11)
- Wanderkarte Winterberg (für Touren 10, 12, 14–16, 18–21)
- Wanderkarte Medebach (für Touren 11, 17)
- Wanderkarte Eslohe (für Touren 13, 38, 47)
- Wanderkarte Schmallenberg (für Touren 14, 20–23, 25)
- Wanderkarte Lennestadt & Kirchhundem (für Touren 26–28, 30, 31)
- Wanderkarte Hilchenbach (für Touren 29)
- Wanderkarte Biggesee-Listersee (für Touren 32–35)
- Wanderkarte Ebbegebirge (für Tour 33, 34, 36, 37, 39)
- Wanderkarte Sundern (für Touren 38, 45, 46)
- Wanderkarte Iserlohn (für Touren 40–45)
- Wanderkarte Arnsberg-Möhnesee (für Touren 48, 49)
- Wanderkarte Rüthen-Warstein (für Touren 50, 51)
- Wanderkarte Rothaarsteig im Maßstab 1:50.000, Blatt Nord und Blatt Süd (für Tour 24 sowie für den kompletten Rothaarsteig, Touren 52–60; die beiden Blätter decken weitere Touren ab und können alternativ zu oben genannten Karten genutzt werden)

HAUPTWANDERSTRECKEN DES SGV

X1 Plackweg
X2 Rothaarweg
X3 Talsperrenweg
X4 Höhlenweg
X5 Siegerlandweg
X6 Robert-Kolb-Weg
X7 Residenzenweg
X8 Ehmsenweg
X10 Wilhelm-Münker-Weg
X11 Lenne-Sieg-Weg
X12 Richard-Schirrmann-Weg
X13 Hanseweg
X14 Astenweg
X15 Uplandweg
X16 Kaiser-Otto-Weg
X17 Harkortweg
X18 Christine-Koch-Weg
X21 Waldecker Weg
X22 Kurkölner Weg
X23 Schieferweg
X24 Möhne-Westerwald-Weg
X25 Hunauweg
X26 Rennweg
X27 Friedrich-Wilhelm-Grimme-Weg

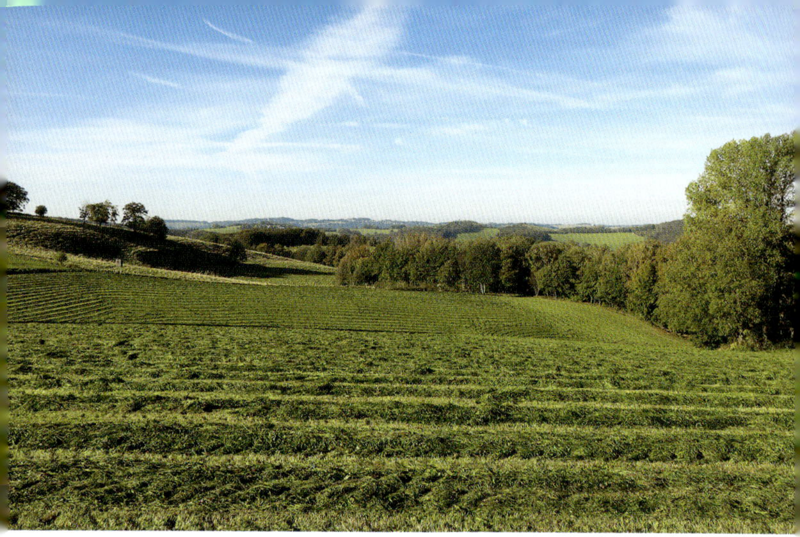

Sanft geschwungene Höhen im Märkischen Sauerland.

Wenngleich großer Wert auf Aktualität gelegt wird: Jedes Wegenetz ändert sich mit der Zeit. So ist es möglich, dass bei der Routenrecherche die Gegebenheiten im Gelände anders waren, als es bei Ihrem Besuch der Fall ist. Deshalb ist die Mitnahme einer aktuellen topografischen Karte empfehlenswert. Zudem erleichtert das Internet mit seinem reichhaltigen Angebot an digitalen Karten, Satellitenbildern etc. die Tourenvorbereitung enorm. Wenn Sie geänderte Gegebenheiten feststellen, freuen sich Verlag und Autor über eine entsprechende Leserzuschrift, um die Informationen für folgende Auflagen zu korrigieren bzw. auf dem aktuellsten Stand zu halten.

Sicher unterwegs

Wandern ist eine Outdoorsportart und daher mit einem gewissen Unfallpotenzial verbunden. Wenngleich sämtliche Risiken im hier vorgestellten Tourengebiet im Vergleich zum Hochgebirge geringer sind, sind sie dennoch nicht gänzlich auszuschließen. Eine solide Vorbereitung, das Tragen bzw. Mitführen der richtigen Kleidung und Ausrüstung und ein verantwortungsvolles Handeln beugen Unfällen vor. Dazu gehört der Blick auf den Wetterbericht, auch helfen die zahlreichen Webcams der Restaurants, Hütten oder Bergbahnbetreiber. Ein sonniger Morgen im Ruhrgebiet kann auf dem Kahlen Asten ganz anders aussehen. Gleichwohl kann bei Inversionswetterlage der morgendliche Nebel der Täler auf den Höhen schönstes Wetter verheißen. Auch im Sauerland kann man in Bergnot geraten. Wer auf wenig frequentierten Routen am Spätnachmittag allein unterwegs ist, kann sich je nach Jahreszeit mit einem gebrochenen Knöchel bereits in Lebensgefahr begeben. Etliche Orte im Gelände weisen keine oder nur eine sehr schlechte Netzabdeckung auf, sodass man nicht immer auf schnelle Hilfe hoffen kann. Die Grundregel »Nie alleine gehen« zu befolgen sowie eine Nachricht bei der Familie oder beim Vermieter zu hinterlassen, kann bösen Überraschungen vorbeugen. Eine Tour, die bereits zu Hause mit der Karte solide vorgeplant ist und im Zweifel Alternativen bereit hält, wird alle Wanderer begeistern und heil wieder nach Hause bringen. Für den Notfall hier die Europäische Notrufnummer: 112.

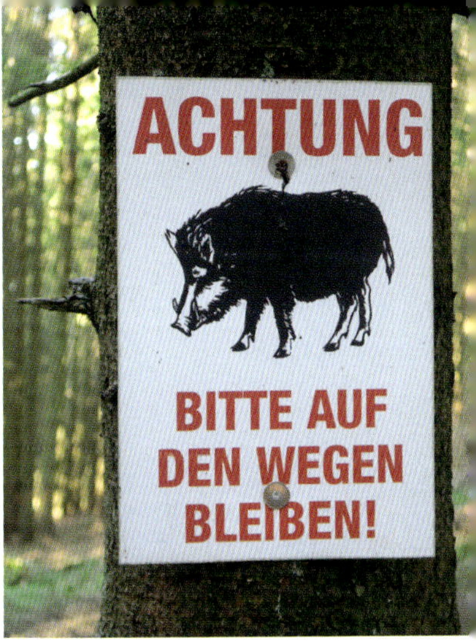

Informationen und Adressen

- Sauerländischer Gebirgsverein, Hasenwinkel 4, 59821 Arnsberg, Tel. +49 2931 524813, www.sgv.de
- Sauerland-Tourismus e. V., Johannes-Hummel-Weg 1, 57392 Schmallenberg, Tel. +49 2974 202190, www.sauerland.com
- Rothaarsteigverein e. V., Johannes-Hummel-Weg 2, 57392 Schmallenberg, Tel. +49 2974 4994163, www.rothaarsteig.de

GPS-TRACKS UND KOORDINATEN DER AUSGANGSPUNKTE

Zu diesem Wanderführer stehen auf www.rother.de GPS-Tracks und Koordinaten der Ausgangspunkte zum kostenlosen Download bereit.
8. Auflage, Passwort: **459208naw**
Die GPS-Daten wurden am PC über eine digitale Karte erfasst. Verlag und Autor haben die Tracks und Wegpunkte nach bestem Wissen und Gewissen überprüft. Dennoch sind Fehler oder Abweichungen nicht auszuschließen, außerdem können sich die Gegebenheiten vor Ort zwischenzeitlich verändert haben. Es kann Routenverlegungen oder Sperrungen geben bzw. nötig oder sinnvoll sein, vom vorgegebenen Track abzuweichen. GPS-Daten sind zwar eine hervorragende Planungs- und Navigationshilfe, erfordern aber nach wie vor eigene Orientierungsfähigkeit sowie Sachverstand in der Beurteilung der jeweiligen Geländesituation. Auch sollte man sich für die Orientierung niemals ausschließlich auf GPS-Gerät und -Daten verlassen.

DAS SAUERLAND

Wanderregion

Im Süden Westfalens – an der Grenze zu Nordhessen – schwingt sich das Rheinische Schiefergebirge zu jenem Mittelgebirgskamm auf, zu dem die höchsten Gipfel im nordwestlichen Teil von Deutschland gehören. Naturräumlich wird diese Region Süderbergland genannt, was umgangssprachlich häufig mit dem Sauerland gleichgesetzt wird. Im engeren Sinn umfasst das Sauerland nur den nordöstlichen Teil des Rheinischen Schiefergebirges und je nach Definition auch das hessische Upland. Für diesen Wanderführer wird der Begriff Sauerland etwas großzügiger interpretiert und umfasst folgende Teilräume:

- Im **Rothaargebirge** erreichen das Sauerland und ganz Nordrhein-Westfalen ihre größte Höhe. Der Langenberg wird mit exakt 843,20 m über Normalnull angegeben. Der benachbarte, bereits in Hessen gelegene Hegekopf ist nur um Zentimeter niedriger. Insgesamt übersteigen 15 Gipfel die Marke von 800 m, darunter der Kahle Asten bei Winterberg, der wohl bekannteste Berg der Region. Hier wird das Sauerland seinem Beinamen »Land der 1000 Berge« vollauf gerecht. Gleichzeitig ist es ein Land unzähliger Quellen, von denen etliche am Hauptkamm des Gebirges entspringen, so auch die bedeutendsten Flüsse Lenne und Ruhr. Die Hochsauerländer Landschaft ist bzw. war geprägt von ausgedehnten Waldflächen, schmucken Fachwerkdörfern und kleinen Städten.
- Westlich der **Saalhauser Berge** schließt sich das **Ebbegebirge** an. Es schwingt sich in der Nordhelle bis zu 663 m auf und bildet die Grenze zum Bergischen Land.
- Das **Lennegebirge** und die **Iserlohner Höhen** grenzen das Sauerland nach Nordwesten zum Ruhrgebiet hin ab. Höchster Berg dieses Teilraums ist die Homert mit 656 m. Im Vergleich zum Hochsauerland ist das Märkische Sauerland stärker von Industrie geprägt.

Vom Möhneseeturm schweift der Blick bis hinauf zum Haarstrang.

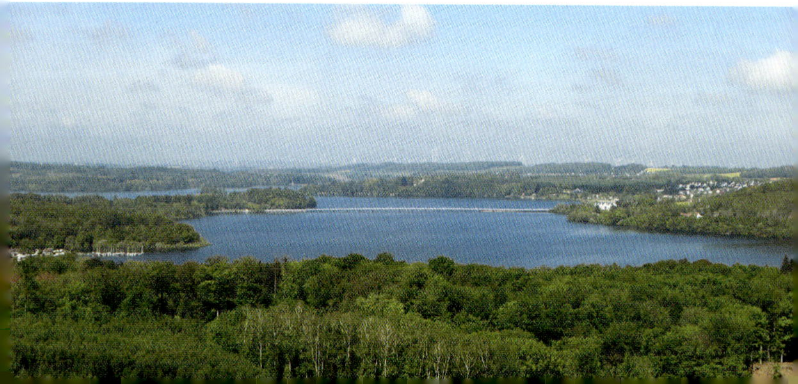

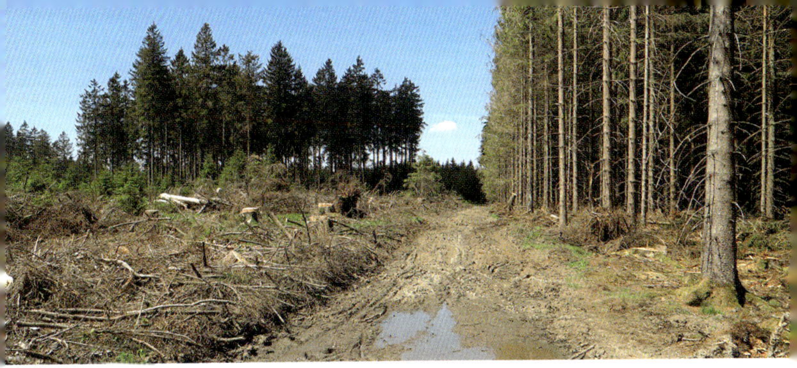

Waldschäden begegnet man derzeit allerorten.

- Nach Norden wird das Sauerland vom **Arnsberger Wald** begrenzt. Nördlich dieser dünn besiedelten, flachwelligen Waldlandschaft erfolgt der Übergang zur Soester Börde und zur Westfälischen Bucht. Die höchste Erhebung misst am Plackweg 581 m. Die Abholzungsmaßnahmen haben hier im Vergleich zum restlichen Tourengebiet bislang die schwerwiegendsten Spuren hinterlassen.

Forstwirtschaft

Wie in vielen anderen Mittelgebirgen auch (z. B. Schwarzwald, Harz, Bayerischer Wald) ist das Waldgewerbe die traditionelle Form der Landnutzung im Sauerland. Aufgrund des hochmittelalterlichen Klimaoptimums kam es zu einer rasanten Zunahme der Bevölkerung, ein erheblicher Siedlungsdruck war die Folge. Die Menschen mussten dorthin ausweichen, wo das Land noch nicht besetzt war: in die Ungunsträume der Mittelgebirge. In den folgenden Jahrhunderten entwickelten sich Waldgewerbe wie jene der Köhler. Ein traditionell wichtiger Wirtschaftszweig Westfalens ist der Bergbau, der einst immense Mengen an Holzkohle zur Verhüttung der Erze verschlang. Bei Aufforstungsmaßnahmen entschied man sich seither oft für die schnell wachsende Fichte, die Teilen der Region über lange Zeit ihr typisches Aussehen verlieh. Als Flachwurzler hat sie sowohl Dürre als auch Stürmen allerdings wenig entgegenzusetzen. Durch Trockenheit und Schädlingsbefall verliert der Wald weiter an Substanz, ganze Landstriche werden gegenwärtig abgeholzt. Wer das Ausmaß noch nicht selbst gesehen hat, wird beim ersten Anblick erschrocken sein. Der Borkenkäfer hat nahezu den gesamten Fichtenbestand angegriffen. Die Forstämter versuchen zu retten, was noch zu retten ist, und das bedeutet in aller Regel den Kahlschlag sämtlicher Nadelbäume. Diese Entwicklung hat auch Auswirkungen auf das Wandern. Nicht selten folgt auf einen lauschigen Wanderpfad im Buchenwald ein ehemaliger Fichtenbestand: Plötzlich finden wir uns auf meterbreiten schlammigen Wegen in trostlos wirkender Umgebung wieder. Diesen Umstand müssen wir derzeitig leider akzeptieren. Was jedoch ein wenig Mut macht: Nach dem verheerenden Orkan Kyrill (2007) sah es vielerorts genauso aus. Auf den damaligen Windwurfflächen konnte sich die Natur jedoch oft regenerieren, überall grünt und sprießt es wieder. Aufgrund der gegenwärtigen Situation wird man hin und wieder auf Arbeiten im Wald stoßen (Baumfällungen, Wegebau etc.), was eine Sperrung des geplanten Wanderabschnitts bedeutet. Nicht immer ist eine Umleitung ausgeschildert. Ebenso können Teile der Route durch umgestürzte Bäume blockiert sein, insbesondere zu einem frühen Zeitpunkt der Wandersaison. Die Mitnahme einer Karte (digital oder in Papierform) ist daher dringend anzuraten, um vor Ort alternative Wege zu finden.

Fernwanderwege im Sauerland

Das Sauerland ist von einer Fülle an Fernwanderwegen und Themenwegen durchzogen, von denen folgende Übersicht die wichtigsten ausweist:

- Der **Rothaarsteig** ist der bekannteste und attraktivste Fernwanderweg im Sauerland. Die Hauptroute (Kammvariante und Dillvariante) führt auf 154 km von Brilon nach Dillenburg. Bei Latrop kann alternativ die Tal- oder Hochsauerlandvariante begangen werden, und am Schluss bietet sich eine Verlängerungsoption durch den Westerwald an. Zeitbedarf: 6–9 Tage. Markierung: weißes liegendes R auf rotem Grund (Hauptweg); schwarzes liegendes R auf gelbem Grund (Zuwege); weißes liegendes R auf schwarzem Grund (Rundwege).
- Der **Sauerland-Höhenflug** verläuft in West-Ost-Richtung auf 192 km von Altena nach Korbach. Alternativ kann man in Meinerzhagen starten (dann 203 km), wobei sich beide Routen zwischen Plettenberg und Eslohe vereinigen. Zeitbedarf: 8–12 Tage; Markierung: weißes H auf gelbem Grund (Hauptweg); weißes H auf schwarzem Grund (Zuwege); weißes H auf blauem Grund (Rundwege).
- Die 240 km lange **Sauerland-Waldroute** verläuft ebenfalls in West-Ost-Richtung und teilt sich in einen Streckenteil und einen Rundkurs. Ausgangspunkt ist Iserlohn, das Ziel liegt nach einer großzügigen Runde über Marsberg und Diemelsee in Warstein. Zeitbedarf: 10–15 Tage. Markierung: weißes W auf grünem Grund (Hauptweg); grünes W auf weißem Grund (Zu- und Rundwege).
- Die **Winterberger Hochtour** überquert auf 91 km die höchsten Berge im Sauerland rund um Winterberg, die höchstgelegene Stadt in Nordrhein-Westfalen. Zeitbedarf: 3–6 Tage. Markierung: weißes (teilweise auch buntes) WHT auf schwarzem (weißem) Grund.
- Der **Uplandsteig** umrundet die Gemeinde Willingen auf einer Streckenlänge von 66 km. Zeitbedarf: 2–4 Tage; Markierung: weißes U auf schwarzem Grund.
- Der **Diemelsteig** führt als 63 km langer Rundweg durch den Naturpark Diemelsee. Zeitbedarf: 2–3 Tage; Markierung: weißes D auf grünem Grund.

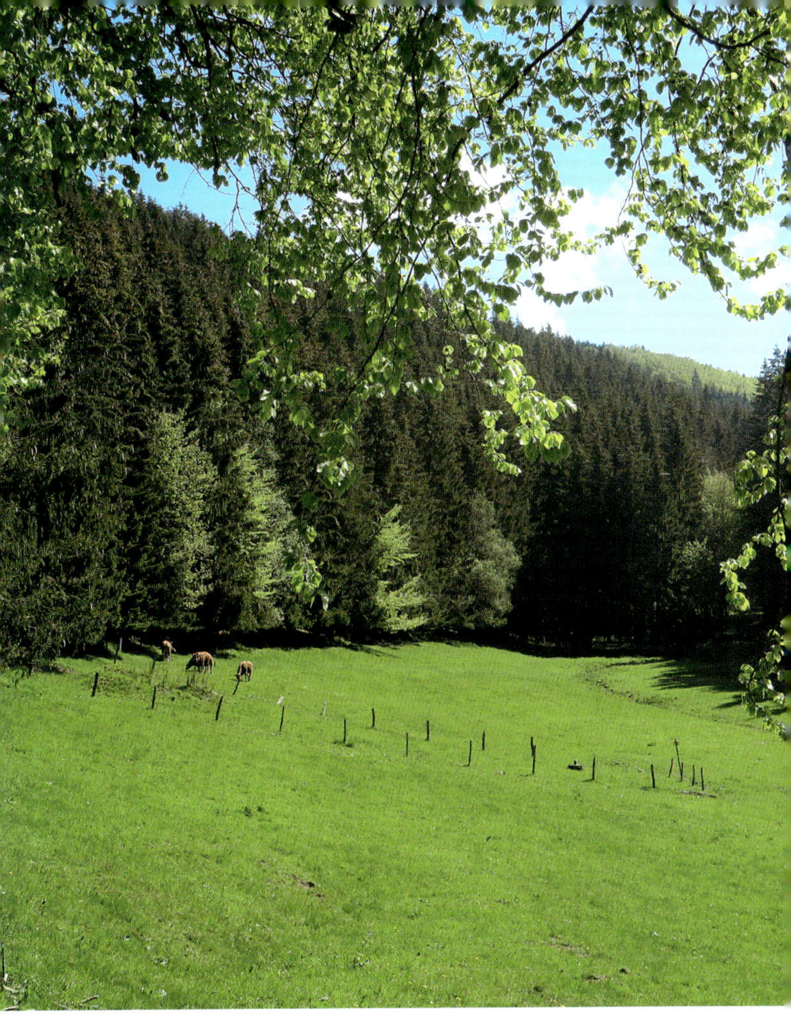

Im malerischen Lennetal bei Westfeld.

- **Briloner Kammweg**: 49 km; Zeitbedarf 1–2 Tage; Markierung: grünes Dreieck auf weißem Grund.
- **Olsberger Kneippwanderweg**: 41 km; Zeitbedarf 1–2 Tage. Markierung: weißes K auf schwarzem Grund (auch blaues K auf weißem Grund).

WEITERE AUSFLUGSZIELE

Aussichtstürme:
Bestwig: Stüppelturm
Diemelsee: Dommelturm
Hallenberg: Bollerbergturm
Hemer: Jübergturm
Iserlohn: Bismarckturm
Marsberg: Bilsteinturm

Bergwerke:
Bestwig: Erzbergwerk Ramsbeck
Marsberg: Besucherbergwerk Kilianstollen
Olsberg: Besucherbergwerk Philippstollen

Freizeitparks
Bestwig: Fort Fun Abenteuerland (www.fortfun.de)
Kirchhundem: Panoramapark (www.panopark.de)

Hochseilgärten
Medebach: Aktiv im Sauerland (www.aktiv-im-sauerland.de)
Willingen: Kombinatour (www.kombinatour.de)

Höhlen:
Attendorn: Attahöhle
Iserlohn: Dechenhöhle

Seen und Talsperren:
Aabachtalsperre (Tour 1)
Biggesee (Tour 32, Bademöglichkeit)
Breitenbachtalsperre
Diemelsee (Tour 3, Bademöglichkeit)
Fürwiggetalsperre
Hennesee (Tour 13, Bademöglichkeit)
Jubachtalsperre (Tour 35)
Möhnesee (Tour 48, Bademöglichkeit)
Obernautalsperre

Wasserfall:
Bestwig: Plästerlegge, höchster natürlicher Wasserfall in Nordrhein-Westfalen

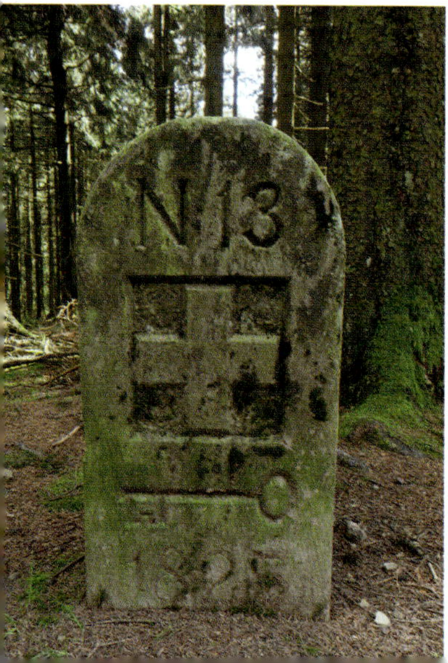

Schnadegang

In vielen Gemeinden Westfalens, seltener auch in anderen Gegenden, gehören Schnadegänge zum regionalen Brauchtum. Es handelt sich dabei um eine Begehung der (historischen) Gemeindegrenzen.
Der Begriff »Schnade« ist dem niederdeutschen »Snat« entlehnt und wird mit »Grenze« übersetzt – der historische Hintergrund ist eine Kontrolle des eigenen Territoriums und damit verbunden ein Lösen oder Vermeiden von Grenzstreitigkeiten.
In früherer Zeit hat man natürliche Oberflächenformen wie Bäche

Schnadestein auf der hessisch-westfälischen Grenze.

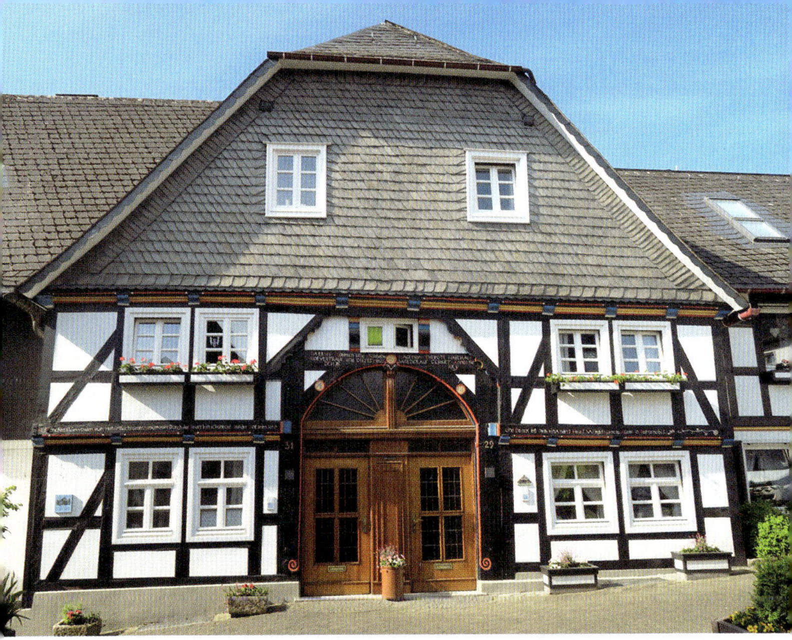

Typisch Sauerland: liebevoll gepflegte Fachwerkhäuser.

oder Bergkämme zur Bestimmung des Grenzverlaufs herangezogen. Wo dies nicht möglich war, schlug man Schneisen, pflanzte Bäume oder setzte Markierungssteine, von denen etliche bis heute erhalten sind, und die uns auch auf unseren Wanderungen im Sauerland immer wieder begegnen.
Der Briloner Schnadezug, einer der ältesten und größten Schnadegänge, ist erstmalig im Jahr 1388 belegt. Seither wird die Schnade mit wenigen Ausnahmen in regelmäßigen Abständen durchgeführt. Das Wandern entlang der heimischen Grenze hat heutzutage vielerorts Volksfestcharakter, so auch in Brilon, wo die fünf Teilstrecken der historischen Stadtgrenze gegenwärtig alle zwei Jahre im Rahmen des Schützenfests der St. Hubertus Schützenbruderschaft begangen werden. Früh am Morgen verlassen mehrere Tausend Männer die Stadt und machen sich auf zur Grenze. Nach vielen Stunden Fußmarsch erreicht der Tross am Nachmittag schließlich den Lagerplatz, erst dann nehmen traditionell auch die Frauen teil. Nach einem ausgelassenen Fest erfolgt am frühen Abend der Rückmarsch in die Stadt, wo der Schnadezug unter dem Geläut aller Kirchenglocken endet.

Nächste Doppelseite: Paradeblick vom Feldstein, dem höchsten Punkt der Bruchhauser Steine, über Elleringhausen und das Hochsauerland.

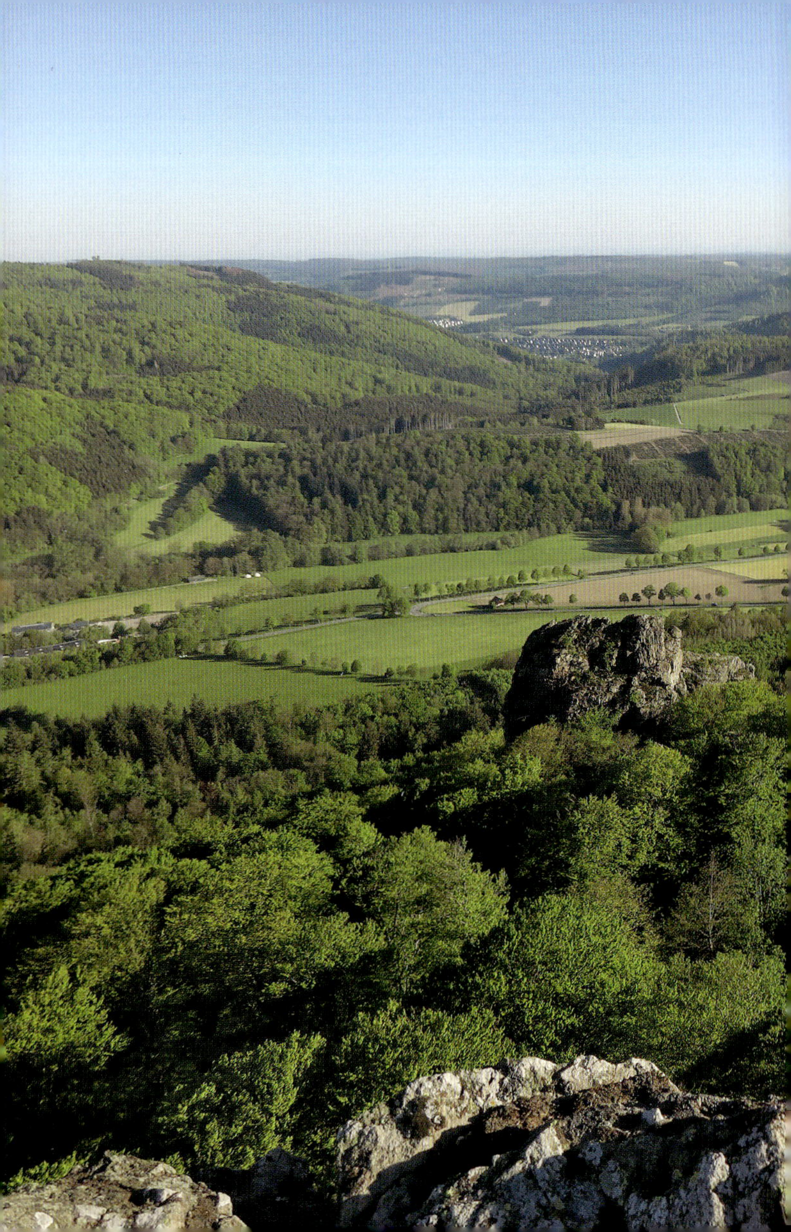

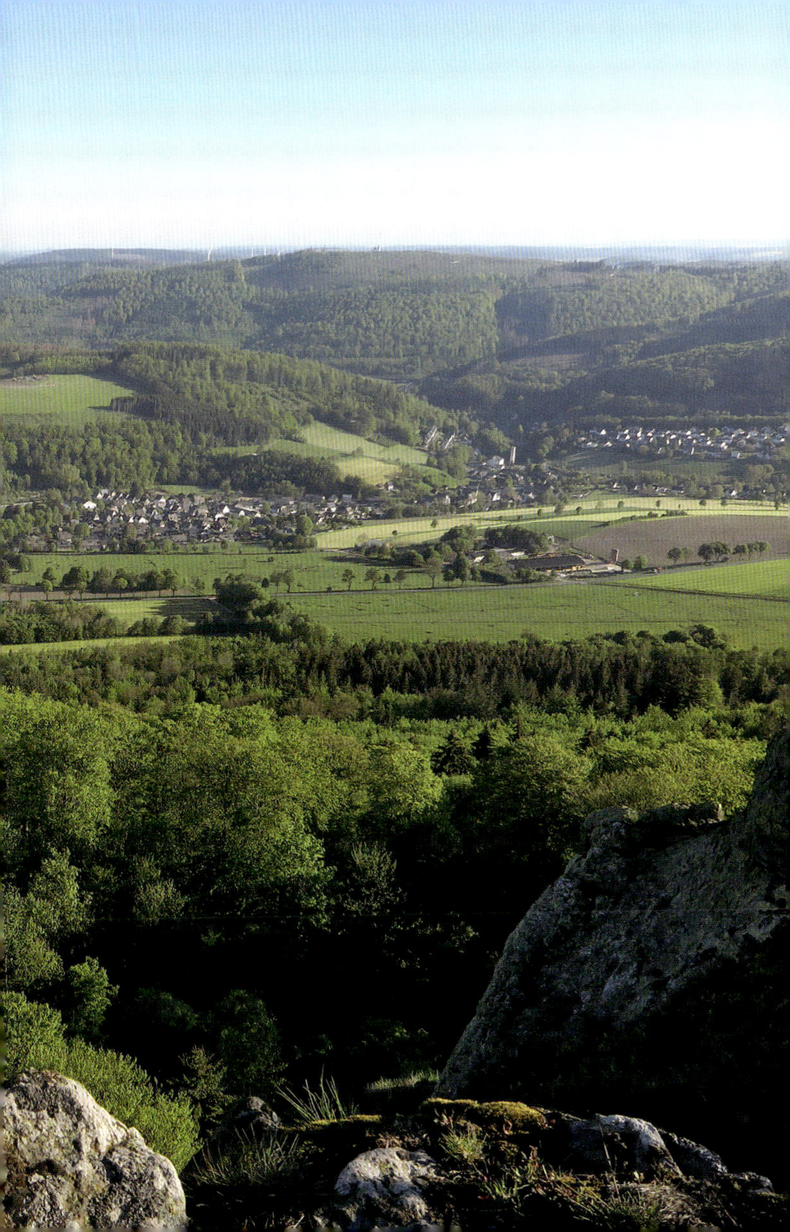

↗ 100 m | ↘ 100 m | 12.1 km

1 Bad Wünnenberg – Aabachtalsperre

3.00 h

Zwischen Sauerland und Paderborner Land

Auf dem Stadtgebiet von Bad Wünnenberg erreicht das Sauerland seine nordöstlichsten Ausläufer. Der Grundgebirgssockel wird nach Norden hin zunehmend von erdmittelalterlichen Sedimenten überdeckt, die ihrerseits den Saum der Westfälischen Tieflandsbucht prägen. An dieser naturräumlichen Grenze liegt auch unser Wanderziel: die Aabachtalsperre. Der kleine See eignet sich hervorragend für einen gemütlichen Spaziergang, wird aber auch gern als Ziel einer Radtour gewählt. Zwischen dem Zentrum des Kneippkurorts und der Aabachtalsperre befindet sich der Kurpark mit Wildgehege, Barfußpfad und Waldschwimmbad – allesamt spannende Ziele für Familien mit Kindern.

Ausgangspunkt: Bad Wünnenberg, 300 m; kostenloser Parkplatz Mohnberg an der gleichnamigen Straße.
ÖPNV: Buslinie R11 (Paderborn–Bad Wünnenberg–Bleiwäsche), Haltestelle »Bad Wünnenberg, Aatal-Klinik«.

Anforderungen: Einfache Asphaltwege; Aufstieg zur und Abstieg von der Staumauer auf kurzzeitig steilen Pfaden.
Einkehr: Unterwegs keine; mehrere Möglichkeiten in Bad Wünnenberg.
Karte: Brilon & Olsberg.

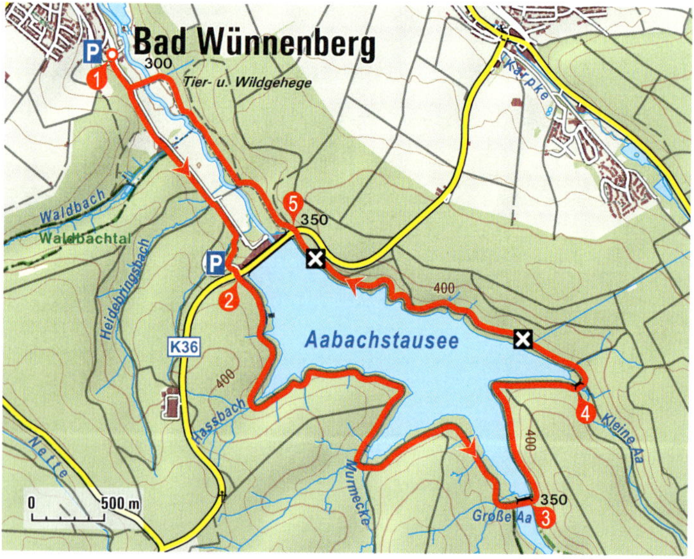

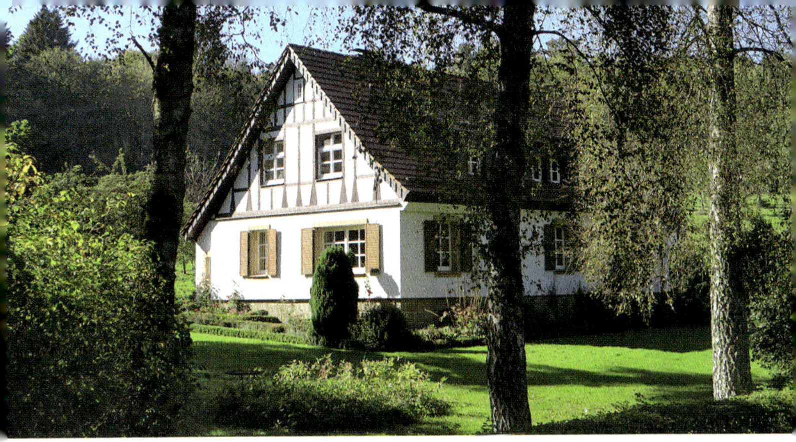

Im Tal der Aa bei Bad Wünnenberg.

Vom Parkplatz Mohnberg in **Bad Wünnenberg ❶**, 300 m, orientieren wir uns nach Südosten und verlassen den Ort auf der Straße Forsthaus Waldbach. Der asphaltierte Geh- und Radweg leitet am Forsthaus vorbei in den hintersten Talschluss, wo wir vor den Gebäuden unterhalb der Staumauer nach rechts über einen zwischenzeitlich steilen Weg aufsteigen. Rasch erreichen wir die Aabachtalsperre beim Parkplatz am **Südwestende der Staumauer ❷**, 350 m. Wer hier startet und nur den künstlichen See umrundet, hat weder mit Schwierigkeiten noch mit nennenswerten Höhenunterschieden zu rechnen. Wir wandern gegen den Uhrzeigersinn um den Trinkwasserspeicher und nutzen dazu den bequemen Weg, der am buchtenreichen Südufer entlangführt. Ab und an laden Bänke oder eine Schutzhütte zur Rast, so auch an der **Brücke ❸**, 350 m, beim Zufluss der Großen Aa. Am **Ostende der Talsperre ❹**, 350 m, tritt der Uplandweg mit der Markierung X15 zur Route. Hier ist der Umkehrpunkt erreicht, von wo der Geh- und Radweg zum **Nordostende der Staumauer ❺**, 350 m, zurückführt.
Auf der anderen Straßenseite zeigt die X-Markierung auf einen schmalen Pfad, später Weg, der sich rasch ins Tal zurück senkt und an einigen Spielstationen vorbei die Kneippstelle am Wildgehege ansteuert. Hier zweigen wir links ab, überqueren die Aa auf einer Brücke und gelangen zuletzt über die Route vom Beginn zum Parkplatz am Ortsrand von **Bad Wünnenberg ❶**, 300 m, zurück.

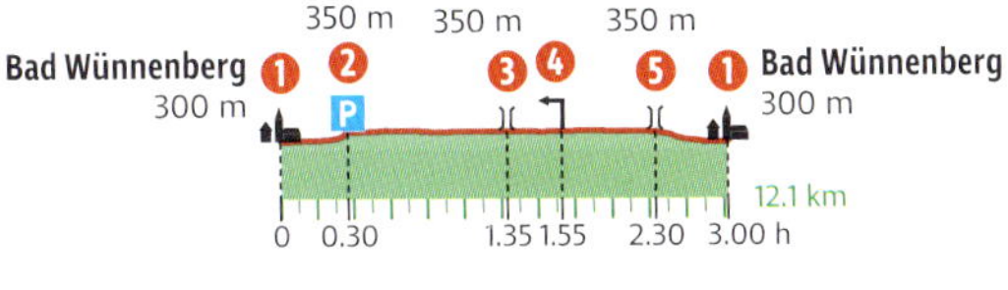

TOP

2

↗ 180 m | ↘ 180 m | 6.6 km

Alme – Almequellen

1.50 h

Zum verwunschenen Quellteich der Alme

Das Quellgebiet der Alme präsentiert sich seinen Gästen als natürliches Kleinod, welches auf einfachen Spazierwegen aufgesucht werden kann. Auch der nördliche Arm der Sauerland-Waldroute (Iserlohn–Warstein–Marsberg) führt an den Quellen vorbei. Wenngleich der Hauptquellteich künstlich aufgestaut wurde, so ist der natürliche Ursprung doch im geologischen Untergrund zu suchen: Die Briloner Hochfläche besteht im Wesentlichen aus wasserdurchlässigem Riffkalk, darunter befindet sich als Stauschicht Schiefergestein. Beide Ablagerungen stammen aus dem Erdaltertum. Während das Wasser auf der Briloner Hochfläche versickert und in Höhlen und Klüfte fließt, tritt es im Quellteich der Alme wieder an die Oberfläche: Eine Karstquelle ist entstanden.

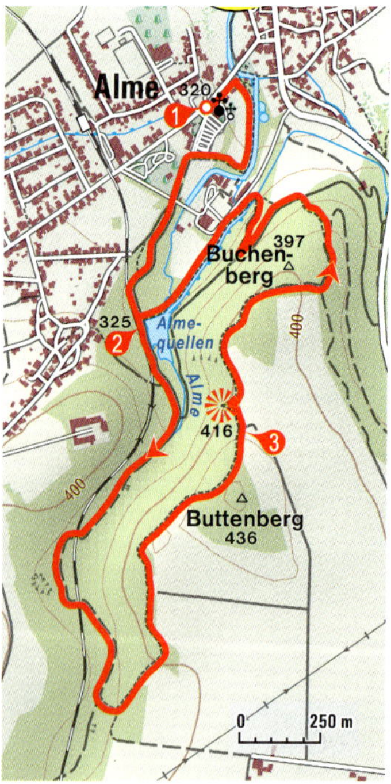

Ausgangspunkt: Alme (Stadt Brilon), 320 m; kostenfreie Parkmöglichkeiten an der katholischen Kirche in der Unteren Bahnhofstraße.
ÖPNV: Buslinie 481 (Brilon–Alme), Haltestelle »Alme, Untere Bahnhofsstraße«.
Anforderungen: Im Tal zu Beginn und am Ende bequeme Wege, im Mittelteil schmale Waldpfade, die insbesondere bei Nässe schmierig werden und dann gute Trittsicherheit erfordern.
Einkehr: Unterwegs keine; mehrere Möglichkeiten in Alme.
Karte: Brilon & Olsberg.

Von den Parkplätzen vor der katholischen Sankt Ludgerus Kirche in **Alme** ❶, 320 m, gehen wir wenige Meter auf der Unteren Bahnhofstraße talwärts und betreten beim Entenstall die parkähnliche Anlage mit dem Wanderportal.
Fortan gibt grundsätzlich die Q-Markierung des Almer Quellenwegs unsere Richtung vor. Zunächst entlang der Alme, dann je einmal rechts und links abbiegend am Friedhof und oberhalb der ehemaligen Papierfabrik vorbei in den Wald

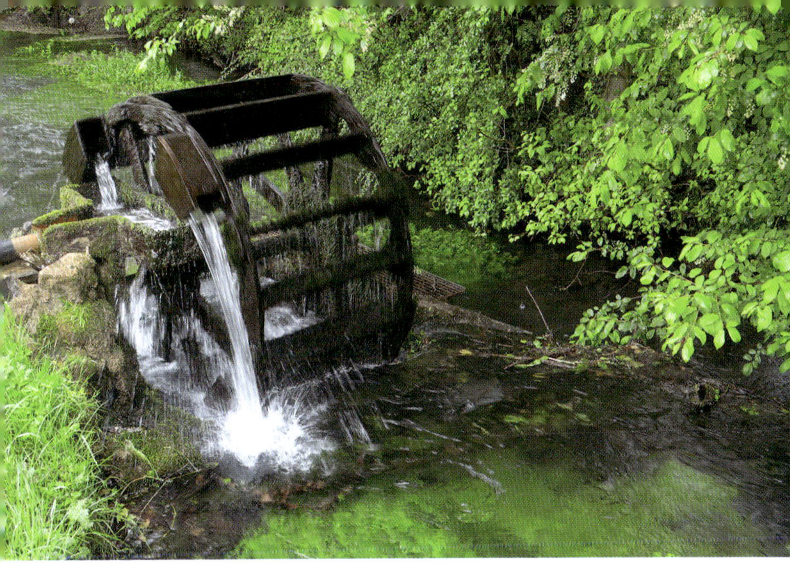

Mühlrad am Entenstall in Alme.

und zu den **Almequellen** ❷, 325 m. Das gesamte Areal ist durch einfache Spazierwege erschlossen, die man beliebig kombinieren kann.
Wir wandern weiter auf dem noch bequemen Weg talein und passieren bald zwei Tunnel der Almetalbahn. Wenig später verlässt der Quellenweg die einfache Talroute nach links und gewinnt auf einem schmalen Waldpfad an Höhe. Das attraktive, verschlungene Weglein führt später flachwellig am Rand des Höhenplateaus zur Gabelung auf dem **Buttenberg** ❸, 416 m. Wenige Meter weiter zweigt links ein Seitenpfad zu einem Aussichtsfelsen ab, der einen herrlichen Talblick gewährt (dahinter Absturzgefahr).
Zurück auf dem Quellenweg führt dieser noch eine Weile ohne große Höhenunterschiede dahin, ehe er sich in mäßiger Steilheit in Serpentinen wieder dem Tal zuwendet. Der Weg ist stets gut beschildert und so erreichen wir ohne Orientierungsschwierigkeiten den Talgrund und die **Almequellen** ❷, 325 m.
Der Rückweg folgt der bekannten Route zurück zum Entenstall und zum Ausgangspunkt in **Alme** ❶, 320 m.

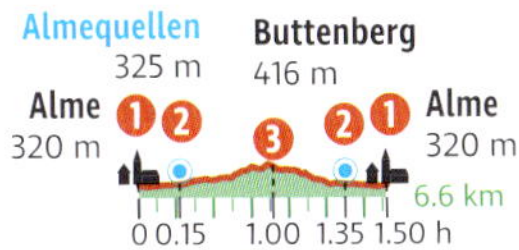

↗ 650 m | ↘ 650 m | 17.1 km

3 Buttenberg – Helminghausen – Diemelsee

5.00 h

Auf Sauerland-Waldroute und Diemelsteig zur Diemeltalsperre

Neben Rothaarsteig und Höhenflug durchquert die Waldroute als einer der drei großen Fernwanderwege das »Land der Tausend Berge«. Auch wir folgen auf unserem Weg zum Diemelsee abschnittsweise dem weißen W auf grünem Grund. Am beliebten Wassersportrevier im östlichen Sauerland wird einiges geboten, unter anderem herrliche Aussichtsplätze, wie jener bei Sankt Muffert auf dem Eisenberg. Hier sind wir bereits auf dem Diemelsteig unterwegs, der auf 63 Kilometern durch den Naturpark Diemelsee führt.

Ausgangspunkt: Wanderparkplatz Buttenberg (Stadt Brilon), 575 m; an der K61 zwischen Hoppecke und Bontkirchen, kostenlos; alternativ in Helminghausen am Diemelsee.
ÖPNV: Buslinie 486 (Brilon–Hoppecke–Bontkirchen), Haltestelle »Hoppecke Buttenberg«.

Anforderungen: Überwiegend bequeme Wege, auf dem Diemelsteig auch einfache Pfadabschnitte.
Einkehr: Gasthof Diemeltal in Helminghausen, www.gasthofdiemeltal.de; mehrere Möglichkeiten am Nordufer des Diemelsees.
Karte: Brilon & Olsberg.

Vom **Wanderparkplatz Buttenberg** ❶, 575 m, auf der Passhöhe zwischen Hoppecke- und Diemeltal wandern wir durch ausgeholztes Gelände mit der Rautenmarkierung ostwärts am Großen Buttenberg vorbei, wechseln nach einigen Minuten vom Forstweg auf einen grasigen Pfad und erreichen rasch die Einmündung der Sauerland-Waldroute hinter dem Köpfchen. Gemeinsam mit dem Fernwanderweg behalten wir die Richtung bei

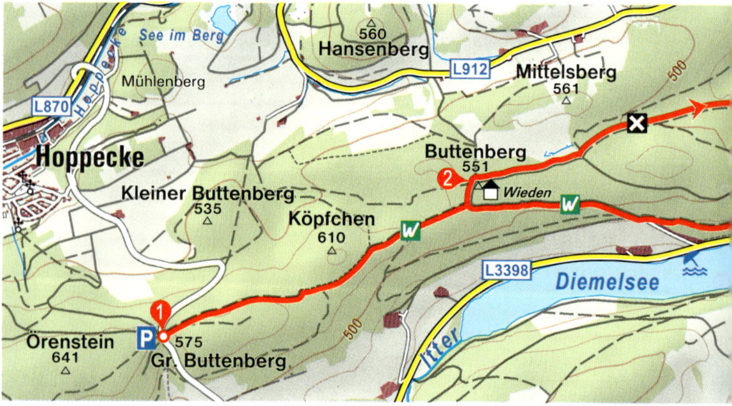

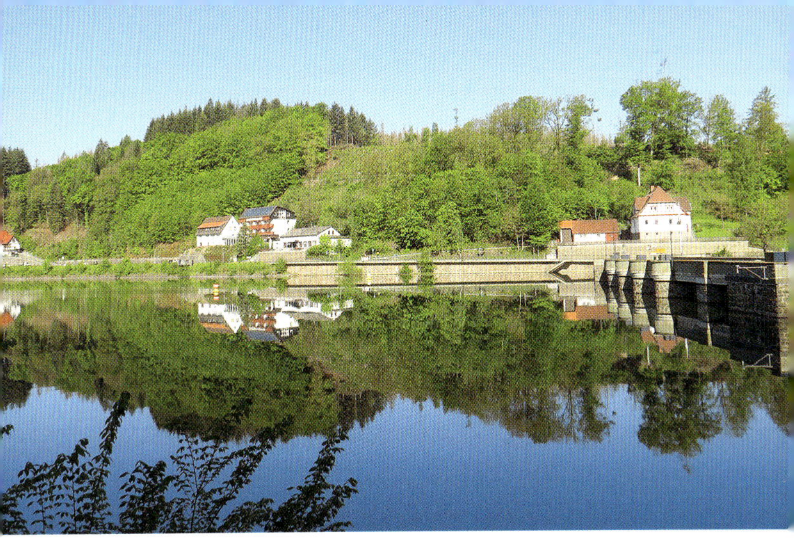

Seit 1924 wird das Wasser der Diemel bei Helminghausen aufgestaut.

und gelangen zu einer Verzweigung, von der wir linker Hand nach wenigen Schritten zur **Schutzhütte Wieden** ❷, 551 m, kommen. Hier mündet der Plackweg ein, dessen X1-Markierung uns zielsicher auf Schotter- und später Asphaltwegen hinab zur Briloner Straße und rechts in die Ortsmitte des Marsberger Stadtteils **Helminghausen** ❸, 345 m, schickt. Nun kurz links, dann rechts und vor dem Gasthof Diemeltal wieder rechts, ehe wir hinter der katholischen Kirche links am Wasser entlang gehen und dort auf die D-Markierung des Diemelsteigs treffen, die unsere nächsten Etappenziele bereits ausweist.

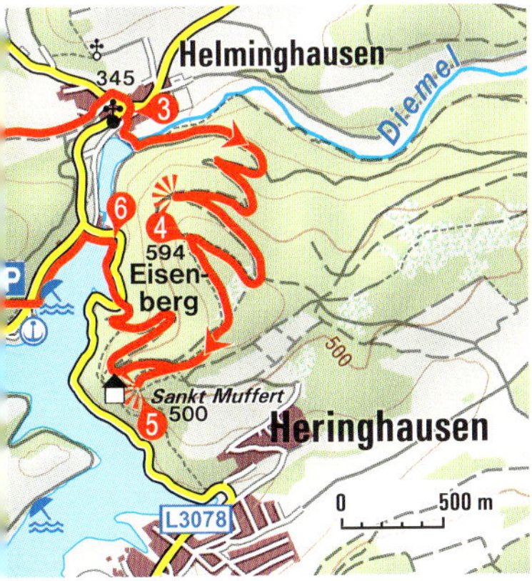

Zunächst noch als breiter Weg, später als attraktiver Bergpfad, erklimmt der Diemelsteig in ausladenden Serpentinen einen Aussichtspunkt und unmittelbar danach den Gipfel des **Eisenbergs** ❹, 594 m. Bänke laden zu einer Rast im Wald. Wir folgen weiterhin dem weißen D auf grünem Grund und gelangen im Bereich der hessisch-westfälischen Grenze zu einer Kreuzung, von wo der kurze Abstecher zur aussichts-

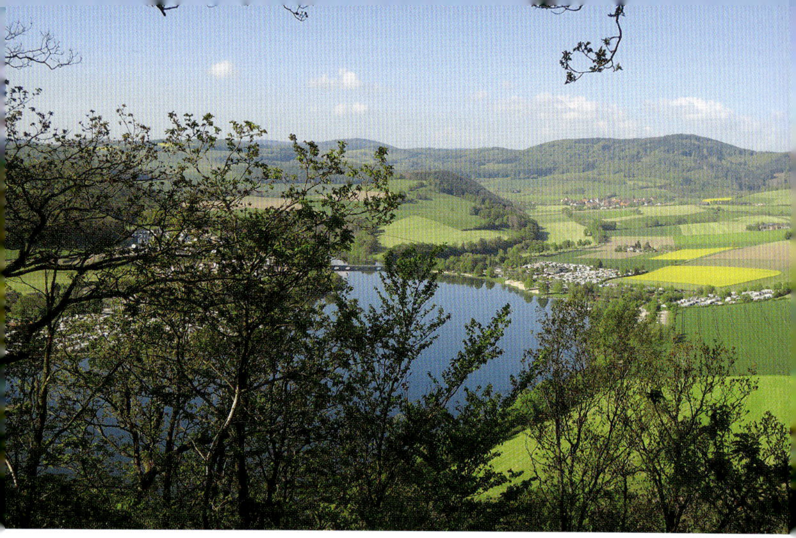

Herrlicher Ausblick von Sankt Muffert über das Diemelbergland.

reichen Schutzhütte von **Sankt Muffert** 5, 500 m, ausgeschildert ist, die einen Blick auf Heringhausen und den Südarm des Stausees gewährt. Zurück an der Kreuzung biegen wir links ein und folgen dem hier breiten Diemelsteig, bis dieser halblinks auf einen Pfad wechselt. Hier bleiben wir rechter Hand – nicht markiert, aber leicht zu finden – dem breiten Weg treu, der sich wie vorhin in großen Serpentinen talwärts windet und die Uferstraße (L912) ansteuert.

Wir wandern kurz entlang der Straße nach rechts zur **Staumauer** 6, 378 m, über sie zum Westufer und an ihrem Ende links auf dem Fuß- und Radweg bis zu einem Parkplatz auf der rechten Straßenseite. Hier überqueren wir die Fahrbahn und folgen dem Diemelsteig in den Hang, der bald die Sauerland-Waldroute kreuzt. Wiederum wechseln wir vom D aufs W und steigen mit der Waldroute zu jenem Abzweig auf, wo wir vor wenigen Stunden links abgebogen sind. Auf dem Hinweg geht es schließlich wieder zum **Wanderparkplatz Buttenberg** 1, 575 m, zurück.

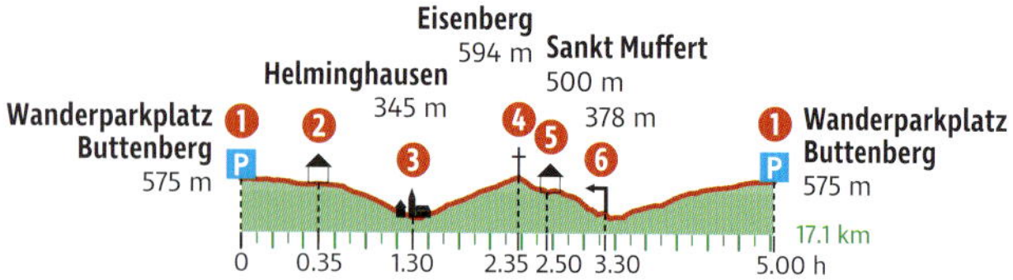

↗ 740 m | ↘ 610 m | 20.9 km

6.00 h

Brilon – Hoher Eimberg – Willingen

4

Auf dem Briloner Kammweg

Der zweitägige Briloner Kammweg überschreitet die höchsten Gipfel der Hansestadt Brilon, die sich allesamt im Süden entlang der historischen Grenzen zu Waldeck und Elleringhausen erheben. Dieser Routenvorschlag beschreibt die erste Etappe. Ab und an werden die 49 Kilometer auch für einen Konditionstest genutzt und als Tagestour versucht, jedoch sind selbst bei guter Verfassung dann immer noch 10 bis 12 Stunden Fußmarsch einzuplanen. Große Teile der Route folgen dem Schnadeweg entlang der westfälisch-hessischen Grenze, wo historische Schnadesteine den Weg weisen. Aufgrund von Stürmen, Trockenheit und Borkenkäferbefall wurden in den vergangenen Jahren auch hier große Flächen entwaldet, ein Umstand, der uns gegenwärtig im Sauerland nahezu überall begegnet. Künftig werden wir einer neuen Waldgeneration beim Wachsen zuschauen können und bis dahin weite Ausblicke über das Sauerland genießen.

Ausgangspunkt: Brilon, 450 m, Markt; zahlreiche kostenpflichtige Parkmöglichkeiten in der Stadtmitte, u. a. in der Marktstraße.
ÖPNV: Zum Briloner Markt mehrere Buslinien; ansonsten Zug zum Bahnhof und 10 Min. Fußweg zum Marktplatz.
Endpunkt: Willingen, Bahnhof; von dort mit dem Zug zurück nach Brilon.
Anforderungen: steiler Aufstieg zum Twerenberg und zum Dreiskopf; bis Huckeshohl und Weiterweg unschwierig.
Einkehr: Waldhotel Klaholz, waldhotel-klaholz-brilon.hotel-mix.de; Landgasthof Gruß, Do. Ruhetag, www.landgasthof-gruss.de; Möglichkeiten in Brilon und Willingen.
Karte: Brilon & Olsberg.
Kombinationsmöglichkeit: Tag zwei des Briloner Kammwegs ist weitgehend identisch mit dem Auftakt des Rothaarsteigs, nur in umgekehrter Richtung (→ Tour 52).

Wie der wesentlich prominentere Rothaarsteig startet auch der Briloner Kammweg am Marktplatz im Herzen der Hansestadt **Brilon** ❶, 450 m. Während der gesamten Wegstrecke zeichnet ein grünes Dreieck die Route vor, Orientierungsprobleme sind daher nicht zu befürchten. Zunächst geht es am Rathaus vorbei zur Propsteikirche Sankt Petrus und Andreas und dort links die Niedere Straße hinunter zur Gartenstraße. Nun nach

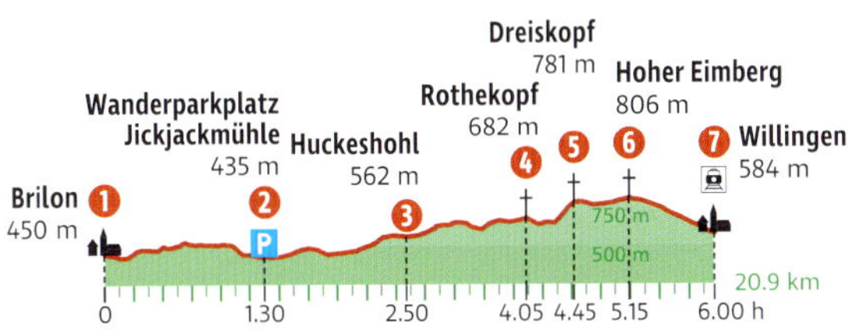

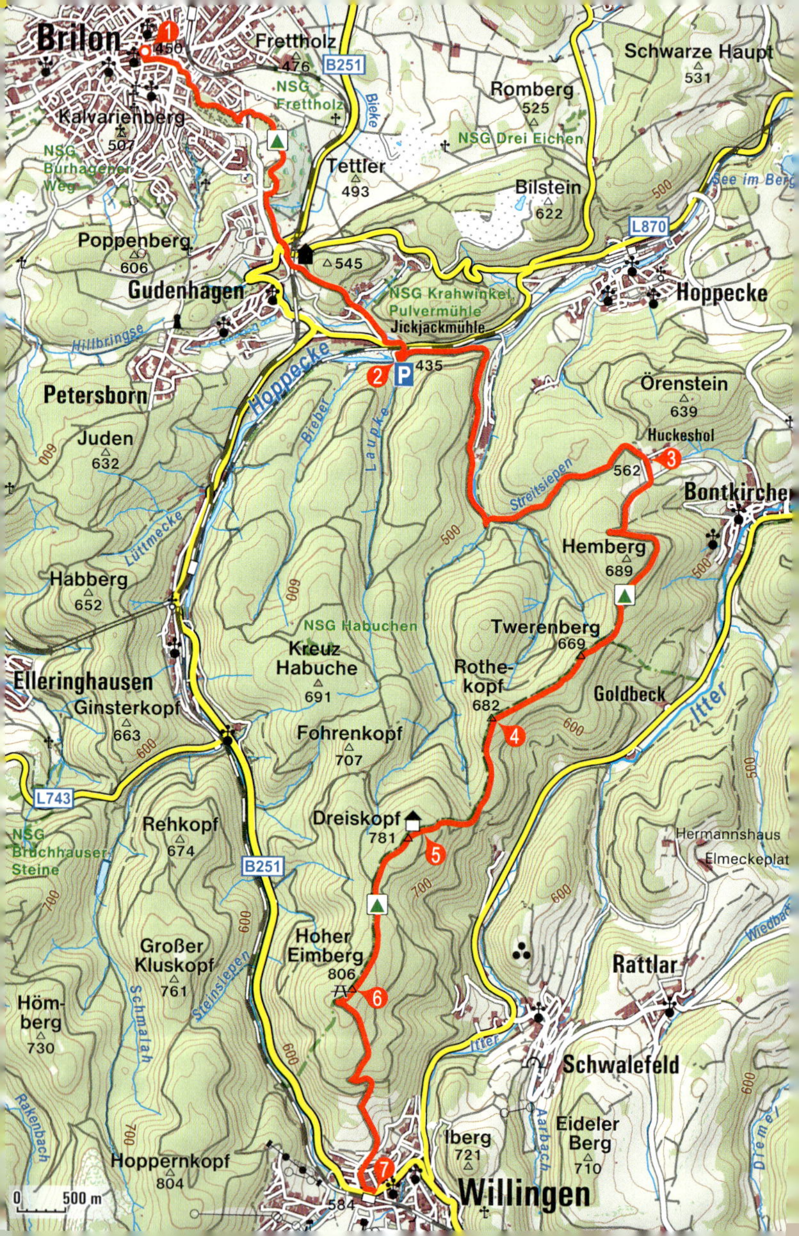

Brilon
Frettholz
476
450
B251
Schwarze Haupt
531
NSG Frettholz
Kalvarienberg
507
Romberg
525
NSG Burhagener Weg
NSG Drei Eichen
Bieke
Tettler
493
Bilstein
622
See im Berg
Poppenberg
606
545
L870
Gudenhagen
NSG Krahwinkel
Pulvermühle
Jickjackmühle
Hoppecke
Hillbringse
435
Petersborn
Hoppecke
Örenstein
639
Juden
632
Laupke
Bieber
Huckeshol
562
Bontkirchen
Streitsiepen
Lüttmecke
Hemberg
689
Habberg
652
NSG Habuchen
Twerenberg
669
Kreuz Habuche
691
Rothekopf
682
Goldbeck
Elleringhausen
Ginsterkopf
663
Fohrenkopf
707
Itter
L743
Dreiskopf
781
Hermannshaus
Rehkopf
674
Elmeckeplatz
NSG Bruchhauser Steine
B251
Großer Kluskopf
761
Hoher Eimberg
806
Rattlar
Steinsiepen
Wiedbach
Hömberg
730
Schmalah
Itter
Schwalefeld
Eideler Berg
710
Rakenbach
Iberg
721
Aarbach
Diemel
Hoppernkopf
804
500 m
584
Willingen

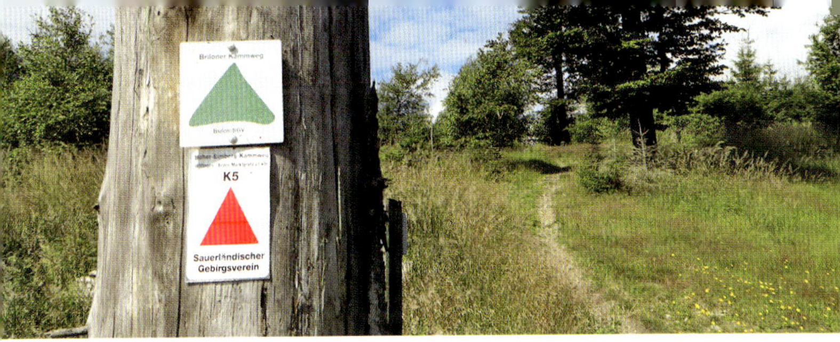

Auf dem Kammweg im Aufstieg zum Dreiskopf.

rechts, links in den Heinrich-Jansen-Weg und durch den kleinen Kreishauspark ins Naturschutzgebiet Drübel. Vor der Hoppecker Straße verabschieden wir den Rothaarsteig, halten uns links und kurz darauf rechts, bis der Kammweg im Wechsel aus Wald- und Freiflächen am Waldhotel Klaholz vorbei einen Radweg ansteuert, der zur Kreuzung B251/L870 und zum Landgasthof Gruß leitet. Ein längerer Abstieg führt uns zur Pulvermühle im Hoppecketal und zum **Wanderparkplatz Jickjackmühle** ❷, 435 m, an der Mündung der Laupke. Weiter geht es im Gleichklang mit dem X21 (Waldecker Weg) ins benachbarte Bremecketal, wo nach einem kurzen Zwischenabstieg im Oberen Bremecketal der erste längere Anstieg beginnt. Auf Forstwegen erreichen wir die offenen Wiesen von **Huckeshohl** ❸, 562 m.
Nun nähern wir uns dem Gebirgskamm, wobei der Abschnitt über den Hemberg in besonderer Weise von Abholzungsmaßnahmen betroffen ist. Der benachbarte Twerenberg wartet hingegen mit einem hübschen, jedoch steilen Bergpfad sowie Aussicht zum Ettelsberg im Süden auf, ehe der **Rothekopf** ❹, 682 m, wiederum auf Forstwegen überschritten wird. Mittlerweile auf der hessisch-westfälischen Grenze unterwegs, passieren wir die Butterdelle, wo einst Milch zu Butter verarbeitet wurde. Mit dem würzigen Anstieg zum **Dreiskopf** ❺, 781 m, folgt gleich darauf der anspruchsvollste Teil der Route, dafür können wir in der Schutzhütte am Gipfel auf den Großteil der zu absolvierenden Aufstiegsmeter zurückblicken. Hin und wieder kommen wir an alten Schnadesteinen vorbei, die mit dem Waldeckschen Stern (Hessen) sowie dem Kurkölnischen Kreuz und dem Briloner Schlüssel (Nordrhein-Westfalen) versehen sind. Der finale Aufstieg auf den **Hohen Eimberg** ❻, 806 m, ist schließlich rasch bewältigt. Oben empfängt uns ein gemütlicher Pausenplatz mit Tisch und Bänken.
Wenige Meter weiter verlassen wir die Landesgrenze und wandern linker Hand zu einem Sendemast hinab. Der Schlussteil erfolgt auf einer mäßig steilen Straße mit herrlichem Blick über Willingen hinweg zum Ettelsberg. Vom Ortsrand senkt sich der Kammweg zur Briloner Straße hinab. Der Bahnhof von **Willingen** ❼, 584 m, befindet sich wenige Meter auf der linken Seite. Von hier verkehren Züge und Busse zurück nach Brilon.

↗ 450 m | ↘ 450 m | 16.2 km

5 Brilon – Petersborn – Borbergskirchhof

4.30 h

Auf den Spuren des Orkans Kyrill

Im Januar 2007 braute sich über Mittel- und Nordeuropa ein gewaltiges Sturmtief zusammen, welches als Orkan Kyrill traurige Berühmtheit erlangte, indem es 47 Menschenleben forderte. Erhebliche Schäden gab es darüber hinaus an Häusern, Autos und Infrastruktur wie Stromleitungen und Bahntrassen. Katastrophale Folgen brachte Kyrill für den Waldbestand im Sauer-, Sieger und Wittgensteiner Land mit sich: Mehr als 25 Millionen Bäume wurden umgeknickt oder gleich ganz entwurzelt. Das Kyrilltor auf dem Gudenhagener Poppenberg am Eingang zum Briloner Bürgerwald erinnert an die Auswirkungen des Orkans.

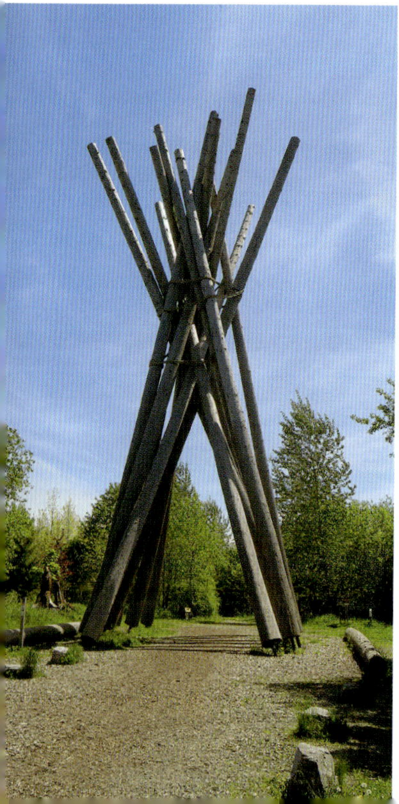

Ausgangspunkt: Brilon, 450 m, Markt; zahlreiche kostenpflichtige Parkmöglichkeiten in der Stadtmitte, u. a. in der Marktstraße.
ÖPNV: Zum Briloner Markt mehrere Buslinien; ansonsten Zug zum Bahnhof und 10 Min. Fußweg zum Marktplatz.
Anforderungen: Insgesamt einfache Wege und Pfade.
Einkehr: Brockmanns Hütte, Mo. bis Mi. Ruhetag, www.brockmanns-huette.de; Hiebammen-Hütte, Mo. bis Mi. Ruhetag, www.hiebammen-huette.info; zahlreiche Möglichkeiten in Brilon.
Karte: Brilon & Olsberg.

Auf dem Marktplatz im Herzen der Stadt **Brilon** ①, 450 m, orientieren wir uns nach Süden und gehen entlang der Markierung X2 des Rothaarwegs am Rathaus und an der Propsteikirche vorbei zum Derkeren Tor, dem letzten erhaltenen Stadttor der ehemaligen Befestigungsanlage. Weiter führt die Route über die Straßen Am Kalvarienberg, Am Hollemann und Am Poppenberg in eine Talsenke und im Gegenanstieg halblinks hinauf zu einem Bildstock

Kyrilltor im Briloner Bürgerwald.

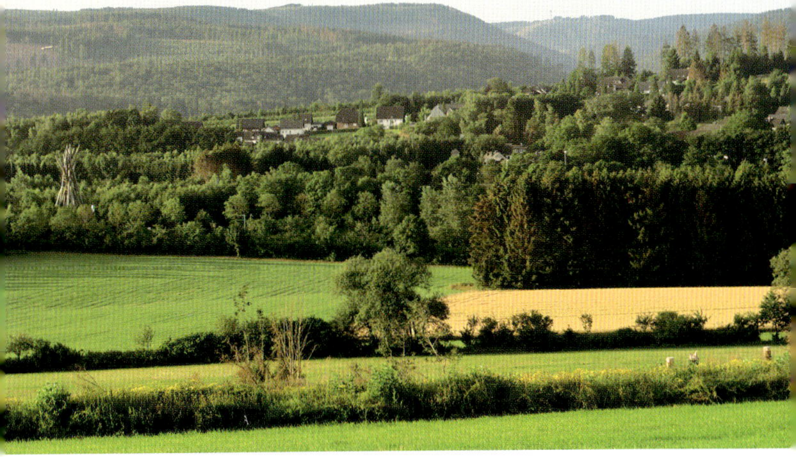

Blick über Petersborn zum Hohen Eimberg und zum Ettelsberg.

am Rand einer Ferienhaussiedlung auf dem Poppenberg. Gemeinsam mit dem Rothaarsteig wandern wir hinab zum Kyrilltor und zum Ortsrand von **Petersborn** ❷, 535 m, wo wir uns direkt wieder von diesem Fernwanderweg verabschieden und dem X2 nach Süden treu bleiben.
Oberhalb von Petersborn gelangen wir zu einem Parkplatz bei einem Wasserbehälter und auf einem Schotterweg durch größtenteils abgeholzte Forstwirtschaftsflächen zum Wegedreieck am **Schusterknapp** ❸, 584 m. Hier treffen wir wieder das weiße R auf rotem Grund, welches zur Gänze unseren Rückweg nach Brilon bestimmt. Wir biegen rechts auf einen schmaleren Streckenabschnitt ab und halten uns anschließend auf dem Forstweg links zur Schutzhütte am Sankt Antonius. Von weiten Fernblicken begleitet wird der Borbergsgipfel auf seiner Südseite traversiert, dann senkt sich die Route zum **Borbergskirchhof** ❹, 600 m, hinab. Hier befindet sich, westlich des eigentlichen Borbergs, eine Wallanlage aus dem frühen Mittelalter. Hinter der Friedenskapelle von 1923 bietet sich ein traumhafter Blick ins Ruhrtal mit den Orten Olsberg und Bigge.

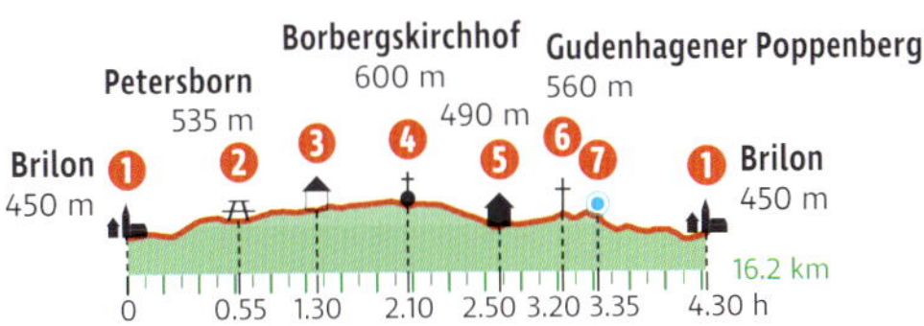

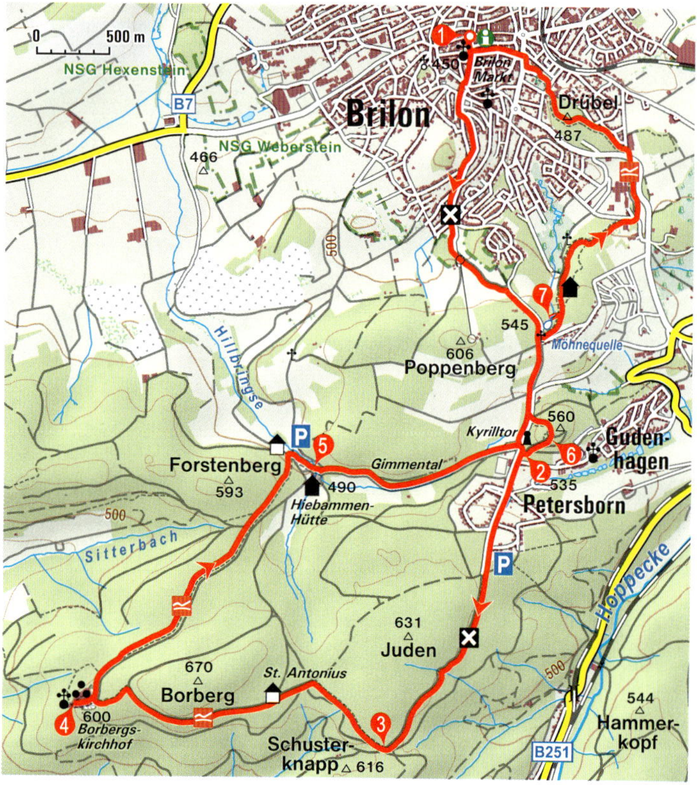

Nach der Panoramarast wenden wir uns mit dem Rothaarsteig nach Nordosten und wandern mehrheitlich auf Pfaden sanft hinab ins Tal der Hillbringse, wo sich an der **Hiebammen-Hütte** ❺, 490 m, eine Möglichkeit zur Einkehr anbietet. Anschließend steigt der Weg im Tal der Hillbringse an, führt uns zurück nach **Petersborn** ❷, 535 m, und erklimmt linker Hand den **Gudenhagener Poppenberg** ❻, 560 m. Schließlich wandern wir zurück zum Bildstock und hinab zur **Möhnequelle** ❼, 545 m. Von dort führt der Rothaarsteig an Brockmanns Hütte vorbei und nach dem Maria-Hilf-Krankenhaus ins Naturschutzgebiet Drübel.

Durch den Kreishauspark und durch die Niedere Straße gelangen wir an einigen sehenswerten Fachwerkhäusern zurück zum Marktplatz in **Brilon** ❶, 450 m.

↗ 820 m | ↘ 820 m | 21.8 km

6.20 h

TOP **6**

Olsberg – Borbergskirchhof – Bruchhausen

Königstour im Hochsauerland

Kaum eine andere Wanderung im Hochsauerland vereint so viele Höhepunkte in einer großzügigen Rundtour, insbesondere dann, wenn wir diesen Wandervorschlag mit einem Rundgang über die Bruchhauser Steine kombinieren: Bereits kurz nach dem Auftakt belohnt der Blick von der Friedenskapelle auf dem Borberg ins Ruhrtal, dann genießen wir die attraktiven Pfadpassagen über den Ginsterkopf mit Paradeblick zu den Bruchhauser Steinen. Von dessen höchstem Felsklotz, dem 756 Meter hohen Feldstein, schweift der Blick abermals ins weite Rund, ehe das großartige Finale auf dem Olsberggipfel wartet.

Ausgangspunkt: Olsberg, 370 m; kostenfreie Parkmöglichkeiten in der Straße Hinter der Kirche oberhalb der katholischen Pfarrkirche.
ÖPNV: Zug zum Bahnhof Olsberg, von dort 10 Min. zum Ausgangspunkt.
Anforderungen: Am Ginsterkopf eine kurze, anspruchsvolle Stelle; auch sonst einige Pfade, die solide Trittsicherheit verlangen; Kondition erforderlich.
Einkehr: Gutshof Schloss Bruchhausen, im Sommer tägl. geöffnet, www.rosenbogen-heidrich.de; Gasthof Rüther, Mo. Ruhetag, www.gasthof-ruether.de; mehrere Möglichkeiten in Olsberg.
Karte: Brilon & Olsberg.
Kombinationsmöglichkeit: Mit Tour 8 beim Infocenter 5; belohnt werden wir mit einer herausragenden Fernsicht vom Feldstein und dem Durchwandern einer spektakulären Felsenlandschaft, die zu Recht als Nationales Naturmonument ausgewiesen ist; zusätzliche Gehzeit 1.15 Std.

Unterwegs können wir mehrfach den Blick zu den Bruchhauser Steinen genießen.

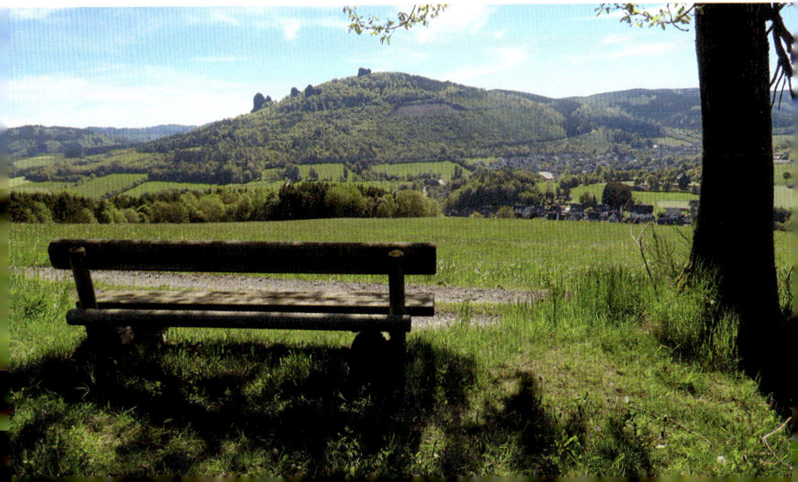

Der gleichsam lange wie eindrückliche Wandertag beginnt auf dem Parkplatz hinter der Sankt Nikolaus Kirche in **Olsberg** ❶, 370 m. Mit der gelb-schwarzen Markierung des Rothaarsteig-Zuwegs wandern wir auf der Borbergstraße ansteigend aus Olsberg hinaus und überschreiten eine Kuppe zur Roten Brücke. Hinter der Eisenbahnbrücke beginnt der Borbergsaufstieg auf zunächst breiter Trasse, dann knickt der Kreuzweg auf einen schmalen Pfad ab, der zuletzt felsdurchsetzt zur Marienkapelle auf dem **Borbergskirchhof** ❷, 600 m, führt. Hinter der Kapelle können wir eine erste aussichtsreiche Pause einlegen.

Weiter geht es auf dem Rothaarsteig selbst. Der »Weg der Sinne« führt bald mit weiter Aussicht zur Schutzhütte am Antonius und weiter im Hang an einigen Bänken vorbei zum **Schusterknapp** ❸, 584 m, einem Rastplatz des Briloner Schnadezugs. Hier beginnt die wunderschöne Klettervariante des Rothaarsteigs, immer auf dem Kamm entlang der historischen Gemarkungsgrenze zwischen Brilon und Elleringhausen. Zunächst wird der Habberg überschritten, dann folgen die Ginsterköpfe mit Traumpanorama zu den mächtigen Bruchhauser Steinen. An der **Feuereiche** ❹, 548 m, überqueren wir die L743 und umrunden das Areal der Bruchhauser Steine. Deren Begehung ist nur vom **Infocenter** ❺, 525 m, aus gestattet, und es ist äußerst lohnenswert, dies auch zu tun (→ Kombinationsmöglichkeit).

Wenige Minuten nach Passieren des Infocenters verabschieden wir den Rothaarsteig in Richtung Langenberg und wenden uns stattdessen dem schmucken Fachwerkdorf **Bruchhausen** ❻, 450 m, zu, wo die Möglichkeit zur Einkehr besteht.

Im Dorf angekommen wandern wir rechter Hand entlang der Hochsauerlandstraße zum Ortsausgang und biegen hier links in die Lutterbecke ein. Fortan bestimmt der Bruchhauser Rundweg Nr. 4 (B4) unsere Route. Vor einem Bauernhof geht es rechts durch die Wiese und anschließend kurzzeitig gemeinsam mit dem X27 zu **Manfelds Hütte** ❼, 589 m. Nun geradeaus und durch den Westhang des Heidkopfs am Sender Olsberg vorbei auf den kreuzüberhöhten **Gipfel des Olsberg** ❽, 703 m. Von den Sitzbänken beim Heiligen Nikolaus können wir noch einmal ein erhabenes

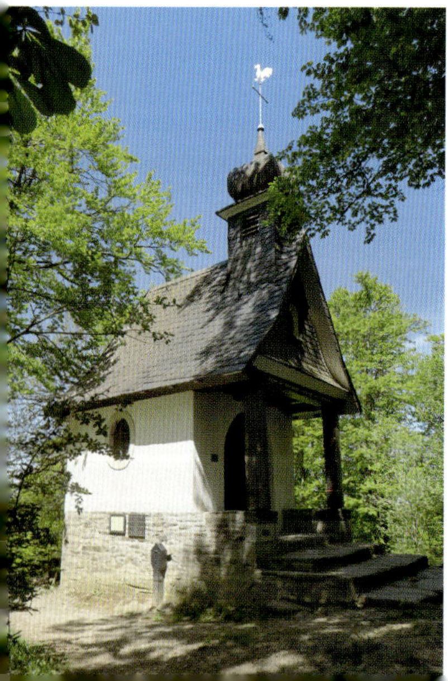

Friedenskapelle auf dem Borberg.

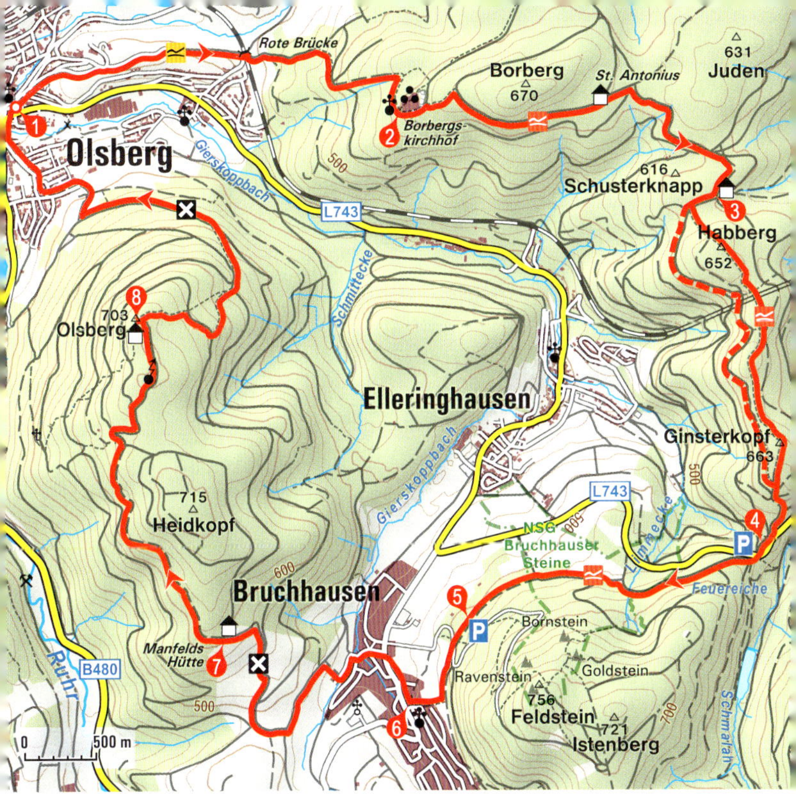

Ruhrtalpanorama genießen. Der letzte Abstieg des Tages beginnt kurz auf dem vorhin begangenen Steig, dann links auf dem Olsberger Kneippwanderweg (K-Markierung), ehe der bekannte Friedrich-Wilhelm-Grimme-Weg (X27) hinzutritt. Er führt uns ohne Orientierungsprobleme zum Ortsrand und in die Ortsmitte von **Olsberg** ❶, 370 m, in Sichtweite der Sankt Nikolaus Kirche.

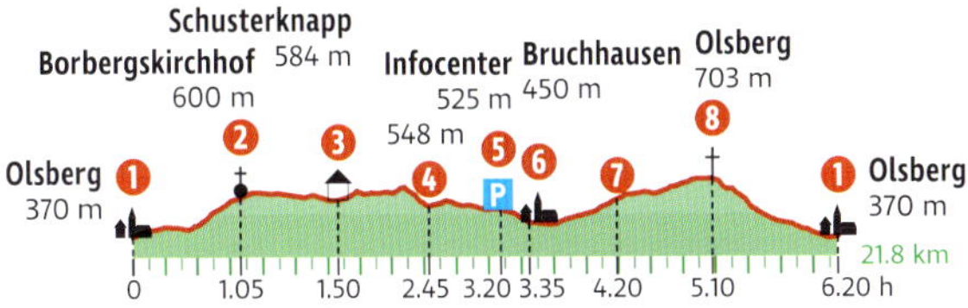

↗ 530 m | ↘ 530 m | 15.1 km

7 Gevelinghausen – Ohlenkopf – Helmeringhausen

4.20 h

Aussichtsgipfel über dem Ruhrtal

Der 729 Meter hohe Ohlenkopf, in der Beschilderung und in manchen Karten auch Ohlenberg genannt, ist ein Nebengipfel im Gebirgszug der Wiedegge, welche das Ruhrtal südlich des Olsberger Ortsteils Bigge begrenzt. Vor dem großen Gipfelkreuz öffnet sich ein herausragender Fernblick nach Norden und Westen. Da für eine Besteigung mindestens 300 Höhenmeter aus eigener Kraft zu überwinden sind – der nächstgelegene Wanderparkplatz liegt am Bergfuß in Helmeringhausen – genießt man das Panorama am höchsten Punkt nicht selten alleine.

Ausgangspunkt: Gevelinghausen (Stadt Olsberg), 380 m; kostenfreies Parken im Wiesenweg.
ÖPNV: Buslinie R75 (Olsberg–Bigge–Bestwig) oder Linie 453 (Olsberg–Gevelinghausen), Haltestelle »Gevelinghausen, Ort«.
Anforderungen: Am Gipfelaufschwung ganz kurzer steiler Pfad; ansonsten dominieren einfache Schotter- und Asphaltwege.
Einkehr: Gasthof Freisen-Leutner in Helmeringhausen, Mi. Ruhetag; Möglichkeiten in Gevelinghausen.
Karte: Brilon & Olsberg.
Variante: Wer in Helmeringhausen startet, kann die Tour um etwa 1.30 Stunden verkürzen.

Vom kleinen Parkplatz im Wiesenweg in **Gevelinghausen** ❶, 380 m, gehen wir wenige Schritte zurück in Richtung der Durchgangsstraße, biegen gleich rechts in die Liboriusstraße ein, an ihrem Ende einmal rechts und dann wieder links, ehe wir den Ort rechter Hand über die Lange Trift verlassen. Auf der gesamten Route weist uns der Gevelinghauser Rundweg Nr. 1 die Richtung (Markierung G1). Wir passieren einen Pferdehof sowie einige Kreuzwegstationen und wandern zwischen Wald und aussichtsreicher Feldflur zum Abzweig **Scheltenberg** ❷, 474 m, wo der Rundweg beginnt. Wir bleiben geradeaus und erreichen in angenehmer Steigung das Wegedreieck **Sohle** ❸, 519 m. Mit zwei markanten Kehren geht es danach durch einen Taleinschnitt und mit gelegentlichen Ausblicken weiter gipfelwärts. Am südlichsten Punkt der Route leitet der Weg eine Linkskurve ein und gewinnt den Sattel zwischen Ohlenkopf und Wiedegge. Nur noch wenige Höhenmeter trennen uns vom Gipfel, der abschließend auf einem kurzzeitig steilen Bergpfad angegangen wird. Der Aufschwung legt sich jedoch rasch zurück, und

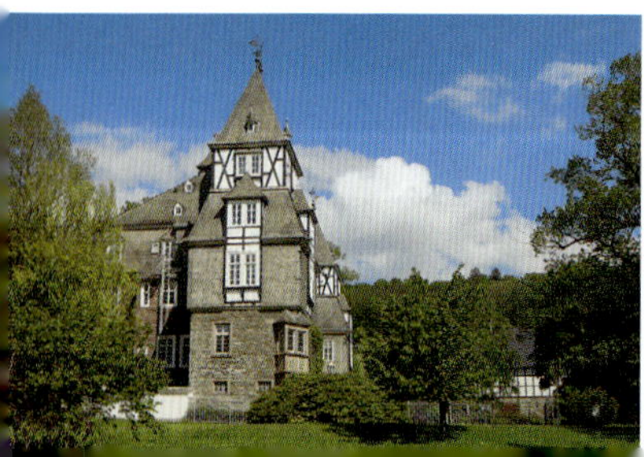

Schloss Gevelinghausen.

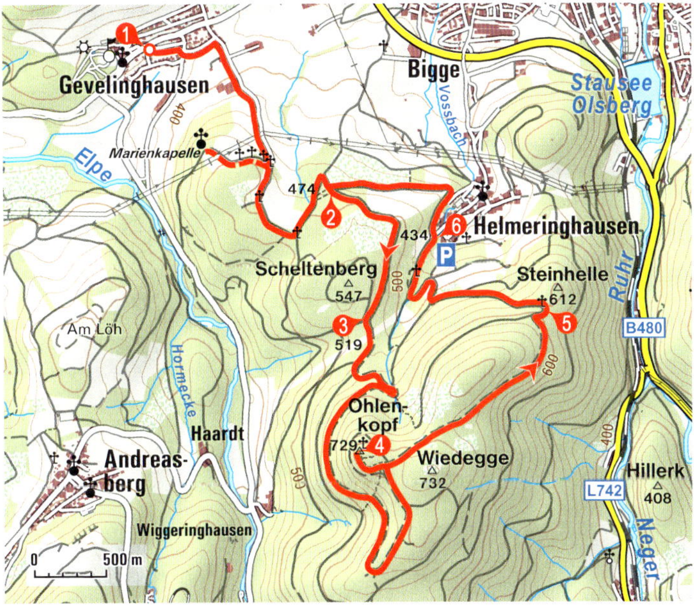

wir können am Gipfelkreuz auf dem **Ohlenkopf** ❹, 729 m, und von den Sitzbänken das herrliche Hochsauerlandpanorama mit Blick zum Fort Fun Abenteuerland genießen. Nach der Gipfelrast steigen wir, nach dem Aufschwung rasch linkshaltend, zum Forstweg zurück und wandern auf ihm unter dem Gipfel der Wiedegge hindurch zum Abzweig **Steinhelle** ❺, 589 m, und weiter hinab, zuletzt in einigen Kurven zum Wanderparkplatz am Ortsrand von **Helmeringhausen** ❻, 434 m (→ Variante). Im Dorf besteht die Möglichkeit zur Einkehr. Vom Wanderparkplatz führt der G1-Rundweg links ansteigend durch eine Mischung aus Wald und offenem Feld zum **Scheltenberg** ❷, 474 m, zurück, von wo wir über den bekannten Weg (Abstecher zur Marienkapelle) nach **Gevelinghausen** ❶ gelangen.

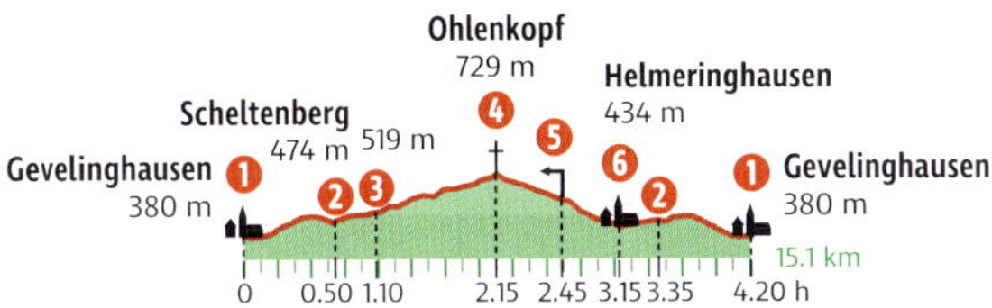

TOP

8 Bruchhausen – Bruchhauser Steine

↗ 250 m | ↘ 250 m | 3.2 km

1.15 h

Zum spannendsten Geotop im Hochsauerland

Wie Fremdkörper wirken die riesigen Felsblöcke der Bruchhauser Steine, die sich auf dem Bergrücken des Istenbergs oberhalb von Bruchhausen im Wald verteilen. Ihre Erscheinung ist derart imposant, dass sie zum Nationalen Naturmonument erklärt wurden. Bornstein, Ravenstein, Goldstein und Feldstein heißen die vier Hauptfelsen, wobei nur der letzte durch einen Steig erschlossen ist und bestiegen werden darf. Im Gegensatz zum devonischen Tonschiefer der Umgebung bestehen die Bruchhauser Steine aus widerstandsfähigem Porphyr, der im Zuge der Erosion herauspräpariert wurde. Das gesamte Areal wird von einer Stiftung betreut, es ist mehrfach als Schutzgebiet ausgewiesen. Daher ist ein Betreten nur auf den vorgegebenen Pfaden gestattet. Wer von Bruchhausen startet oder am Info-Center parkt, muss eine kleine Eintrittsgebühr entrichten.

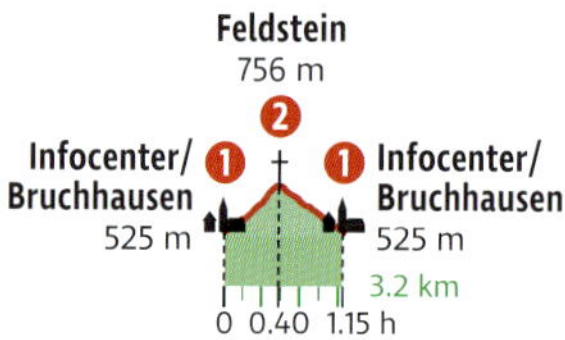

Ausgangspunkt: Infocenter in Bruchhausen (Stadt Olsberg), 525 m; dort kostenpflichtige Parkmöglichkeiten; kostenfreier Parkplatz an der katholischen Kirche in der Hochsauerlandstraße (dann Hin- und Rückweg knapp eine Stunde zusätzlich).
ÖPNV: Buslinie R31 (Olsberg–Bruchhausen), Haltestelle »Bruchhausen, Kirche«.
Anforderungen: Zumeist Bergpfade; Aufstieg zum Feldstein auf gesicherter Steiganlage, Absturzgefahr.
Einkehr: Unterwegs keine; in Bruchhausen: Gutshof Schloss Bruchhausen, im Sommer täglich geöffnet, www.rosenbogen-heidrich.de; Gasthof Rüther, Mo. Ruhetag, www.gasthof-ruether.de.
Karte: Brilon & Olsberg.

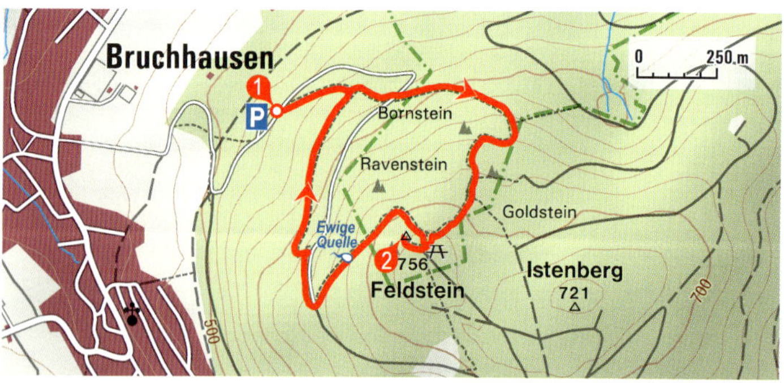

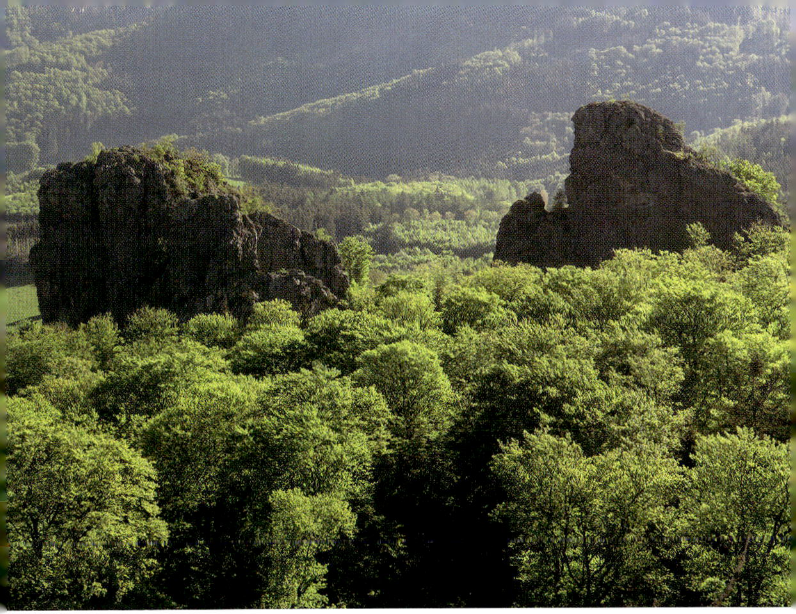

Bornstein und Goldstein – zwei der vier mächtigen Hauptfelsen.

Unser Streifzug in das Reich der sagenumwobenen Bruchhauser Steine startet am Infocenter in **Bruchhausen** ❶, 525 m, wo die Eintrittsgebühr zu entrichten ist. Attraktive Wanderpfade erschließen das Areal. Als mit Informationstafeln ausgestattete Themenwege geben sie Einblick in die Bereiche Archäologie, Geologie sowie Flora und Fauna. Wir folgen zunächst dem Waldpfad bergan, queren die Fahrstraße und gewinnen den Sattel zwischen Bornstein (92 m Felshöhe) und Goldstein (60 m Felshöhe). Auf dem Weiterweg informieren Tafeln des archäologischen Pfads über die vorgeschichtliche Fliehburg. Rasch finden wir uns auf dem Rastplatz unterhalb des Feldsteins (45 m Felshöhe) wieder. Trittsicherheit und gute Verhältnisse vorausgesetzt lassen wir uns die letzten Meter auf dem felsigen Steig nicht entgehen und können dann das umfassende Sauerlandpanorama auf dem **Feldstein** ❷, 756 m, genießen.
Zurück am Rastplatz wechseln wir auf den geologischen Pfad, der uns linkshaltend am Ravenstein (72 m Felshöhe) vorbei zur Ewigen Quelle führt. Rund um die ganzjährig Wasser führende Quelle haben sich einige schützenswerte Kräuter und Moose angesiedelt. Nachdem wir ein weiteres Mal die Fahrstraße überquert haben, stoßen wir bald wieder auf den Weg vom Beginn und erreichen nach wenigen Minuten das Infocenter in **Bruchhausen** ❶, 525 m.

↗ 470 m | ↘ 470 m | 14.7 km

9 Bruchhausen – Langenberg – Ochsenkreuz

4.20 h

Auf den höchsten Berg Westfalens

Vom »Dorf an den Steinen« führt der Rothaarsteig zum Hoppernkopf empor, wo sich an der westfälisch-hessischen Landesgrenze der historische Richtplatz des kurkölnischen Gogerichts befindet. Weiter geht es zum Langenberg, der mit 843 Metern höchsten Erhebung zwischen Rhein und Weser. Der Gipfel bietet keine Fernsicht, jedoch wurde das Areal mit Gipfelkreuz und Bänken für eine gemütliche Rast aufgewertet. Nach Passieren des Skigebiets Sternrodt senkt sich der Rothaarweg zurück nach Bruchhausen.

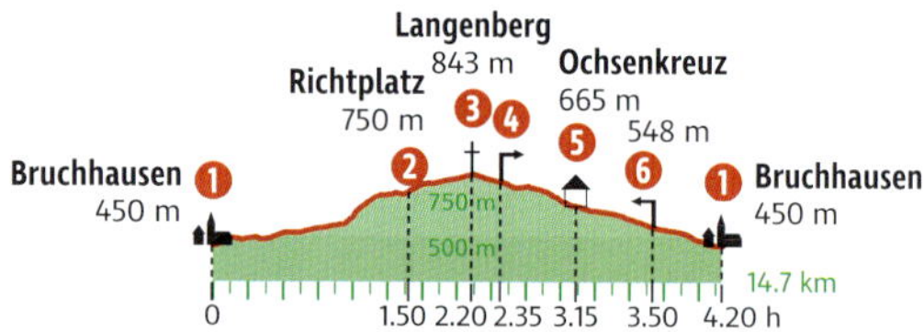

Ausgangspunkt: Bruchhausen (Stadt Olsberg), 450 m; kostenfreier Parkplatz an der katholischen Kirche in der Hochsauerlandstraße.
ÖPNV: Buslinie R31 (Olsberg–Bruchhausen), Haltestelle »Bruchhausen, Kirche«.
Anforderungen: Einige Pfadpassagen auf dem Rothaarsteig verlangen Trittsicherheit; Abstieg vom Ochsenkreuz auf bequemen Wegen.
Einkehr: Unterwegs keine; in Bruchhausen: Gutshof Schloss Bruchhausen, im Sommer tägl. geöffnet, www.rosenbogen-heidrich.de; Gasthof Rüther, Mo. Ruhetag, www.gasthof-ruether.de.
Karte: Brilon & Olsberg.

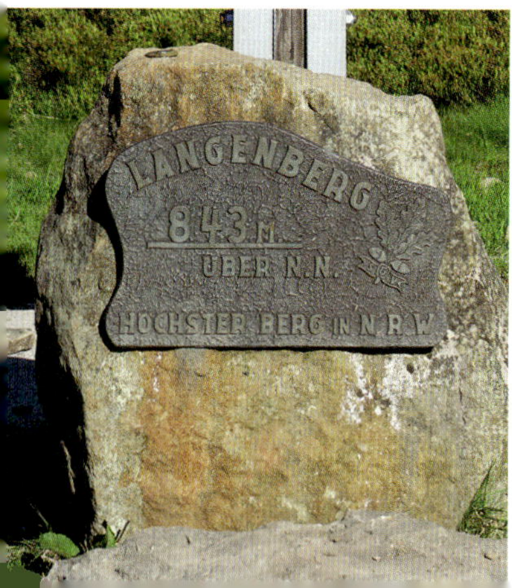

Von der Sankt Cyriakus Kirche im Fachwerkdorf **Bruchhausen** ❶, 450 m, gehen wir wenige Schritte auf der Hochsauerlandstraße nordwärts und biegen vor dem Schloss rechts in den Kapellenweg ein, wo uns die X2-Markierung des Rothaarwegs zum Rothaarsteig hinauf leitet. Wir biegen rechts ab und folgen dem populären Fernwanderweg oberhalb von Bruchhausen am Rand der Bebauung entlang, bis

Am höchsten Punkt von Nordrhein-Westfalen.

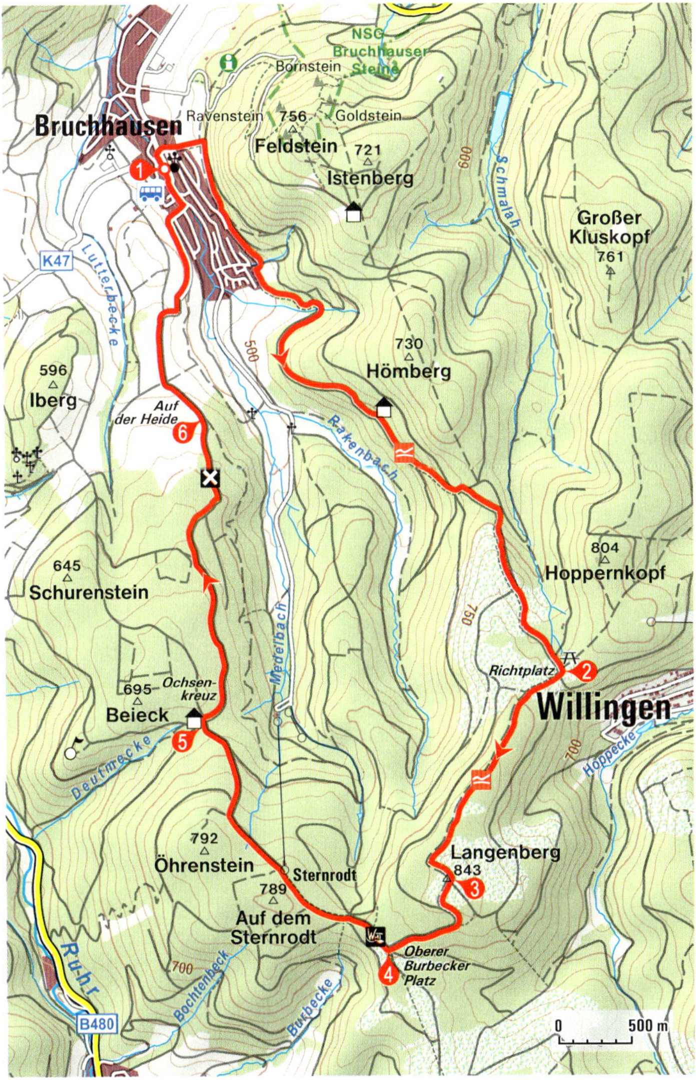

NSG
Bruchhauser
Steine
Bornstein
Ravenstein
756
Goldstein
Bruchhausen
Feldstein
721
Istenberg
600
Schmalah
Großer
Kluskopf
761
K47
Lutterbecke
500
730
Hömberg
596
Iberg
Auf
der Heide
Rakenbach
804
645
Hoppernkopf
Schurenstein
750
Medelbach
Richtplatz
695
Ochsen-
kreuz
Willingen
Beieck
Deutmecke
700
Hoppecke
792
Langenberg
Öhrenstein
843
Sternrodt
789
Auf dem
Sternrodt
Oberer
Burbecker
Platz
Ruhr
700
Bochtenbeck
Burbecke
B480
0
500 m

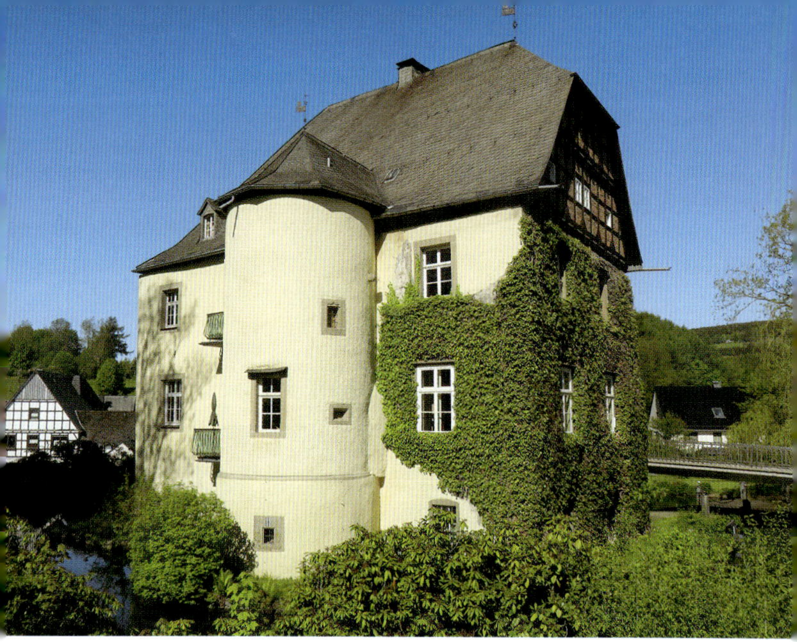

Zu Füßen der Bruchhauser Steine liegt das von einem Wassergraben umgebene Schloss.

uns nach einer Pfadpassage ein Forstweg aufnimmt, der in sanftem Bergauf einen Unterstand passiert und schließlich nach einer kurzen Steilstufe eine Kreuzung erreicht. Nach einer weiteren Steilstufe ist der historische **Richtplatz** ❷, 750 m, erreicht, wo ein Gedenkstein an den Schauplatz des kurkölnischen Gogerichts erinnert. Von der blutgetränkten Stätte folgt der Rothaarsteig weiterhin einem naturnahen Pfad entlang der von Schnadesteinen gesäumten Landesgrenze, bis der ansprechend gestaltete Pausenplatz auf dem **Langenberg** ❸, 843 m, zur Rast lädt. Am Gipfelkreuz ist in einer Kassette ein Gipfelbuch hinterlegt, wo man einen Wandergruß hinterlassen kann.

Nach dem kurzen Abstieg zum **Oberen Burbecker Platz** ❹, 800 m, verabschieden wir uns vom Rothaarsteig und wechseln auf den Bruchhauser Rundweg Nr. 3 (Markierung B3), der sich zunächst im Gleichlauf mit der Winterberger Hochtour (WHT) zum Unteren Burbecker Platz senkt und hernach das Sternrodt zum **Ochsenkreuz** ❺, 665 m, hin überschreitet. Vor der Schutzhütte treffen wir auf den vom Beginn bereits bekannten Rothaarweg (X2). Als bequemer Forstweg senkt er sich zum Abzweig A**uf der Heide** ❻, 548 m, hinab, ehe er vom Eichenknäppchen einer kleinen Asphaltstraße zurück nach **Bruchhausen** ❶, 450 m, folgt.

↗ 460 m | ↘ 460 m | 18.1 km

5.00 h

Willingen – Ettelsberg – Mühlenkopfschanze

10

Über das Dach des Waldecker Uplands

Das Gebiet um den Ettelsberg südlich von Willingen ist das ganze Jahr hindurch ein beliebtes und viel bevölkertes Ausflugsziel. Im Winter wird hier Ski gefahren, im Sommerhalbjahr sind viele mit dem Mountainbike unterwegs oder kommen zum Feiern in Siggis Hütte. Abseits vom turmüberhöhten Ettelsberg folgen wir den Fernwanderwegen Rothaarsteig, Sauerland-Höhenflug und Uplandsteig durch mehrheitlich stille Wälder zu herrlichen Aussichtsplätzen fernab vom Massentourismus. Einen letzten Höhepunkt bildet die Mühlenkopfschanze, wo alljährlich das internationale Feld der Skiadler auf Weitenjagd geht. Sie ist die größte Skisprungschanze der Welt, größere Weiten sind nur noch auf Flugschanzen möglich.

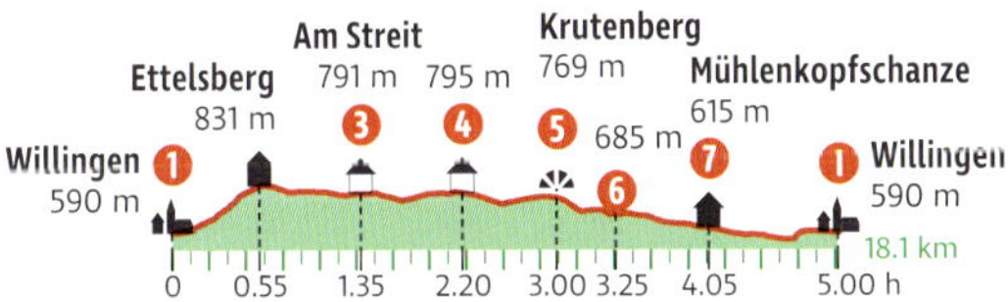

Ausgangspunkt: Willingen, 590 m; kostenfreier Parkplatz an der Talstation der Ettelsbergbahn.
ÖPNV: Zug nach Willingen.
Anforderungen: Aufstieg zum Ettelsberg auf teils steilen Pfaden, danach überwiegend unschwierige Rundwanderung.
Einkehr: Siggis Hütte auf dem Ettelsberg, www.siggishuette.de; an der Mühlenkopfschanze: Café Aufwind, Mo. Ruhetag, www.cafe-aufwind.de; zahlreiche Angebote in Willingen.
Karte: Brilon & Olsberg, Winterberg.
Varianten: Wer alternativ zum Aufstieg die Seilbahn nutzt, spart rund 1 Std. Gehzeit ein; nach Am Streit 3 Abstecher ins Naturschutzgebiet Neuer Hagen auf der Niedersfelder Hochheide und zum Clemensberg, zusätzlich insgesamt 2,8 km, ca. 45 Min.

Beim Aufstieg zum Ettelsberg schweift der Blick über Willingen zum Hohen Eimberg.

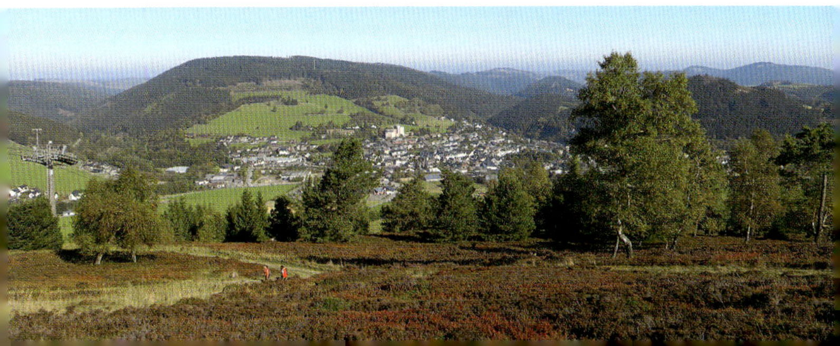

Vom Parkplatz der Ettelsbergbahn in **Willingen** ❶, 590 m, gehen wir kurz bergwärts, folgen dem ersten Querweg links und biegen hinter dem Bauernhof rechts auf einen geschotterten Weg ab. Der Aufstieg ist nicht durchgehend einheitlich markiert, verläuft jedoch als logische Linie, die Kabinenbahn dient als Orientierung. Zunächst geht es gemächlich durch Wiesen hinauf, zwischendurch helfen Serpentinen, eine Steilstufe zu überwinden, wobei der rinnenartige Pfad in diesem Bereich besonders rutschig sein kann. Von herrlichen Ausblicken nach Norden begleitet wird das Gelände allmählich flacher, dann ist der mächtige Hochheideturm auf dem **Ettelsberg** ❷, 831 m erreicht. Allerhand touristische Infrastruktur, darunter die berühmte Partyhütte, bestimmen das Bild auf dem Gipfelplateau. Wem es hier zu wuselig zugeht, passiert am besten gleich das Speicherbecken der Schneekanonen und wandert weiter zum Bergkreuz an der Großen Grube. An diesem hochgelegenen Geländesattel wurde einst Holzkohle

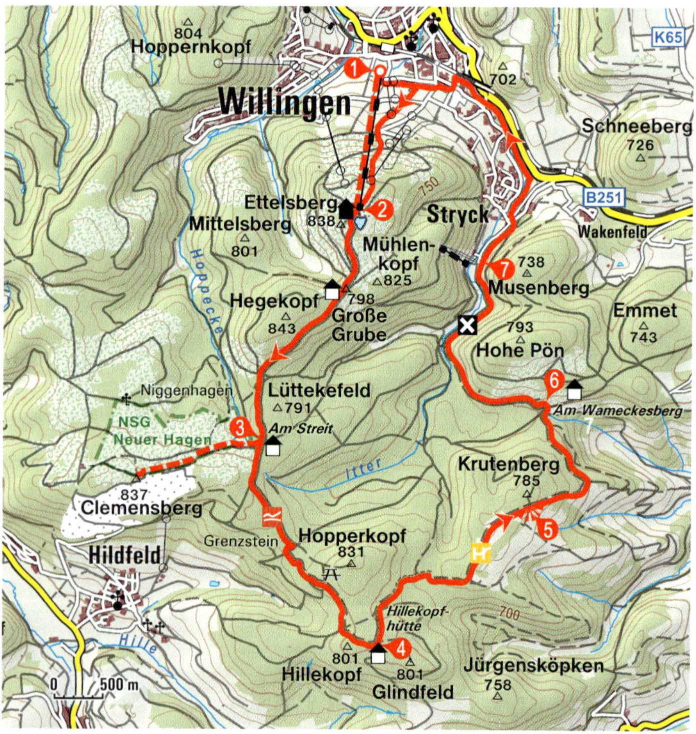

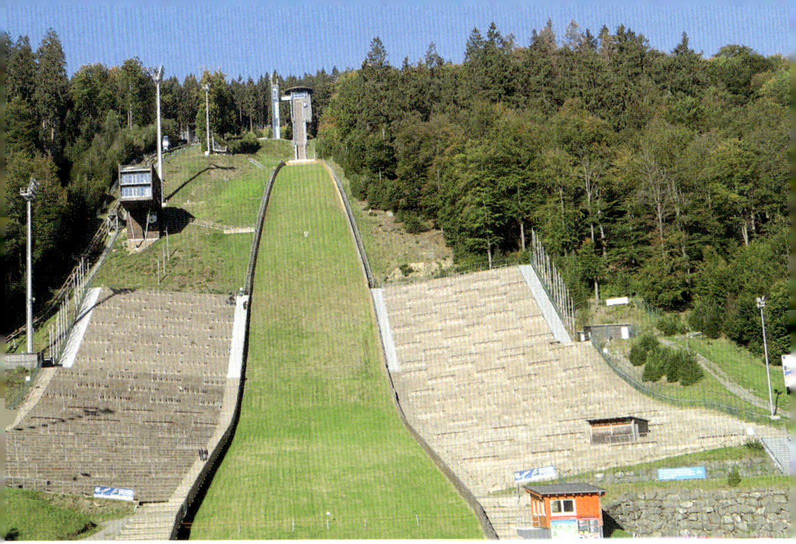

Im Winter Ziel tausender Skisprungfans: die Willinger Mühlenkopfschanze.

für die Willinger Hochöfen produziert. Bequeme Forstwege leiten über das Lütteke Feld zur Schutzhütte **Am Streit** ❸, 791 m, wo wenige Meter weiter von rechts der Rothaarsteig einmündet und man optional einen Abstecher zum Clemensberg unternehmen kann (→ Variante).

Das weiße R auf rotem Grund schickt uns vom Streit über die Hildfelder Höhe zur **Hillekopfhütte** ❹, 795 m. Hier wechseln wir vom Rothaarsteig auf den Sauerland-Höhenflug (gleichzeitig X und Uplandsteig). Wir biegen links ab, überschreiten die Kuppe vom Toten Mann und gelangen auf Pfaden und auf Schotter zum aussichtsreichen **Krutenberg** ❺, 769 m, mit Traumpanorama über die Medebacher und die Korbacher Bucht. Mit einigen Richtungswechseln senkt sich das weiße H auf gelbem Grund zur **Landesgrenze am Wameckesberg** ❻, 685 m, hinab. Beim Wegedreieck verlassen wir auch den Höhenflug und zweigen mit dem X6 links ab. Der bequeme Weg senkt sich hinab ins Ittertal und zur beeindruckenden **Mühlenkopfschanze** ❼, 615 m, wo Weltcupspringen mehr als 30.000 Zuschauer begeistern. Der Schanzenrekord liegt bei über 150 Metern.

Auf der Zufahrt erreichen wir wenige Minuten später den Ortsrand von Stryck, halten uns auf der Mühlenkopfstraße kurz links und biegen rechts auf den Fußweg nach Willingen ab. Er folgt als attraktiver Wanderpfad dem Lauf der jungen Itter bis zum Eisenbahnviadukt. Ohne dieses zu queren, biegen wir vor dem Bauwerk links ab, ersteigen eine kleine Geländestufe und gelangen zur Eissporthalle hinauf. Der Ausgangspunkt in **Willingen** ❶, 590 m, ist von hier nur wenige Minuten entfernt.

TOP

11 Usseln – Kahle Pön

↗ 300 m | ↘ 300 m | 11.2 km

3.10 h

Aussichtstour zur Graf Stolberg Hütte

Im Gipfel des Kahlen Pön kratzt das Rothaargebirge im Osten letztmalig an der 800-Meter-Grenze, ehe der Gebirgsrand zur überwiegend landwirtschaftlich geprägten Korbacher Bucht einfällt. Der waldfreie und mit Heidevegetation bestandene Gipfel gewährt, wie auch die umgebende Usseler Hochheide, eine besonders schöne Rundsicht. Nach dem Gipfelerlebnis kommen wir zur Graf Stolberg Hütte, die zu einem gemütlichen Einkehrschwung einlädt. Anschließend führt uns der Uplandsteig an der Diemelquelle vorbei zurück nach Usseln.

Ausgangspunkt: Usseln (Gemeinde Willingen), 580 m; kostenfreier Parkplatz am Freibad in der Sportstraße.
ÖPNV: Zug nach Usseln, vom Bahnhof wenige Schritte zur Route.
Anforderungen: Leicht, insbesondere wenn man auf den letzten Pfadabschnitt verzichtet; ansonsten fast durchgehend bequeme Wege und kleine Asphaltstraßen.
Einkehr: Graf Stolberg Hütte, täglich geöffnet, www.wandern-sauerland.de; mehrere Möglichkeiten in Usseln.
Karte: Brilon & Olsberg oder Medebach.

Vom Parkplatz bei der Tourist-Information in **Usseln** ❶, 580 m, gehen wir wenige Schritte zurück zur Korbacher Straße (B251) und folgen ihr nach rechts. Hinter dem Posthotel biegen wir rechts ab, wandern auf der Straße Zur Heide bergwärts, dann verlassen wir Usseln durch eine Bahnunterführung in offene Feldflur. Eine Kehre der Straße abkürzend geht es zu einer nahen Verzweigung, wo wir uns vom X6 trennen und halb links weiter wandern. Bei einer weiteren Verzweigung stoßen wir auf den Uplandsteig und bleiben wiederum halb links. Nachdem der Untergrund von Asphalt auf Schotter gewechselt hat, queren wir die kleine Talsenke In der Aare bei einem Fischteich. Kurz darauf mündet am Abzweig **Spitzbubenbusch** ❷, 667 m, der Sauerland-Höhenflug ein. Das weiße H auf gelbem Grund bestimmt nun für eine Zeitlang unsere Route.

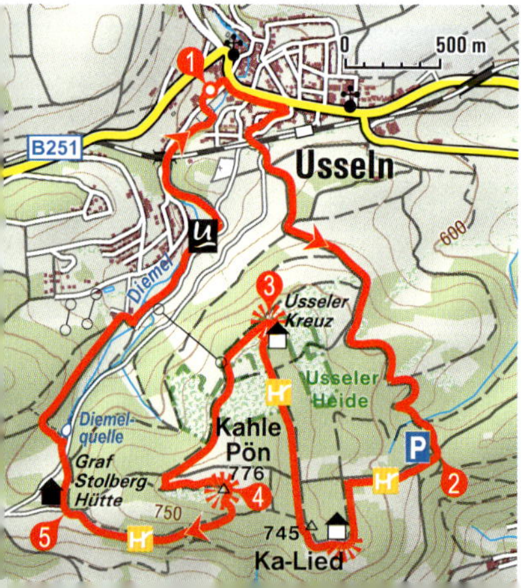

Wir halten uns rechts und beim nahen Pönparkplatz geradeaus. Wenige Minuten später weisen die Markierungen nach links zur Kalied Schutzhütte, wo sich ein herausragendes Panorama nach Süden

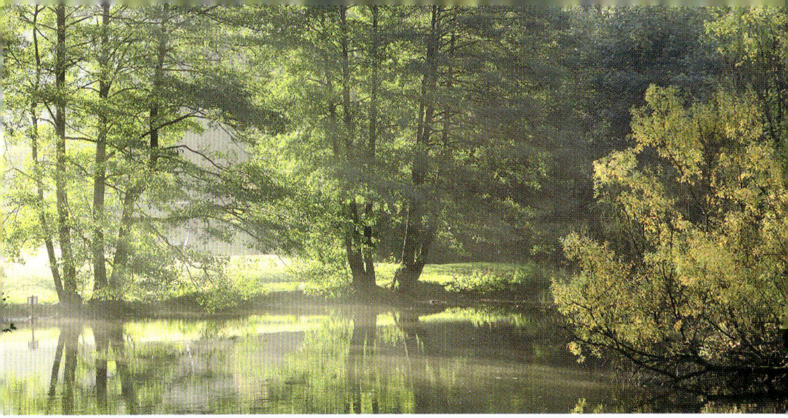

Stimmungsvoller Herbstmorgen bei Usseln.

bietet. Anschließend schlägt der Höhenflug Nordkurs ein und steuert die Usseler Hochheide an. Zunächst erreichen wir den dortigen Unterstand, dann geht es weiter zur Panoramabank am **Usseler Kreuz** ❸, 745 m. Der Blick schweift hinüber zum Hochheideturm auf dem Ettelsberg und nach Willingen. Vom Kreuz schlendern wir über einen kurzen Pfad hinab und marschieren dann wiederum auf bequemen Wegen, zuletzt linkshaltend, auf den Gipfel des **Kahlen Pön** ❹, 776 m. Seinem Namen entsprechend gewährt auch dieser Berg ein herrliches Uplandpanorama. Nach dem Gipfelerlebnis senkt sich unsere Route über mäßig steile Wege zur Einkehrmöglichkeit bei der gemütlichen **Graf Stolberg Hütte** ❺, 710 m, hinab.
Der Rückweg nach Usseln beginnt am Abzweig vor der Hütte, wo uns das vertraute Wegzeichen zur gefassten Diemelquelle leitet. Im Gegenhang gewinnen wir rasch einen Forstweg und wechseln vom Höhenflug wiederum auf den Uplandsteig (Talvariante). Rechter Hand wandern wir bis kurz vor den Zielort, biegen dann jedoch rechts zum Skilift ab. Stets gut beschildert leitet die kleine Asphaltstraße zu einem Spielplatz bei einem Teich, und wer hier geradeaus bleibt, gelangt ohne Schwierigkeiten zum Ausgangspunkt zurück. Der Uplandsteig hingegen unternimmt noch einen Schwenk auf schmalen Pfaden zum Viadukt, ehe auch er sich zurück zum Startpunkt in **Usseln** ❶, 580 m, senkt.

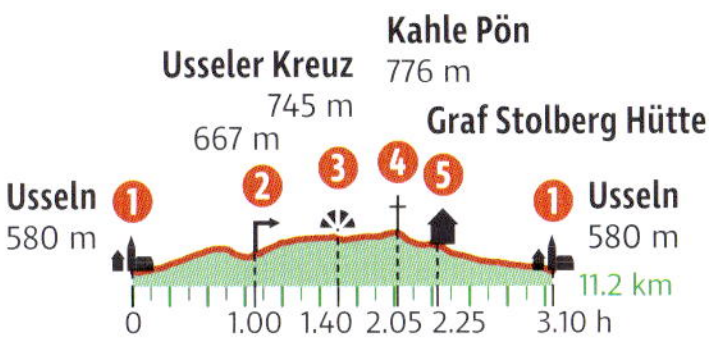

TOP

12

↗ 590 m | ↘ 590 m | 22.7 km

Niedersfeld – Küstelberg – Clemensberg

6.20 h

Aus dem Ruhrtal zur Bergheide auf den Clemensberg

Der waldfreie Clemensberg ist einer der schönsten Aussichtsgipfel im gesamten Rothaargebirge. Der südliche Teil des Bergstocks wird von einem Diabas-Steinbruch eingenommen, der auch den ursprünglichen Gipfel umfasst. Das große Bergkreuz steht heute auf der rekultivierten Westkuppe, wo Bänke bei einer Orientierungstafel zur Panoramarast einladen. Nördlich davon liegt die Niedersfelder Hochheide im Naturschutzgebiet Neuer Hagen, ein im Hochsommer zur Blütezeit einmalig schönes Wanderziel.

Ausgangspunkt: Niedersfeld (Stadt Winterberg), 525 m; kostenlose Parkplätze an der Schützenhalle in der Straße An der Hille.
ÖPNV: Buslinie S30 (Brilon–Olsberg–Winterberg) oder Linie S40 (Schmallenberg–Winterberg–Niedersfeld), Haltestelle »Niedersfeld, Steinkamp«.

Anforderungen: Mäßig schwierige Rundwanderung, die Kondition und festes Schuhwerk verlangt.
Einkehr: Gasthof Lichte in Küstelberg, Mi. und Do. Ruhetag, www.gasthof-lichte.de; Hochheidehütte, www.hochheidehuette.com; Möglichkeiten in Niedersfeld.
Karte: Winterberg.

Am Parkplatz zwischen Schützenhalle und Sportplatz in **Niedersfeld ❶**, 525 m, orientieren wir uns nach Westen zum Rimbergweg, wo uns die Markierung X25 empfängt und linker Hand auf Asphalt, zwischendurch auf einem parallel verlaufenden Pfad, zum Hillestausee schickt. Gemütlich geht es am Südufer des beliebten Wassersportreviers entlang, ein lockerer Auftakt zu einem recht langen Wandertag. Am Wegweiser **Strickmühle ❷**,

Auf dem Clemensberg erklärt eine Infotafel das umfassende Panorama.

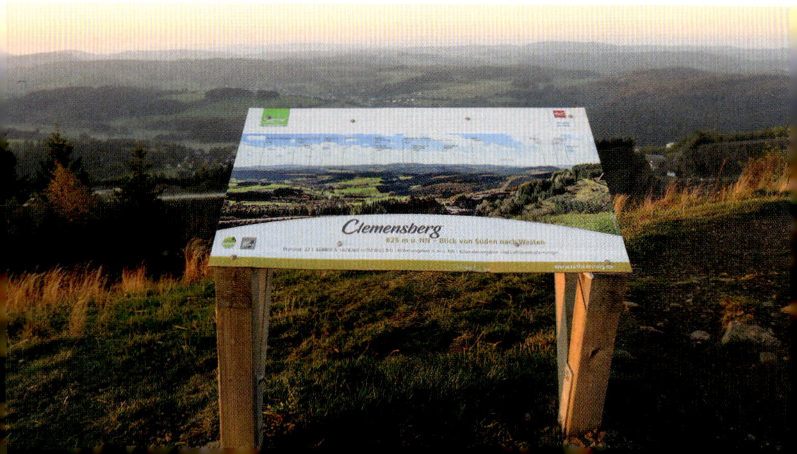

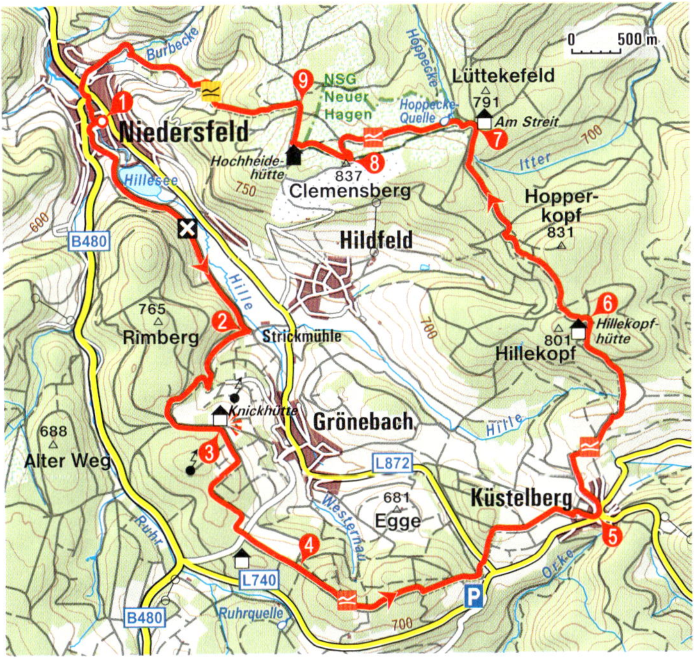

570 m, trennen wir uns von der X-Markierung und steigen nach rechts ins Hachmicketal an. Auf grasigen Wirtschaftswegen leitet der mit einem G markierte Grönebacher Rundweg durch offene Feldflur in den Geilen Siepen und weiter hinauf zum Abzweig Auf der Hütte. Von hier ist es nicht mehr weit zur Wegspinne Am Knick und zur aussichtsreichen **Knickhütte** ❸, 670 m, mit Blick zum Diabas-Steinbruch am Clemensberg. Wir bleiben weiterhin konsequent der G-Markierung treu. Sie führt mit einigen Richtungswechseln teils entlang schmaler Pfade, zuletzt über eine Wiese zur Wachshütte am Grönebacher Kreuz. Wenig später tritt am **Botzenhagen** ❹, 681 m, der Rothaarsteig zur Route, und sein rotes Signet zeichnet auch den weiteren Wegverlauf vor. Zunächst führt es uns oft auf Forstwegen, später auf einem Pfad zum Parkplatz Wagenschmier und weiter in den Medebacher Ortsteil **Küstelberg** ❺, 666 m, mit schmuckem Ortskern und der Möglichkeit zur Einkehr.

Von Küstelberg leitet der Rothaarsteig im Gleichklang mit dem Sauerland-Höhenflug durch offene Feldflur und wieder in den Wald, wo der Aufstieg zur **Hillekopfhütte** ❻, 795 m, wartet. Hier verabschieden wir uns vom

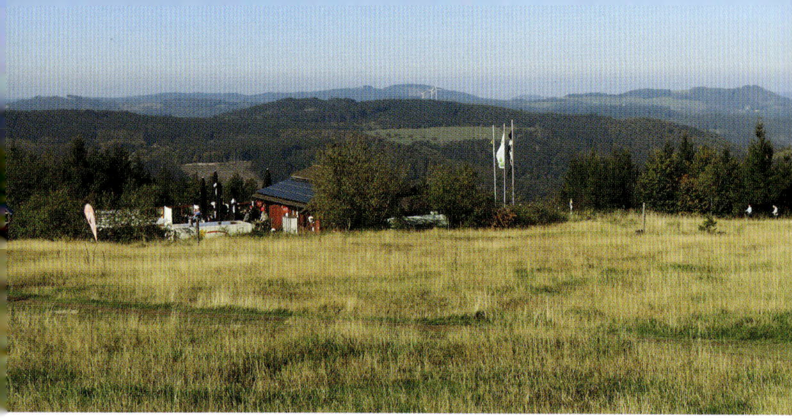

Die Hochheidehütte bietet sich für eine aussichtsreiche Rast an.

Höhenflug und folgen einzig dem roten Wegzeichen auf Pfaden, später Forstwegen, bis kurz vor die Schutzhütte **Am Streit** 7, 791 m. Der Ortsname bezeugt eine historische Fehde zwischen den Grafen von Waldeck und dem Kölner Bischof, die beide das zur Verkohlung dringend benötigte Holz beanspruchten.

Hinter der Hoppeckequelle erreicht unser Wanderweg das Naturschutzgebiet Neuer Hagen auf der Niedersfelder Hochheide, ein beliebtes Naherholungsgebiet mit zahlreichen kleinen Spaziermöglichkeiten. Der Rothaarsteig kurvt hier durch Heidevegetation und strebt schließlich dem Bergkreuz auf dem **Clemensberg** 8, 837 m, zu. Das Panorama ist insbesondere in Südrichtung beachtlich, nach Norden versperrt der Langenberg ein wenig die Sicht. Schließlich erfolgt der Abstieg zur Hochheidehütte, einem weiteren Einkehrziel. Beim Wegweiser **Wanderparkplatz Hochheide** 9, 779 m, verabschieden wir uns auch vom Rothaarsteig und wechseln links auf den gelb-schwarz markierten Zuweg, zugleich Kaiser-Otto-Weg (X16). Er senkt sich als schmaler Pfad zur Autozufahrt hinab, folgt ihr nur kurz und wechselt dann rechts auf einen Weg, der zwischen Weideland und Wald zuletzt links hinab nach Niedersfeld führt. An der Grönebacher Straße ist die Tourist-Information ausgeschildert, von wo es durch eine Grünanlage rasch zurück zum Ausgangspunkt in **Niedersfeld** 1 geht.

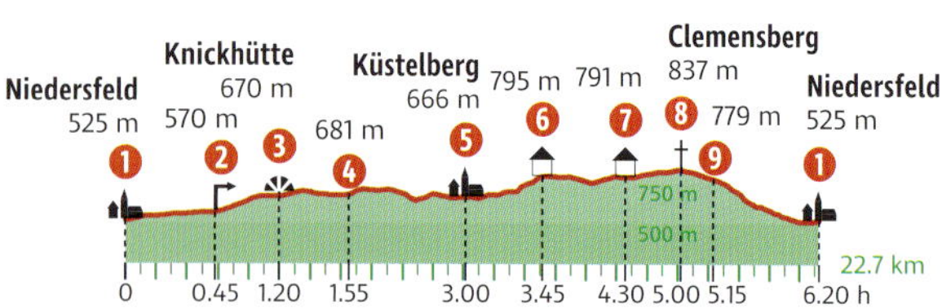

↗ 210 m | ↘ 210 m | 11.2 km

3.00 h

Hennedamm – Hennesee – Vellinghausen

13

Zur Himmelstreppe und zum Sinnepfad

Seit den 1950er-Jahren wird das Flüsschen Henne südlich der Hochsauerländer Kreisstadt Meschede in der heutigen Form um gut 50 Meter aufgestaut. Abgesehen vom ursprünglichen Nutzen – Regulierungsfunktion, Hochwasserschutz und Erzeugen von Strom – hat sich die Talsperre gegenwärtig zu einem populären Wassersport- und Freizeitrevier entwickelt, wo neben Aktivitäten im und auf dem Wasser auch gerne gewandert wird. Dazu wurde u. a. der Sinnepfad eingerichtet, der einen Teil unserer gemütlichen Spazierrunde ausmacht.

Ausgangspunkt: Hennedamm (Stadt Meschede), 342 m; kostenfreie Parkmöglichkeiten an der B55.
ÖPNV: Buslinie S70 (Meschede–Hennesee–Eslohe), Haltestelle »Hennesee«.
Anforderungen: Durchgehend einfache Wege und Pfade, lediglich der Aufstieg über den Sinnepfad ist kurzzeitig ein wenig steiler; etwas Orientierungssinn hilfreich.
Einkehr: Xavers Ranch in Vellinghausen, Do. Ruhetag, www.xavers-ranch.de; Kiosk am Hennesee.
Karte: Eslohe.

Vom **Parkplatz 1**, 342 m, an der B55 gehen wir zu dessen Ende in Fahrtrichtung Eslohe, dann auf einem Weg und Treppenstufen links hinab zur Uferpromenade am Hennesee. Wir halten uns links und wandern mit der Markierung X22 am Ufer entlang zum Schiffsanleger und weiter mit schöner Sicht über den Stausee zum **Hennedamm 2**, 327 m, wo man auf der Himmelstreppe die Staumauer hinabsteigen kann. Wir bleiben jedoch auf der Dammkrone und folgen am Ende dem Rad- und Wanderweg nach rechts, bis linker Hand der Sinnepfad ausgeschildert ist.
Der Beginn des **Sinnepfads 3**, 370 m, liegt wenige Gehminuten oberhalb. An der dortigen Verzweigung halten wir uns halbrechts und steigen auf dem familienfreundlichen Themenweg entgegen der

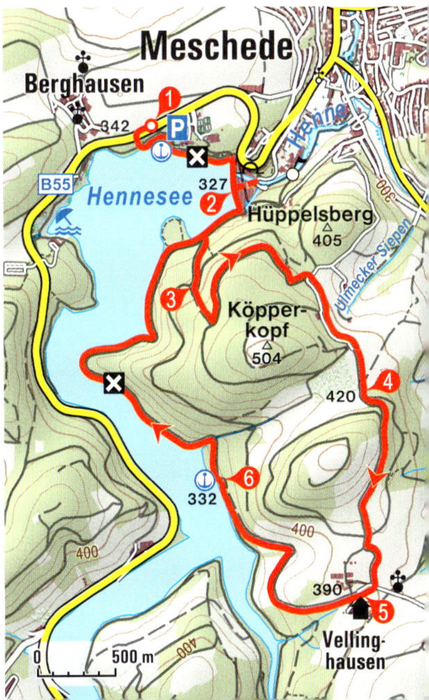

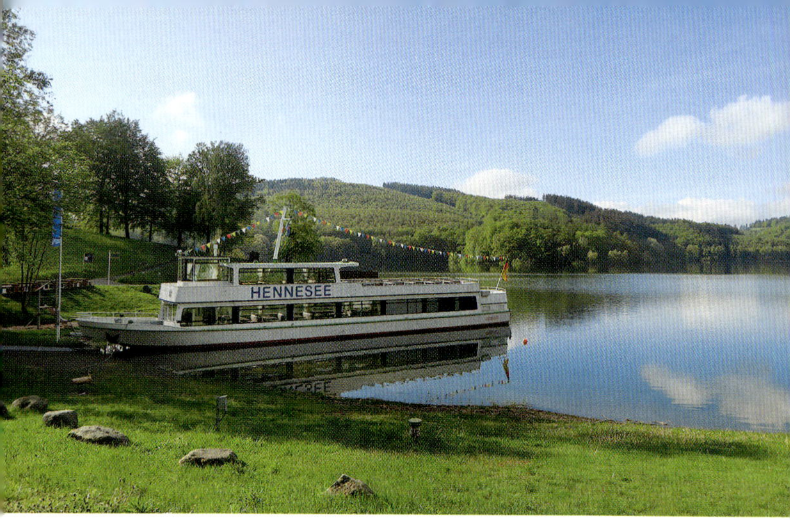

Am Hennesee werden auch Ausflugsfahrten angeboten.

empfohlenen Laufrichtung im Wald bergan zu einem quer verlaufenden Forstweg. Nun links und an einigen Stationen sowie herrlichen Aussichtsstellen vorbei, konsequent auf dem Forstweg bleibend, bis dieser eine kleine Asphaltstraße erreicht. Hier biegen wir rechts ab und steigen auf der Straße einige Höhenmeter bergan zu einem Haus und weiter, nun flacher, zu einem weiteren Haus, wo von rechts der A6-Rundweg der Ortschaft Remblinghausen zur Route tritt. Auf ihm geht es wenige Meter durch freie Feldflur zu einer **Weggabelung** 4. Während der A6 halblinks parallel unterhalb verläuft, bleiben wir geradeaus und traversieren eine Waldkuppe auf einem Schotterweg, der mit einem traumhaften Hochsauerlandpanorama in die Höhensiedlung **Vellinghausen** 5, 390 m, hinabführt. Für den Rückweg kann man sich hier in Xavers Ranch stärken.
Auch etwaige Orientierungsschwierigkeiten enden hier, denn es ist fortan der Schieferweg mit seiner X23-Markierung, der unseren Weiterweg vorzeichnet. Der Wirtschaftsweg senkt sich zunächst in freiem Feld, dann im Wald hinab zur **Anlegestelle Xavers Ranch** 6. Von dort führt der asphaltierte Uferweg beinahe flach zurück zum **Hennedamm** 2 und weiter zum **Parkplatz** 1.

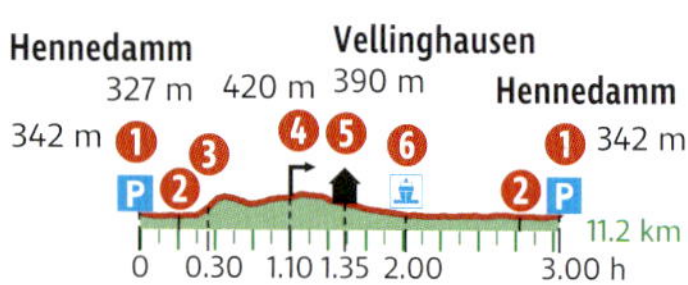

↗ 440 m | ↘ 440 m | 12.4 km

3.40 h

Bödefeld – Kreuzberg – Hunau

Wald- und Panoramawanderung im Hochsauerland

Das Hunaumassiv südlich von Bödefeld bildet eines der größten zusammenhängenden Waldgebiete im Hochsauerland, wobei auch hier gegenwärtig weite Flächen von Kahlschlag betroffen sind. Wir werden die Hunau in diesem Tourenvorschlag auf einer mäßig schwierigen Rundwanderung erkunden. Wer dagegen auf der Suche nach einer echten Grenzerfahrung ist, wird ebenfalls in Bödefeld fündig: Der Ort ist alljährlich Ausrichter des berühmten Hollenmarschs, wobei unglaubliche 101 Kilometer nonstop erwandert werden. Darüber hinaus ist Bödefeld für die sagenumwobene »Schwarze Hand« bekannt. Die mumifizierte Mädchenhand wurde 1722 bei Bauarbeiten entdeckt und ist heute in der katholischen Pfarrkirche Sankt Cosmas und Damian ausgestellt.

Ausgangspunkt: Bödefeld (Stadt Schmallenberg), 480 m; kostenfreier Parkplatz an der katholischen Kirche in der Hunaustraße.
ÖPNV: Buslinie S90 (Schmallenberg–Bödefeld–Meschede), Haltestelle »Bödefeld, Kirche«.
Anforderungen: Aufstieg zum Kreuzberg stellenweise sehr steil; einige Pfadpassagen, auf den Höhen einfache Wege.
Einkehr: Unterwegs keine; am Ausgangspunkt in Bödefeld: Landhotel Albers, Mi. Ruhetag, www.albers-landhotel.de.
Karte: Winterberg oder Schmallenberg.

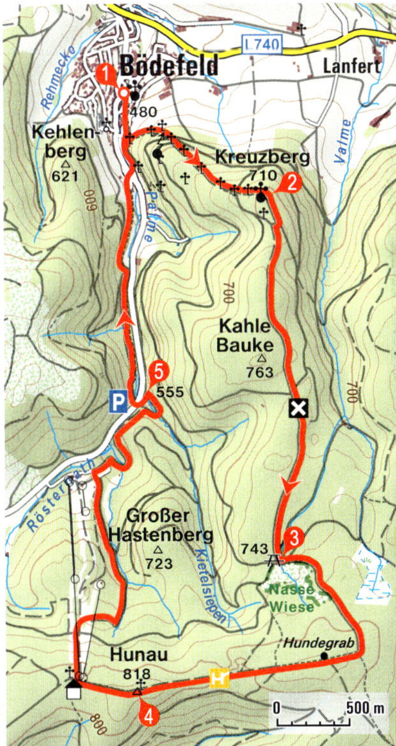

Am Wegweiser in der Ortsmitte von **Bödefeld** ①, 480 m, orientieren wir uns nach Süden und wandern entlang des X14 (Astenweg) sowie mehrerer B-Markierungen im Bogen hinter der katholischen Pfarrkirche bergan.
Unter dem Kreuzberg beginnt der Rundweg, der uns zunächst links hinauf zu einigen Kapellen am Waldrand führt. Hier setzt der Stationenweg zum Kreuzberggipfel an. In mehreren, teils

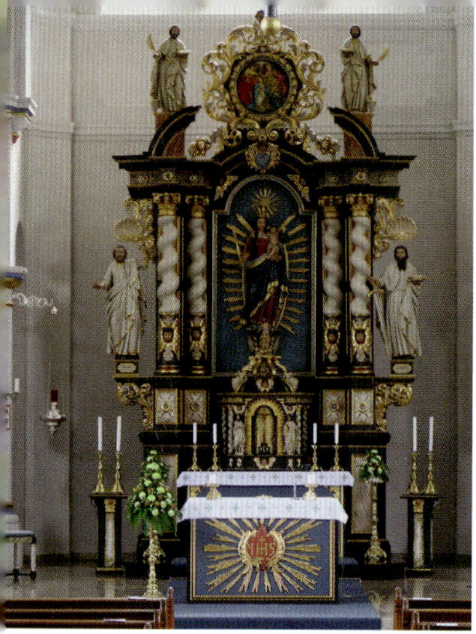

In der Pfarrkirche Sankt Cosmas und Damian in Bödefeld.

strengen Aufschwüngen erklimmt der Pilgerpfad den **Kreuzberg** ❷, 710 m, wo Bänke vor dem kleinen Gotteshaus zum Verweilen einladen. Anschließend geht es wenige Meter in einen Sattel hinab, dort kurz rechts und gleich wieder links, dann leitet ein Forstweg über die Kahle Bauke zum gleichnamigen Wegweiser mit Schutzhütte. Ohne nennenswerte Höhenunterschiede strebt der X14 zum Hochmoor der **Nassen Wiese** ❸, 743 m. Wir halten uns links und steigen noch einmal einige Höhenmeter bergan. Am Abzweig Feuerstätte tritt der Sauerland-Höhenflug zur Route, dessen weißes H auf gelbem Grund uns rechts zum nahen Hundegrab auf dem Vorgipfel der Hunau schickt. Schnurgerade quert der Höhenflug eine Einsattelung auf dem Gebirgskamm, ehe ein letzter Aufschwung das Gipfelkreuz auf der **Hunau** ❹, 818 m, gewinnt.
Nach dem Gipfel behalten wir die Richtung bei und spazieren gemütlich zur nahen Wachshütte vor dem Irreplatz. Hier verabschieden wir uns vom

Hochmoorlandschaft an der Nassen Wiese.

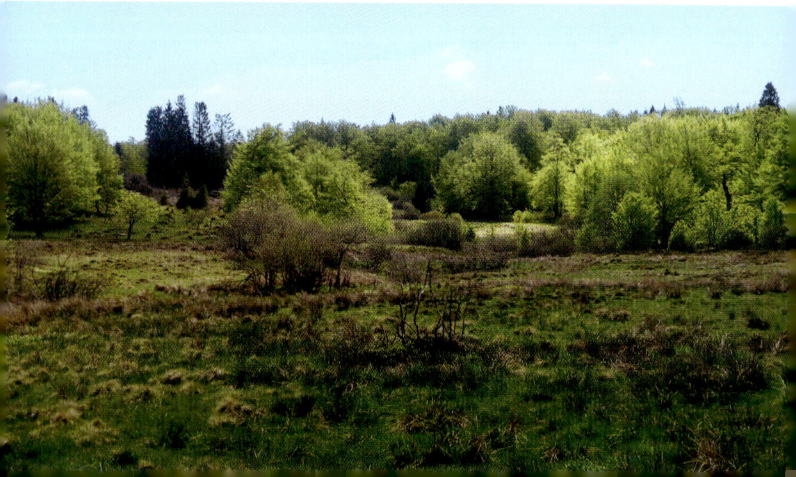

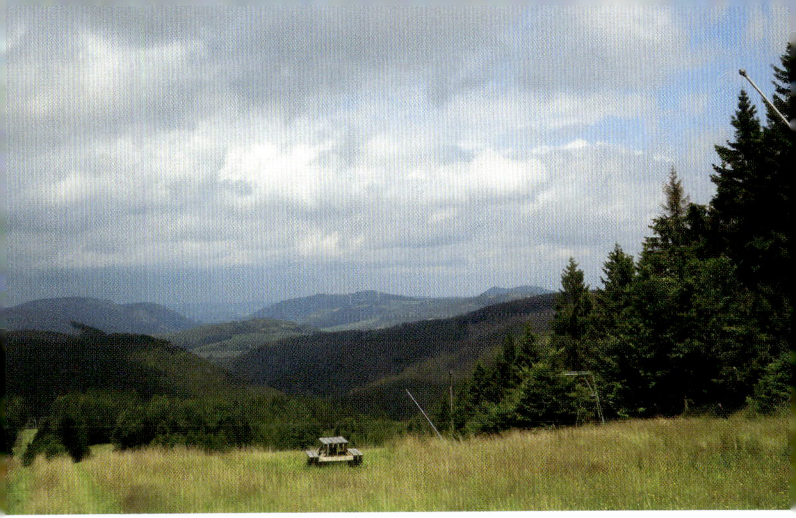

Weit schweift der Blick vom Hunaulift nach Norden.

Fernwanderweg und wechseln rechter Hand auf den B4, der von herrlichen Fernblicken begleitet parallel zum Skilift bergab führt. Beim ersten quer verlaufenden Wirtschaftsweg müssen wir den unterhalb liegenden Wiesenhang nach rechts diagonal absteigen. Dort nimmt uns wiederum ein Wirtschaftsweg auf, der mäßig steil zum Großparkplatz an der Talstation vom Skilift leitet. Dem B4 bleiben wir noch bis zum Wegweiser **Kietelsiepen 5**, 555 m, treu. Wir wechseln hier auf den B5, der zunächst scharf links über eine Brücke zur Straße beim Parkplatz Unterm Nonnenstein führt. Hinter dem Tretbecken biegen wir auf einen hübschen Waldpfad ins romantische Palmetal ein. Einige Infotafeln geben Auskunft zum Lebensraum am Bachlauf. Am Naturspielplatz wechseln wir auf die linke Flussseite, zudem besteht die Möglichkeit, noch einen Abstecher zum Wildgehege zu unternehmen. Bald ist der Ortsrand von Bödefeld erreicht, und wer die Fahrstraße abschließend meiden möchte, bleibt auf dem B5, der sich in einem kurzen Gegenanstieg zum Abzweig Unterm Kreuzberg aufschwingt und sich von dort wie gehabt in die Ortsmitte von **Bödefeld 1**, 480 m, senkt.

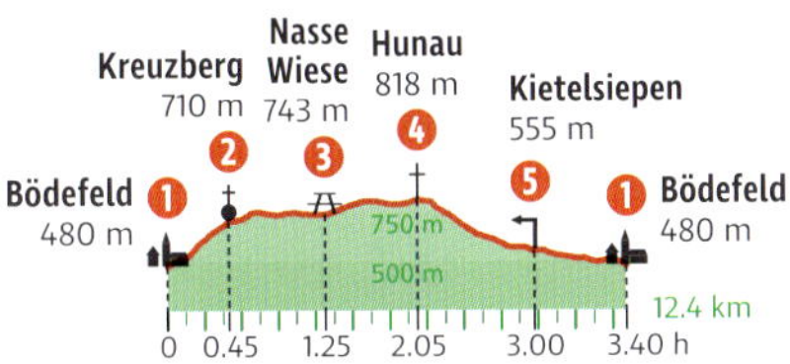

↗ 680 m | ↘ 680 m | 22.9 km

15 Siedlinghausen – Altastenberg – Nasse Wiese

6.30 h

Ins Naturparadies Hunau

Von Siedlinghausen führt diese Wanderung überwiegend im Wald bis hinauf nach Altastenberg und weiter auf der Wasserscheide Ruhr/Lenne zur Nassen Wiese, einem unter Naturschutz stehenden, ca. 8000 Jahre alten Hochmoor. Ein landschaftliches Kleinod ist der Bergsee im ehemaligen Diabas-Steinbruch Meisterstein, der gleich zu Beginn der Tour mit einem kurzen Abstecher aufgesucht werden kann.

Ausgangspunkt: Siedlinghausen (Stadt Winterberg), 450 m; kostenlose Parkplätze am Freibad im Grimmeweg.
ÖPNV: Zug nach Siedlinghausen, von dort in 10 Min. zu Fuß zum Ausgangspunkt.

Anforderungen: Mehrheitlich Schotterwege, wenige Pfadpassagen; technisch leicht, jedoch ist Kondition erforderlich.
Einkehr: Jeweils mehrere Möglichkeiten in Altastenberg und Siedlinghausen.
Karte: Winterberg.

Am Parkplatz bei den Sportanlagen in **Siedlinghausen** ❶, 450 m, orientieren wir uns nach Osten und gehen über einen Fußweg zur Sorpestraße, dort rechts und gleich links hinauf in den Tannenbergweg. Recht steil ansteigend verlassen wir das Dorf auf der Ennertstraße, wobei die Markierungen des Rothaarsteig-Zuwegs sowie der X27 die Richtung vorgeben. Der 15-minütige ausgeschilderte Abstecher zum **Meisterstein** ❷, 630 m, belohnt mit einem instruktiven Blick auf den Bergsee sowie die Kletterwand gegenüber. Anschließend zurück zu den bekannten Markierungen, welche

Auf dem Sauerland-Höhenflug bei Altastenberg.

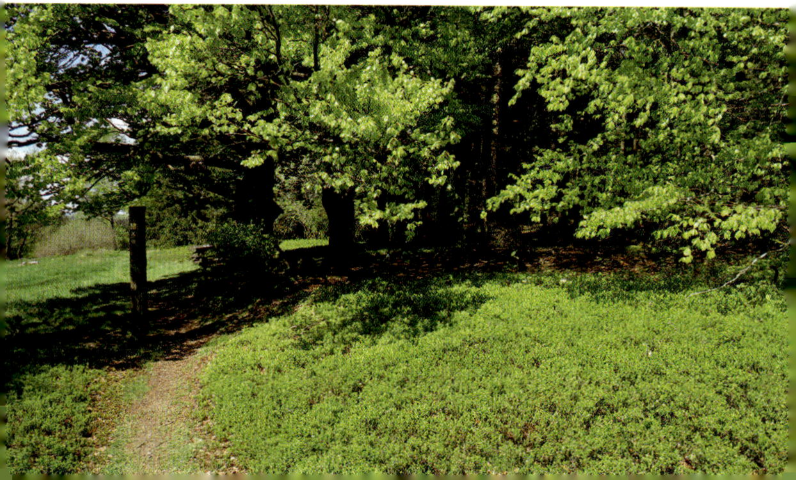

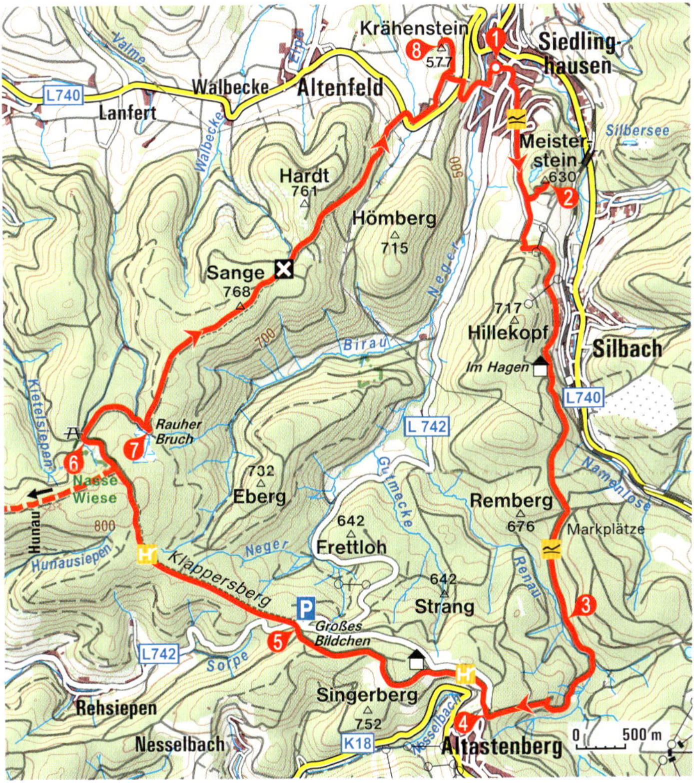

sich bald auf die Silbacher Seite des Hillekopfs wenden und die Schutzhütte Im Hagen ansteuern. Nach Überschreitung einer Kuppe senkt sich unser Weg ins **Renautal** 3, 610 m, hinab. Wir wandern eine Zeitlang am Fluss entlang, dann zweigt die Route rechts ab, passiert die Renauwiese und

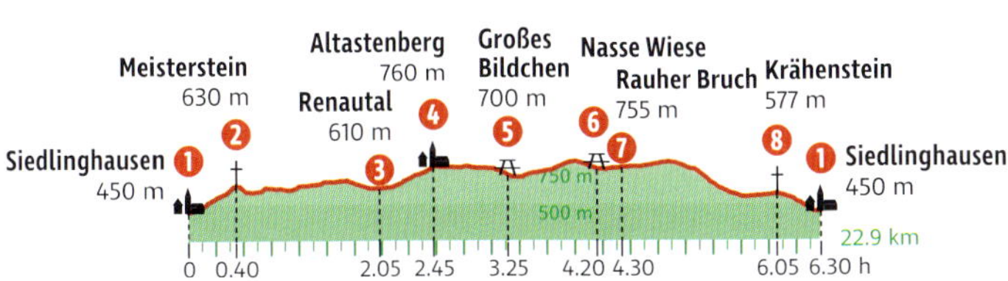

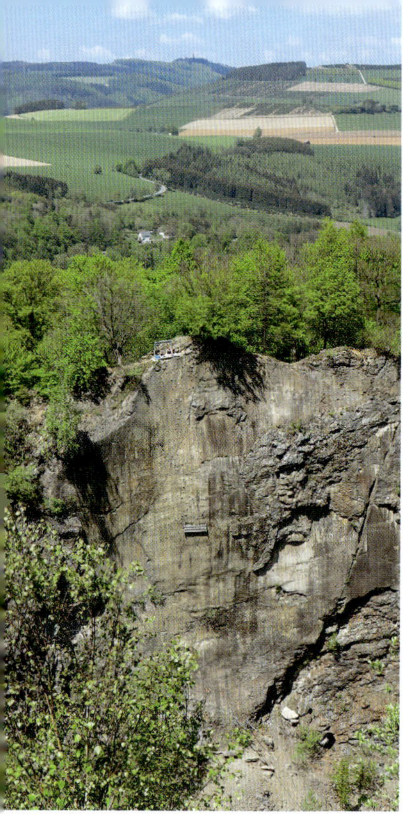

Kletterwand am Meisterstein.

erklimmt eine Geländestufe, hinauf zum Ortsrand von **Altastenberg** ❹, 760 m. In wenigen Minuten können Verpflegungsstationen im Ort erreicht werden.

Mit dem Wechsel auf den Astenweg (X14) beginnen wir das zweite Drittel der Tour, auch das weiße H auf gelbem Grund des Sauerland-Höhenflugs ist zu sehen. Im Wesentlichen geht es zunächst parallel zur K75, diese einmal kreuzend, zu einer Schutzhütte und danach auf einem Pfad, dann auf Forstwegen auf den welligen Gebirgskamm zum **Großen Bildchen** ❺, 700 m, einem Bildstock und Ziel von Sternwanderungen des Sauerländischen Gebirgsvereins.

Nach Überqueren der Straße führt der Astenweg entlang von Forstwirtschaftsflächen weiter zur Hunau-Abzweigung Feuerstätte (Abstecher zum Hunaugipfel, zusätzlich insgesamt 3 km, ca. 45 Min.) und hinab zur **Nassen Wiese** ❻, 743 m, wo Bänke eine Rast ermöglichen.

Das Hochmoor markiert den Beginn unseres Rückwegs nach Siedlinghausen, wobei nunmehr der Hunauweg (X25) die Marschroute bestimmt. Zunächst in einem Bogen mit etwas Höhenverlust und sofortigem Wiederaufstieg zu einem weiteren Hochmoor, dem **Rauhen Bruch** ❼, 755 m, dann links auf den bewaldeten Kamm. Auch der folgende Abschnitt ist erheblich von forstwirtschaftlichen Aktivitäten gekennzeichnet. Der Hunauweg senkt sich schließlich hinab zur L740 zwischen Siedlinghausen und Altenfeld. Für einige Minuten müssen wir rechter Hand entlang der Fahrbahn gehen, dann wechseln wir links ins Feld, von wo bei schönem Wetter noch der Ausflug zum **Krähenstein** ❽, 577 m, lohnt. Vom kreuzüberhöhten Aussichtsfelsen (Bänke) kurz zurück, dann über eine Wiese, die L740 abermals traversieren und in einer weiten Kehre zur Straße Alter Hagen. Dort wechseln wir rechts auf die Sh-Markierungen und wandern mit ihnen hinab zum Sportplatz und nach links zum Ausgangspunkt in **Siedlinghausen** ❶, 450 m.

↗ 230 m | ↘ 230 m | 10.9 km

3.00 h

Winterberg – Ruhrquellenhütte

16

Panoramawanderung zur Quelle der Ruhr

Nicht nur als Namensgeberin des größten Ballungsraums in Deutschland genießt die Ruhr überregionale Bedeutung. Bevor sie nach 219 Kilometern bei Duisburg in den Rhein mündet, quert sie als eine der Hauptlebensadern das gesamte nördliche Sauerland. Die Spazierwege rund um ihre Quelle bei Winterberg sind ein geschätztes Naherholungsziel. Dazu trägt auch die einladende Ruhrquellenhütte bei, die ihren Gästen allerhand Attraktionen bietet. Nicht nur deshalb ist dies eine empfehlenswerte Wanderung für Familien mit Kindern.

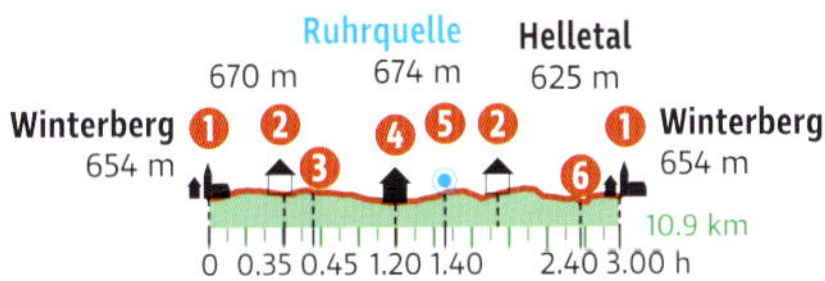

Ausgangspunkt: Winterberg, 654 m; kostenfreie Parkmöglichkeiten am Bahnhof.
ÖPNV: Zug nach Winterberg.
Anforderungen: Hinweg sehr einfach auf Asphalt- und Schotterwegen; der Rückweg erfordert punktuell etwas Trittsicherheit, insbesondere im Helletal.
Einkehr: Ruhrquellenhütte, Mo. Ruhetag, www.ruhrquelle.com; zahlreiche Angebote in Winterberg.
Karte: Winterberg.

Am Bahnhof in **Winterberg** ❶, 654 m, orientieren wir uns nach Norden und folgen der Bahnhofstraße bis zum Abzweig Elkeringhausen, wo wir rechter Hand bergan in die Jakobusstraße einbiegen. Am Ende der Bebauung halten wir uns bei der Bushaltestelle Breslauer Straße halbrechts auf die kleine Asphaltstraße, die mit hübschen Rückblicken auf Winterberg am Jakobusbildstock vorbei zu einer

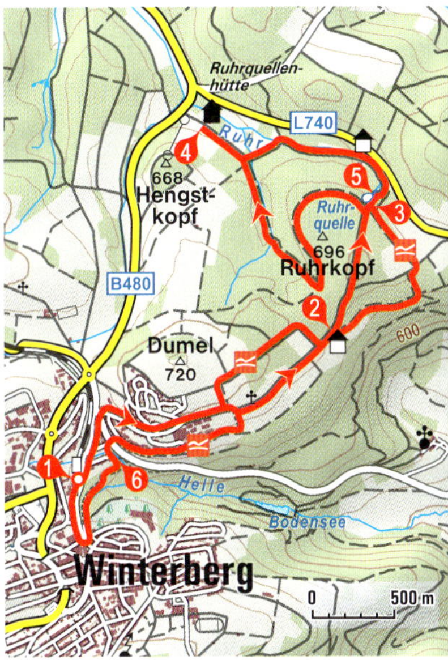

Rechts: Steiler Abstieg ins Helletal.

Schutzhütte ❷, 670 m, leitet. Anstatt dem Rothaarsteig zu folgen, bleiben wir unserem Weg noch für wenige Minuten treu und biegen dann mit dem A3 halblinks ab. An der **Kreuzung oberhalb der Ruhrquelle** ❸, 680 m, schwenken wir links auf den A1 (Ruhrquellen-Rundweg) ein und umrunden den Ruhrkopf nahezu vollständig, ehe die Beschilderung unser Ziel beim Abzweig Am Ruhrkopf scharf rechts hinab ausweist. Weiterhin unschwierig erreichen wir rasch die nahe **Ruhrquellenhütte** ❹, 625 m, mit ihrem gemütlichen Biergarten.

Anschließend gehen wir zurück zur genannten Kreuzung, wenden uns diesmal nach links zum Wanderparkplatz und erreichen gleich darauf die **Ruhrquelle** ❺, 674 m. Etwaige Orientierungsschwierigkeiten enden hier, denn fortan zeichnet der Rothaarsteig unseren Rückweg vor. Mit einigen Richtungswechseln führt der attraktive Weg über die bereits bekannte **Kreuzung oberhalb der Ruhrquelle** ❸, 680 m, zur **Schutzhütte** ❷, 670 m, zurück und in einer Mischung aus Wald und Feldflur zuletzt auf schmalen Pfaden zum Ortsrand von Winterberg an der Orkestraße. Von hier könnte man in wenigen Minuten direkt zum Bahnhof zurückkehren. Wesentlich attraktiver ist jedoch ein zusätzlicher Streifzug durch das schluchtartig eingetiefte **Helletal** ❻, 625 m, ein zauberhafter Ort abseits der Betriebsamkeit. Wo der Rothaarsteig das Helletal verlässt, biegen wir scharf rechts ab und erreichen auf der Bahnhofstraße wieder unseren Ausgangspunkt am Bahnhof in **Winterberg** ❶, 654 m.

Wenige Kilometer von der Winterberger Altstadt entfernt entspringt die Ruhr.

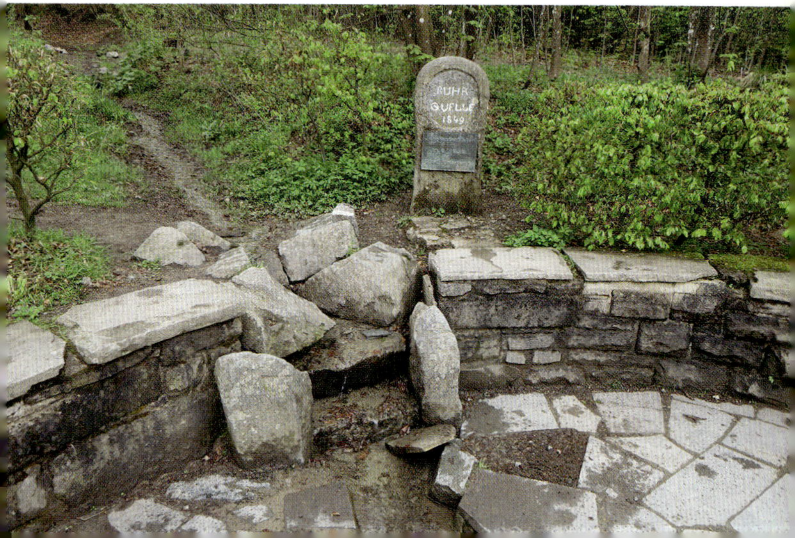

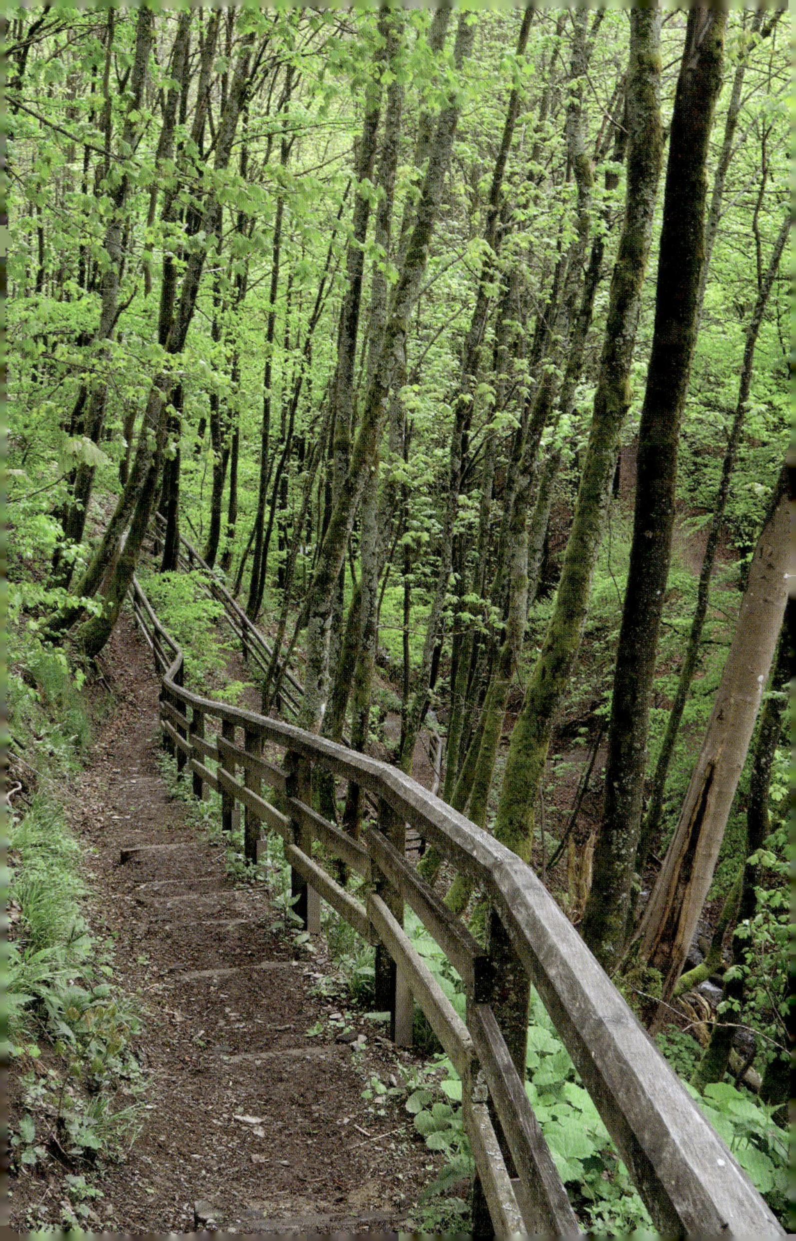

↗ 540 m | ↘ 540 m | 19.1 km

17 Orketal – Alte Grimme

5.20 h

Durch das sonnige Wiesental der Orke

Südwestlich von Winterberg und Elkeringhausen erstreckt sich das Tal der jungen Orke, die ihrerseits zahlreiche Quellbäche der Medebacher Bucht aufnimmt und schließlich der Eder zustrebt. So wird denn auch unsere Wanderung zur Hälfte vom lieblichen Orketal geprägt. Während die einfachen Wege im weiten Talgrund ein gemütliches Dahinschlendern erlauben, erfordert der Anstieg zum Bonifatiuskreuz auf der Alten Grimme durchaus etwas Kondition. Insgesamt ist dies eine idyllische Tal- und Höhenwanderung fernab der Verkehrsströme auf den Winterberger Höhen.

Ausgangspunkt: Wanderparkplatz Orketal (Stadt Medebach), 397 m; an der L617 westlich von Medelon.
ÖPNV: Buslinie R44 (Medebach–Medelon–Hallenberg), Haltestelle »Medelon«, von dort in 20 Min. zum Ausgangspunkt.

Anforderungen: Aufstieg zur Alten Grimme auf steiler Pfadspur; ansonsten einfache Wege; im Orketal fahrradtaugliche Schotterwege.
Einkehr: Keine.
Karte: Medebach.

Am **Wanderparkplatz Orketal** ❶, 397 m, beginnt unsere Bergtour mit einem gemütlichen Marsch taleinwärts. Bereits nach wenigen Minuten weist die Markierung vom Sauerland-Höhenflug rechts hinab zur Orke und hinüber zum Abzweig der Sägewerk-Siedlung Marienglück. Kaum merklich steigt der Weg im breiten Orketal an, passiert einen geologischen Aufschluss und erreicht den Wegpunkt **Forsthaus Kaltenscheid** ❷, 415 m. Nach einer Weile mündet am Wegweiser **Vildische Grund** ❸, 439 m, das Deutmecketal ein, unser späterer Abstiegsweg. Wir bleiben stattdessen noch für einige Zeit der von Auenvegetation begleiteten Orke treu, die gemächlich im flachen Talgrund mäandriert. Bei den Überresten der **Wernsdorfer Kirche** ❹, 450 m, endet die lange Einlaufphase, der Aufstieg zu unserem Tagesziel beginnt. Hier übernimmt auch die WHT-Markierung der Winterberger Hochtour die Routenführung, die im Gleichklang mit dem historischen Wanderpfad die Zeche Elend ansteuert. Bis 1914 wurde an

Durch das flache Orketal verlaufen bequeme Wanderwege.

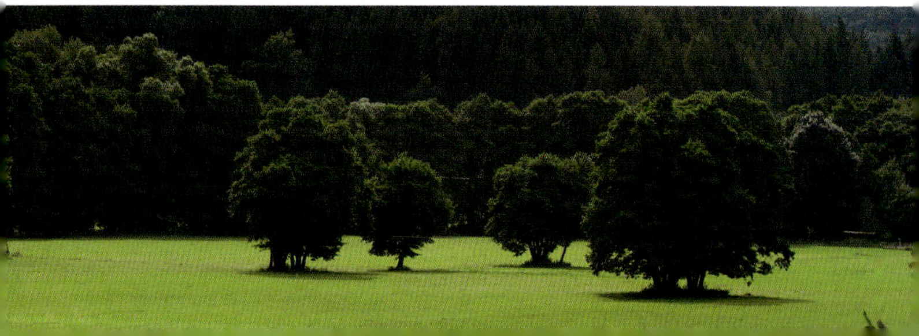

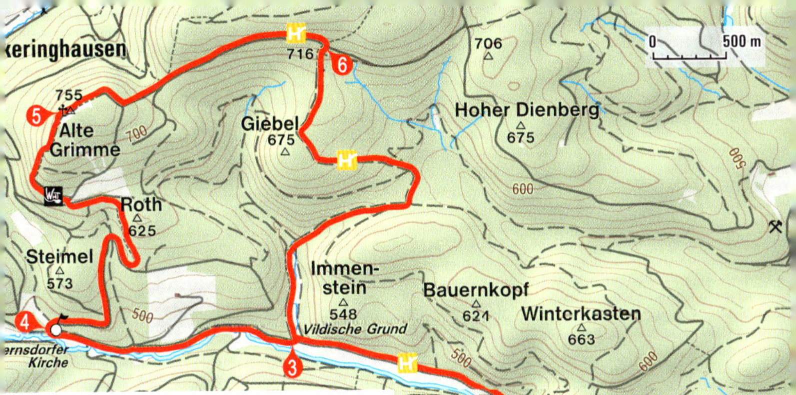

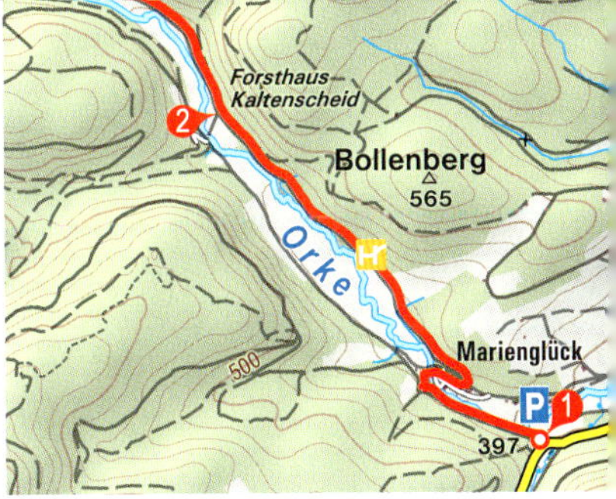

dieser Stelle in bescheidenem Umfang Eisenerz gefördert. Hinter dem Butterfeld, einem einstmals bedeutsamen Weidegrund, nehmen die Schwierigkeiten allmählich zu. Auf einigen Metern schwingt sich die Route äußerst steil bergan, Ketten entschärfen die steilsten Passagen. Wenn sich das Gelände zurücklegt, entschädigt wenige Minuten später die Aussicht vom Bonifatiuskreuz auf der **Alten Grimme** ❺, 755 m, für die Mühen des Aufstiegs. Vom Gipfel schweift der Blick auf Elkeringhausen und Winterberg, Bänke und eine Schutzhütte laden zur Rast. Der Abstieg beginnt auf der gegenüberliegenden Seite in den Rösbergsattel, wo wir wieder die H-Markierung des Höhenflugs entdecken. Sie leitet in einen sanften Gegenanstieg und biegt **An der Schüttbänke** ❻, 716 m, rechts in den Hang des Giebel ab. Einfache Forstwege führen ins Deutmecketal, wo wir auf einem Pfad zum Bach hinabsteigen und anschließend auf einem grasigen Weg zum genannten Abzweig **Vildische Grund** ❸, 439 m, zurückkehren. Der Rückweg zum **Wanderparkplatz Orketal** ❶, 397 m, verläuft auf bekannter Strecke.

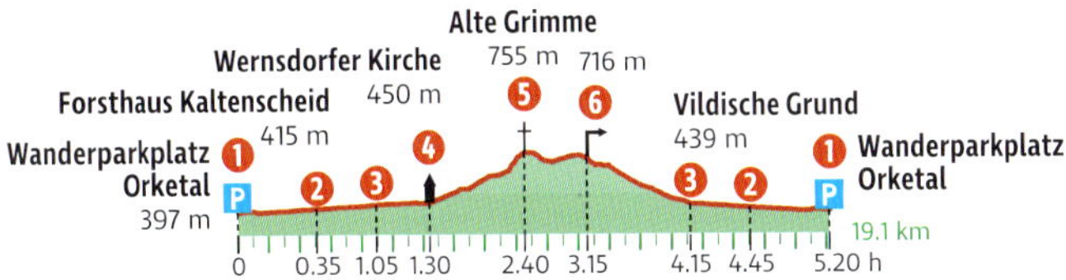

↗ 570 m | ↘ 570 m | 17.5 km

18 Hallenberg – Heidkopf – Ziegenhelle

5.00 h

Waldwanderung zu zwei Aussichtstürmen

Die südlichste und kleinste unter den Städten im Hochsauerlandkreis ist die Fachwerkstadt Hallenberg mit ihrer den Ort überragenden Pfarrkirche Sankt Heribert. Während sich östlich des Stadtkerns die Medebacher Bucht zum Edersee hin weitet, schwingt sich im Westen der Rothaarkamm auf. Erster Gipfel über der Stadt und beliebtes Wanderziel bei Einheimischen ist der turmüberhöhte Heidkopf. Auch die Ziegenhelle trägt einen Aussichtsturm. Der zwischen beiden Bergen liegende Gebirgszug mit der unscheinbaren Wallershöhe und dem Quellgebiet der Weife gilt als stilles Wanderrevier, welches sich bestens für erholsame Tagestouren eignet.

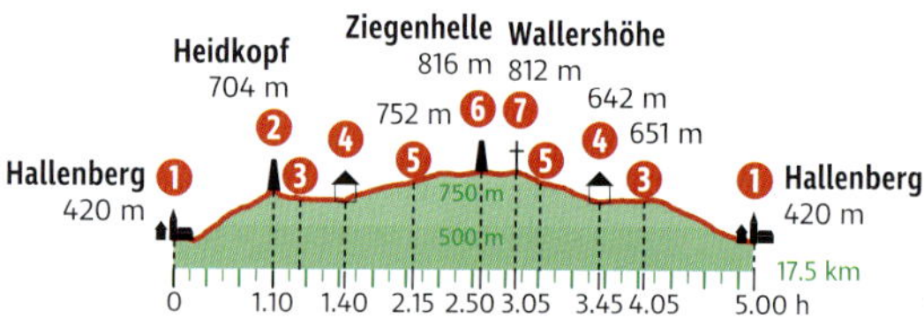

Ausgangspunkt: Hallenberg, 420 m; kostenfreier Parkplatz an der katholischen Kirche in der Kirchstraße.
ÖPNV: Buslinie S50 (Olsberg–Winterberg–Hallenberg) oder Linie R44 (Medebach–Medelon–Hallenberg), Haltestelle »Hallenberg, Heinrich-Hugo-Platz«.
Anforderungen: Aufstieg auf dem Sauerland-Höhenflug teilweise steil, danach überwiegen bequeme Wege.
Einkehr: Unterwegs keine; mehrere Möglichkeiten in Hallenberg.
Karte: Winterberg.

Vom schmucken Vorplatz der katholischen Pfarrkirche Sankt Heribert in **Hallenberg** ❶, 420 m, führt der Sauerland-Höhenflug über die Bangenstraße zur L717 und auf der gegenüberliegenden Seite über Fußwege und kleine Straßen durch eine Talsenke. Über die Straße Elbersbach steigen wir links zum Schulzentrum auf, wo der Höhenflug die Bebauung verlässt und im Wechsel aus Feldflur und teilweise ausgeholzten Forstflächen dem **Heidkopf** ❷, 704 m, zustrebt. Vom Aussichtsturm

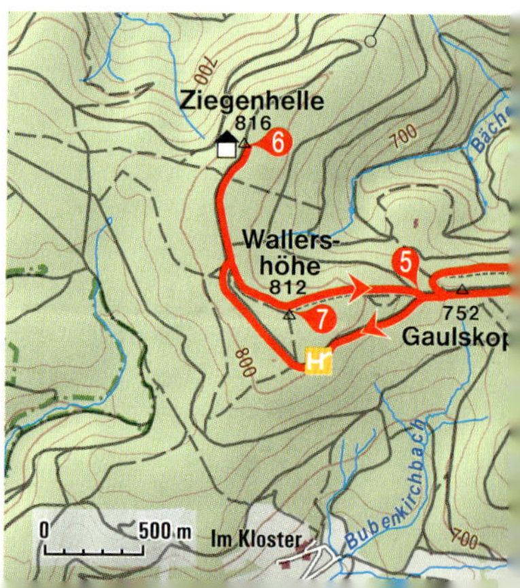

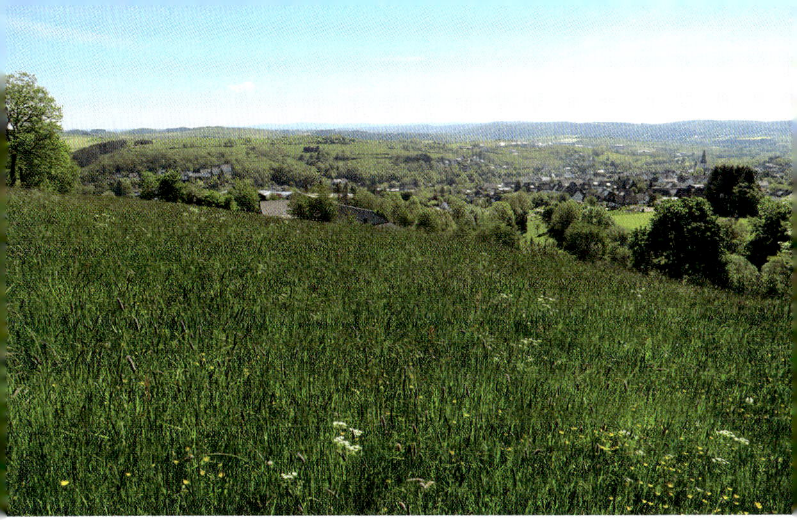

Hochsommer in den Wiesen bei Hallenberg.

bietet sich ein weiter Blick über die Umgebung. Im Abstieg passieren wir eine SGV-Hütte und erreichen den Abzweig **Über der Weifer** ❸, 651 m. Breite Forstwege leiten zur **Sperrweghütte** ❹, 642 m, deren Bezeichnung an die Schanzanlagen während des Dreißigjährigen Kriegs erinnert.
Das weiße H auf gelbem Grund umgeht in der Folge rechts versetzt den Kammweg, um diesen schließlich kurz vor dem **Süßen Plätzchen** ❺, 752 m, wieder anzusteuern. Südseitig wird hernach die unscheinbare Wallershöhe umgangen, ehe der Schlussspurt zum Gipfel der **Ziegenhelle** ❻, 816 m, wartet. Der dortige Aussichtsturm erinnert stark an jenen auf dem Heid-

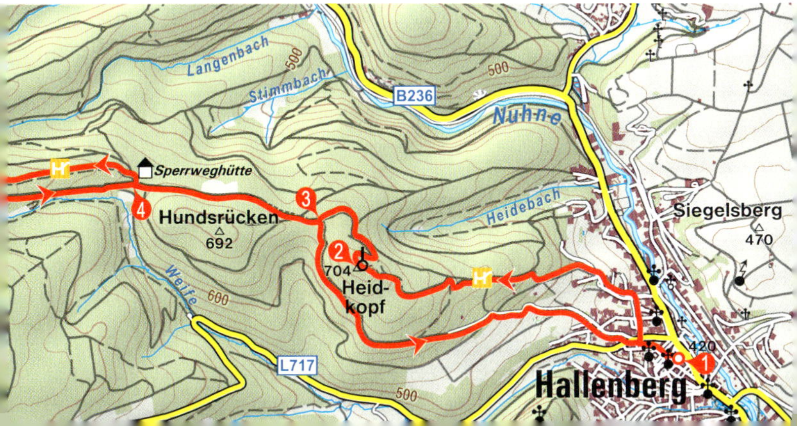

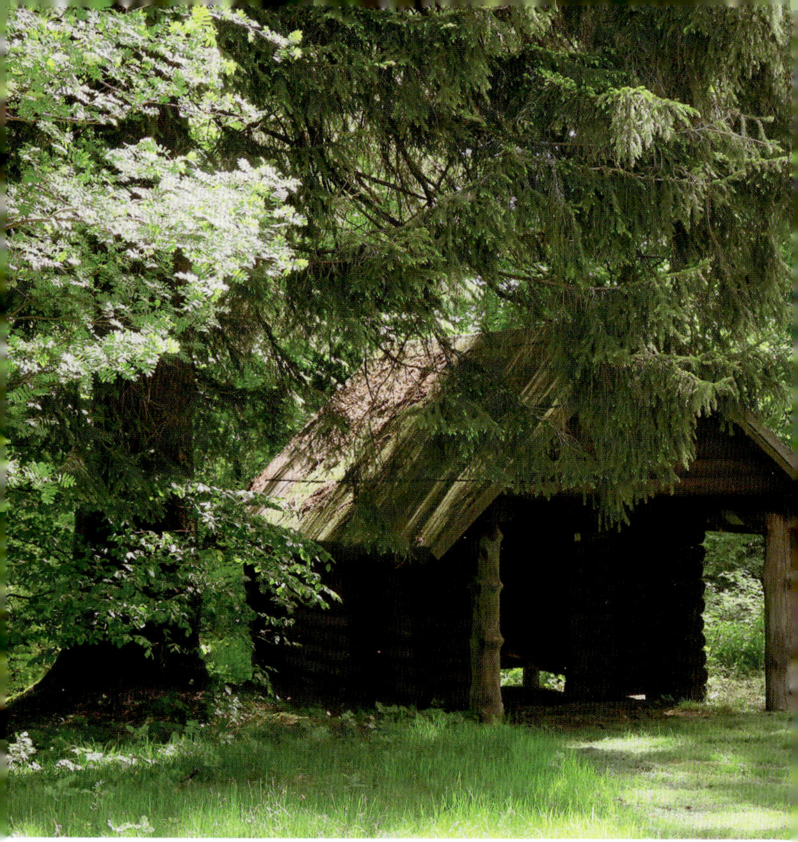

Bei Regen gewährt die Sperrweghütte Unterschlupf.

kopf, ist jedoch um einige Jahre jünger. Ein Rastplatz und eine Schutzhütte laden zu einer weiteren Verschnaufpause ein.
Den Rückweg können wir durch die Überschreitung des gesamten Gebirgskamms ein wenig variieren. Dazu steigen wir zunächst wenige Minuten auf dem bekannten Weg zurück, überschreiten dann jedoch die **Wallershöhe** 7, 812 m, auf dem Hallenberger Rundweg Nr. 6 (Markierung H6), der sich abschließend steil zum **Süßen Plätzchen** 5, 752 m, senkt. Nun geradeaus über den Gaulskopf und am Gaulskopfkreuz vorbei zur **Sperrweghütte** 4, 642 m, und weiter zum Abzweig **Über der Weifer** 3, 651 m. Hier verlassen wir den Höhenflug zugunsten des A2, der uns über einfache Wege zurück nach **Hallenberg** 1, 420 m, leitet.

↗ 640 m | ↘ 640 m | 19.0 km

5.30 h

Züschen – Ziegenhelle – Mollseifen

19

Aus dem Nuhnetal auf der Winterberger Hochtour

Auf 91 Kilometern führt die Winterberger Hochtour als attraktive Mehrtagesrunde zu den schönsten und höchsten Wanderzielen rund um den populären Wintersportort. Gewöhnlich wird man vier bis fünf Tage für die Gesamtstrecke benötigen, auf der zudem mehr als 3000 Höhenmeter zu überwinden sind. Ein Großteil dieses Tourenvorschlags folgt dem WHT-Symbol: Aus dem tief eingeschnittenen Nuhnetal steuern wir zunächst die Ziegenhelle an und dann die Siedlung Mollseifen, ehe der breite Astenweg zurück in den Ausgangsort Züschen leitet.

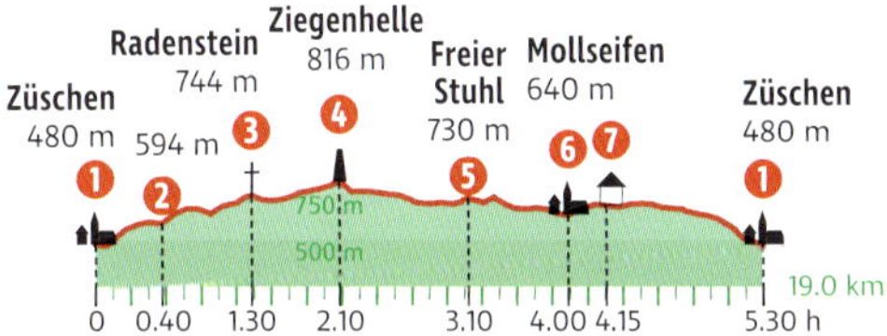

Ausgangspunkt: Züschen (Stadt Winterberg), 480 m; kostenfreier Parkplatz an der katholischen Kirche in der Dechant-Dobbener-Straße.
ÖPNV: Buslinie S50 (Olsberg–Winterberg–Hallenberg), Haltestelle »Züschen, Mitte«.

Anforderungen: Passagenweise Trittsicherheit erfordernde Pfade; einige Forstwege.
Einkehr: Mollseifer Hof, Mo. und Di. Ruhetag, www.mollseiferhof.de; Möglichkeiten in Züschen.
Karte: Winterberg.

Rückblick auf Züschen im Nuhnetal.

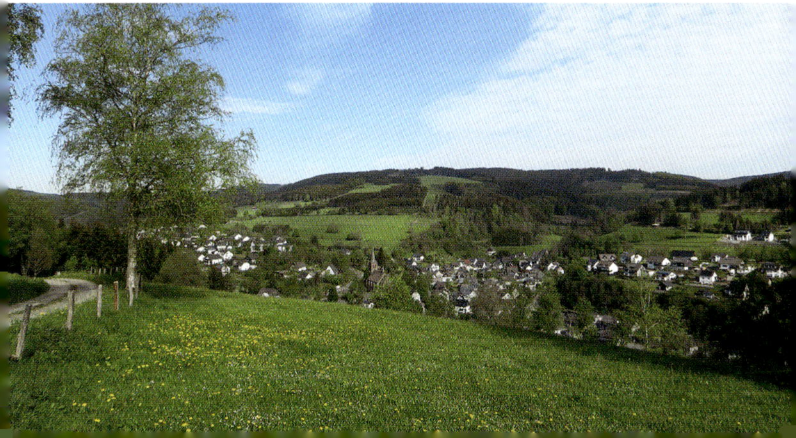

Vom Parkplatz hinter der katholischen Kirche Sankt Johannes Baptist in **Züschen** ❶, 480 m, orientieren wir uns nach Süden und folgen kurz dem Wegzeichen X6. Zunächst wenige Schritte auf der Mollseifener Straße (L721) nach rechts, dann links auf einen Geh- und Radweg, bis wir diesen rechter Hand durch eine Lücke im Holzzaun auf den Kreuzweg verlassen können (hierher auch mit einer längeren Schleife durch das Unterdorf).

Wir befinden uns nun auf der Winterberger Hochtour (Markierung WHT), die auf dem Kreuzweg mit herrlichem Nuhnetalblick die Hackelbergkapelle ansteuert. Unser Weg führt auf bequemer Trasse im Hang zum **Grenzstein Wilsbecke** ❷, 594 m, und überschreitet dann den Hackelberg zu den Sungerplätzen. Anschließend wartet der Aufstieg zum Bächekopf und zum sagenumwobenen **Radenstein** ❸, 744 m, wo einst das Männchen mit den roten Handschuhen durch die Wälder geirrt sein soll. Bei den Liftanlagen am Ziegenhellenplatz beginnt schließlich der einfache Schlussanstieg zum Gipfel der **Ziegenhelle** ❹, 816 m, mit Rastplatz, Schutzhütte und Aussichtsturm.

Von der Ziegenhelle gehen wir nun wenige Meter zurück und mit dem weißen H auf gelbem Grund des Sauerland-Höhenflugs links in den Hang. Da-

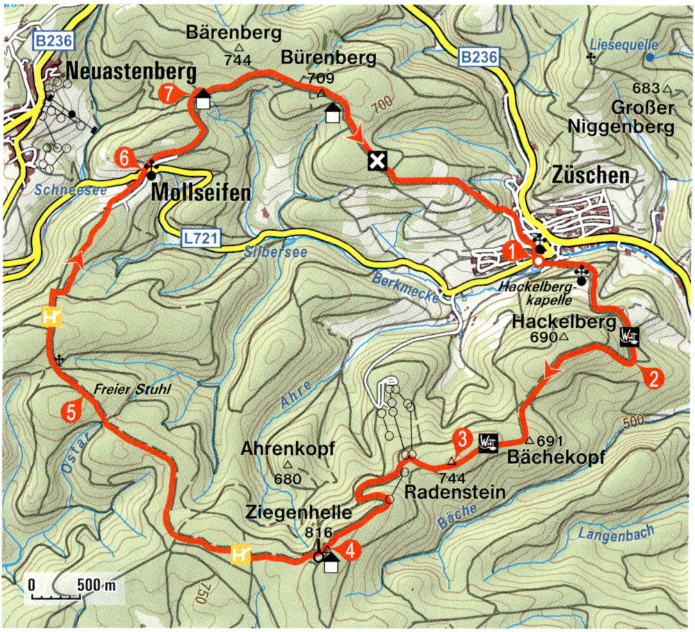

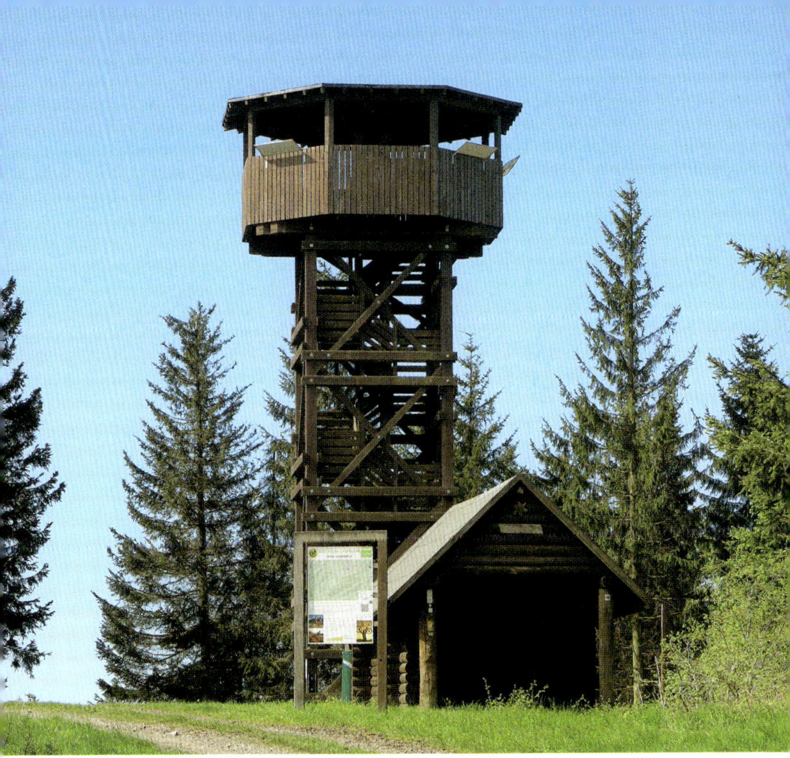

Der Ziegenhelleturm ist ein beliebtes Ziel von Wanderern und Mountainbikern.

nach steigen wir kurz hinab und wieder wenige Meter hinauf, ehe die Route über den großteils entwaldeten Gebirgskamm führt. Gelegentlich erzählen Infotafeln des Mythen- und Sagenwegs spannende Geschichten über die Region. Wir passieren die Abzweige Schwarzenau und Böses Holz, dann wartet der kurze Aufstieg zum **Freien Stuhl** 5, 730 m. Hier am Siebenahorn, im historischen Grenzgebiet zwischen Kurköln, Waldeck und Wittgenstein, befand sich im Mittelalter ein Femegericht. Anschließend steht die Überschreitung einer weiteren Kuppe an, ehe sich die Route in den Höhenort **Mollseifen** 6, 640 m, hinabsenkt. Nach Queren der L721 folgt im Gegenhang der Wiederaufstieg zur Schutzhütte am **Bürbigsplatz** 7, 690 m. Hier verabschieden wir den Sauerland-Höhenflug und folgen dem rechts abzweigenden Forstweg, der sich wenig später mit dem Astenweg vereinigt. Nun schickt uns die X6-Markierung überwiegend auf breiter Trasse, zuletzt auch auf einem Pfad, zurück nach **Züschen** 1, 480 m.

↗ 260 m | ↘ 260 m | 9.6 km

20 Altastenberg – Kahler Asten

2.40 h

Kleine Runde über das Astenplateau

Rund um den Kahlen Asten erstreckt sich das bedeutendste Wintersportrevier von Nordrhein-Westfalen mit einer Fülle an Skipisten und der Veltins-Eisarena, wo alljährlich internationale Bob-, Rodel- und Skeletonveranstaltungen ausgetragen werden. In Zeiten zunehmender Klimaveränderung wird jedoch auch eine touristische Nutzung in der schneefreien Jahreszeit mehr und mehr unumgänglich, daher boomen am Kahlen Asten auch Sportarten wie Rennradfahren, Mountainbike und traditionsgemäß natürlich das Wandern. Eine familiengerechte Kurztour mit einer überschaubaren Anzahl an Höhenmetern startet in Altastenberg.

Ausgangspunkt: Altastenberg (Stadt Winterberg), 760 m; kostenfreier Parkplatz an der katholischen Kirche in der Astenstraße.
ÖPNV: Buslinie S40 (Schmallenberg–Winterberg–Niedersfeld), Haltestelle »Altastenberg, Kirche«.
Anforderungen: Zwischen Nordhangjause und Astengipfel kann etwas Trittsicherheit nicht schaden, ansonsten bequeme Schotterwege.
Einkehr: Nordhangjause, Mo. und Di. Ruhetag, www.nordhangjause.de; Berghotel Kahler Asten; in Altastenberg mehrere Möglichkeiten.
Karte: Winterberg oder Schmallenberg.

Wir beginnen unsere Tour an der Sankt Erasmus Kapelle in **Altastenberg ❶**, 760 m, mit dem Aufstieg auf einem Fußweg und die Straße Am Dorfgarten zum Renauweg (K75). Dort links und an der Tourist-Information vorbei rechts in den Hüttenweg zu einem Parkplatz. Hier halten wir uns geradeaus und wandern parallel zum Frisbee-Parcours auf einem Schotterweg

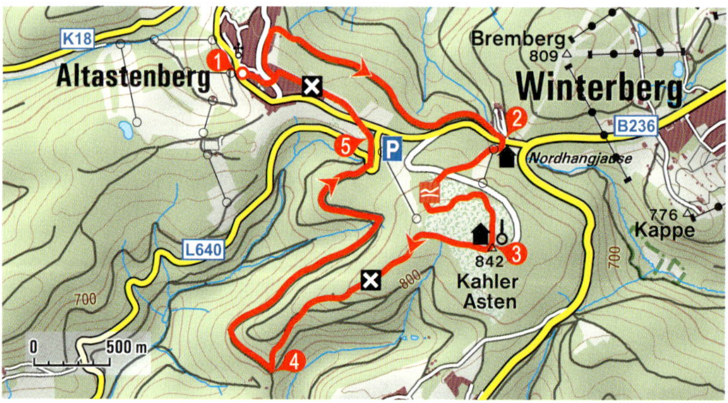

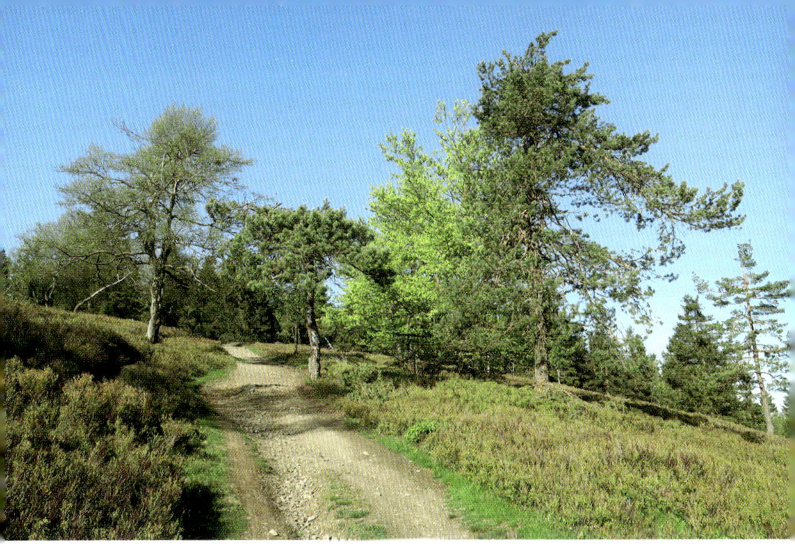

Attraktive Wege führen durch Heidevegetation zum Gipfel des Kahlen Asten.

durch die bewaldete Bergflanke, bis an der **Nordhangjause** ❷, 752 m, der Astenaufstieg auf dem Rothaarsteig beginnt. Dieser präsentiert sich zunächst als schöner Bergpfad, dann als einfacher, aussichtsreicher Weg. Auf dem Astenplateau laden zahlreiche Bänke inmitten der Heidelandschaft zur Panoramarast, und mit dem Gipfelhotel bietet sich eine beliebte Einkehrmöglichkeit mit angeschlossenem Aussichtsturm.
Vom **Kahlen Asten** ❸, 842 m, bleiben wir noch einen Moment dem Rothaarsteig treu. Wo der Fernwanderweg zur Lennequelle abzweigt, halten wir uns jedoch geradeaus und wechseln auf die Markierung X27 des Friedrich-Wilhelm-Grimme-Wegs. Dieser bietet zunächst Fernsicht, senkt sich jedoch dann im Wald zur **Abzweigung Jagdhütten** ❹, 677 m, hinab. Mit der As-Markierung biegen wir scharf rechts auf einen Forstweg ein, der das Astenmassiv auf seiner Westseite traversiert, ehe er kurzzeitig parallel zur Fahrbahn der L640 den **Parkplatz am Sahnehang** ❺, 771 m, erreicht. Die Astenstraße (K18) einmal kreuzend gelangen wir zuletzt entlang von Wohnhäusern zurück nach **Altastenberg** ❶, 760 m.

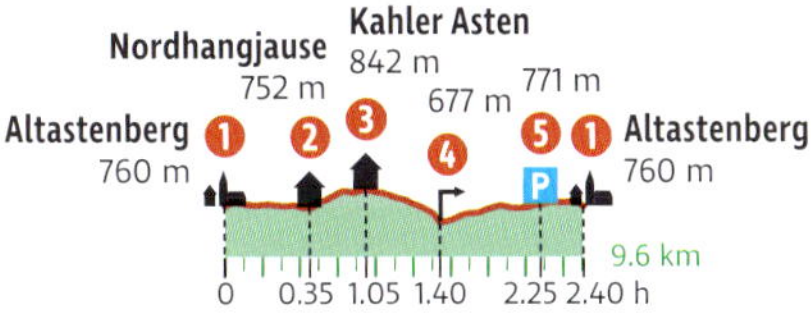

TOP

21

↗ 600 m | ↘ 600 m | 17.4 km

Westfeld – Kahler Asten – Langewiese

5.00 h

Auf den Sauerland-Panoramaberg

Lange Zeit galt der Kahle Asten als höchster Berg Westfalens, denn die damaligen Messmethoden reichten für eine exakte Höhenbestimmung nicht aus. Heute wissen wir, dass er mit 841,9 Metern Höhe nach dem Langenberg nur die westfälische Nummer zwei ist. Gleichwohl wird sein Bekanntheitsgrad von keinem anderen Berg der Region übertroffen. Dafür verantwortlich ist auch die Wetterwarte vom Deutschen Wetterdienst nebst Berghotel und Aussichtsturm. Das von Heidekraut überwucherte Astenplateau bietet eine Fülle an Spazier- und Wandermöglichkeiten. Besonders lohnend ist der Aufstieg aus dem Lennetal.

Ausgangspunkt: Westfeld (Stadt Schmallenberg), 500 m; kostenlose Parkplätze beim Skizentrum an der Dorfstraße.
ÖPNV: Buslinie S40 (Schmallenberg–Winterberg–Niedersfeld), Haltestelle »Westfeld, Sportplatz«, von dort in 10 Min. zum Ausgangspunkt.
Anforderungen: Einige Pfade, insbesondere am Hohen Knochen, erfordern gute Trittsicherheit.
Einkehr: Berghotel Hoher Knochen, www.berghotel-hoher-knochen.de; Berghotel Kahler Asten; Hoheleyer Hütte, Mo. Ruhetag, www.hoheleyer-huette.de; Möglichkeiten in Langewiese und Westfeld.
Karte: Winterberg oder Schmallenberg.

Eine der lohnendsten Unternehmungen dieses Wanderführers startet am Langlaufzentrum in **Westfeld** ❶, 500 m. Die gesondert ausgeschilderte Golddorf-Route (hier auch Kahler-Asten-Steig) führt von Beginn an zumeist als lauschiger Pfad bergwärts und nach einigen Richtungswechseln über etliche Serpentinen zu einem Forstweg. Wir biegen links ab und gelangen

Westfeld ist malerisch im Tal der jungen Lenne gelegen.

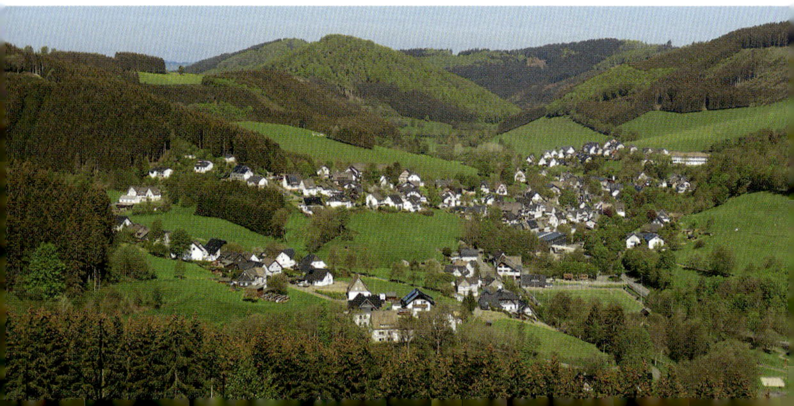

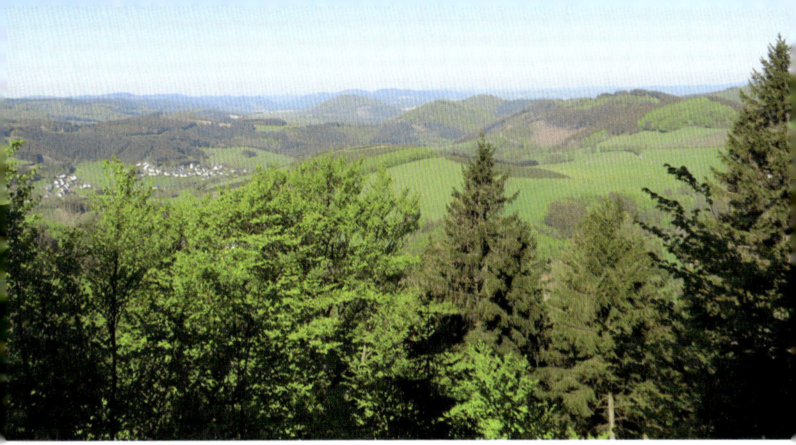

Mehrfach bieten sich traumhafte Panoramen über das Hochsauerland.

mit ersten schönen Ausblicken zum **Berghotel Hoher Knochen** ❷, 642 m, mit der Sankt Elisabeth Kapelle. Hinter dem Hotel steigt die Route auf weiterhin attraktiven Wegen zum Gipfel des **Vordersten Hohen Knochen** ❸, 768 m. Eine Bank in Top-Aussichtslage wird nach wenigen Metern Abstieg erreicht.

Anschließend senkt sich unser Pfad zum Friedrich-Wilhelm-Grimme-Weg (X27) hinab und erreicht die Wegspinne **Jagdhütten** ❹, 677 m, wo der Astenaufstieg beginnt. Zunächst recht steil im Wald, später flacher durch die Bergheide auf dem Astenplateau zum Rothaarsteig, über den wir an mehreren Rastbänken vorbei das Gipfelhotel auf dem **Kahlen Asten** ❺, 842 m, ansteuern. Der beliebte Gasthof ist Ziel von Wanderern, Bikern und anderen Ausflüglern. Auf dem angeschlossenen Astenturm ist man dann tatsächlich »Top of NRW«, wenngleich dem Berg geografisch nur der zweite Rang im Land gebührt.

Der folgende Panoramaabschnitt steht weiterhin im Zeichen des Rothaarsteigs. Das weiße R auf rotem Grund schickt uns an der Lennequelle vorbei zur Landwehr und über den Gerkenstein auf dem Grenzweg in den Höhenort **Langewiese** ❻, 708 m. Anschließend überschreiten wir eine Kuppe, tan-

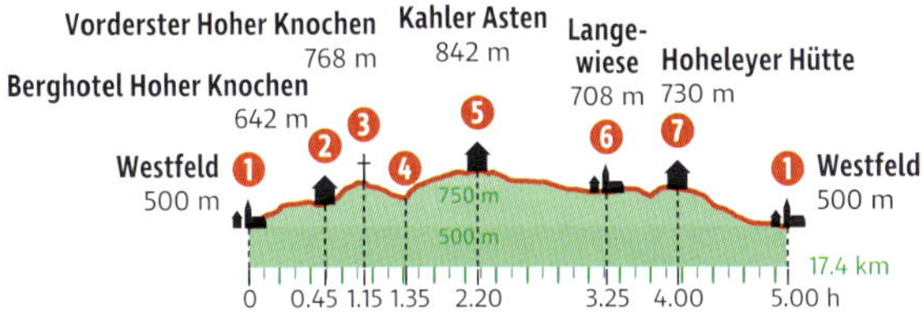

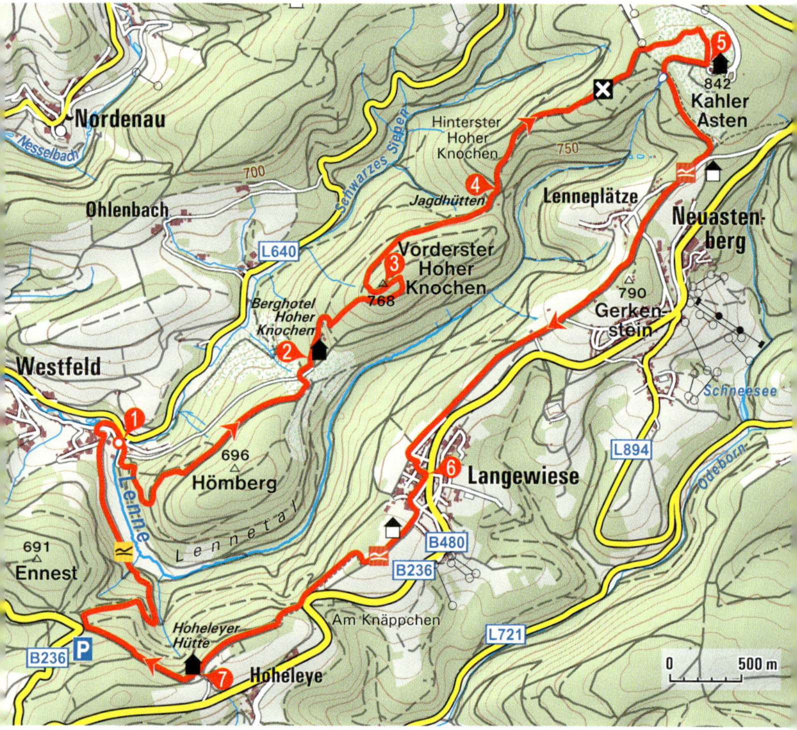

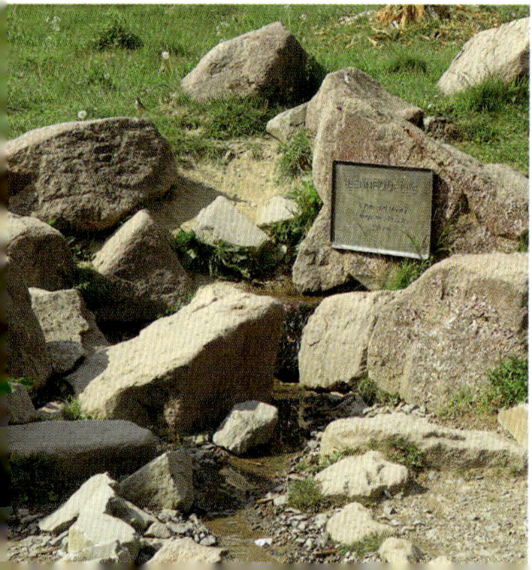

gieren Am Knäppchen die Bundesstraße (B236/480) und erklimmen in einer Steilstufe die Kuppe, hinter der die **Hoheleyer Hütte 7**, 730 m, zur Einkehr lädt. Wenige Meter weiter verlassen wir den Rothaarsteig-Hauptweg halb rechts auf den gelb-schwarz markierten Zuweg, der sich mit einigen Richtungswechseln ins Lennetal senkt und parallel zur Loipenanlage zurück nach **Westfeld 1**, 500 m, leitet.

Lennequelle auf dem Kahlen Asten.

↗ 910 m | ↘ 910 m | 23.4 km

7.00 h

Schmallenberg – Wilzenberg – Schanze

Über den Wilzenberg zum Rothaarkamm

Oberhalb von Kloster Grafschaft erhebt sich der Wilzenberg mit seiner Wallfahrtskapelle aus dem 17. Jahrhundert und dem weithin sichtbaren Hochkreuz, ein beliebtes Ausflugs- und Pilgerziel. Seit jeher spinnen sich Sagen und Legenden um den Berg. Sie erzählen von Edelfrauen und Raubrittern – in der Tat finden sich am Gipfel Reste einer Wallburg. Der 1889 errichtete Aussichtsturm gewährt ein umfassendes Panorama zum Rothaarkamm.

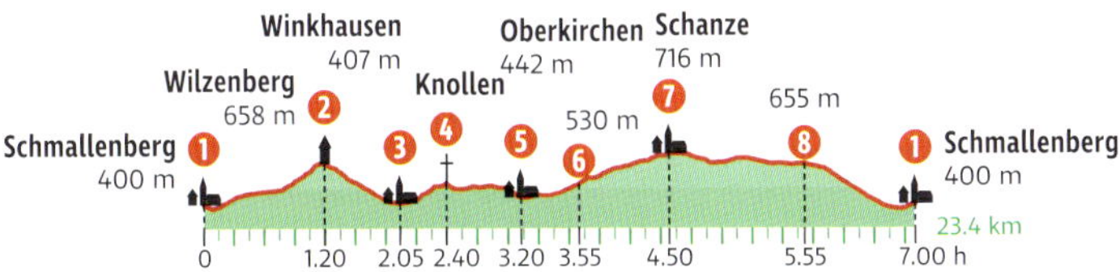

Ausgangspunkt: Schmallenberg, 400 m; kostenfreier Parkplatz an der katholischen Kirche in der Weststraße.
ÖPNV: Buslinie S40 (Schmallenberg–Winterberg–Niedersfeld) und weitere Buslinien, Haltestelle »Schmallenberg, Kirche«.
Anforderungen: Am Wilzenberg, insbesondere jedoch am Knollen steile Bergpfade; zudem weite Strecken auf bequemen Wegen; Kondition erforderlich.
Einkehr: Almhütte Schanze, Mo. Ruhetag, www.almhuette-schanze.de; mehrere Angebote in Schmallenberg, Winkhausen und Oberkirchen.
Karte: Schmallenberg.

Wallfahrtskapelle auf dem Wilzenberg.

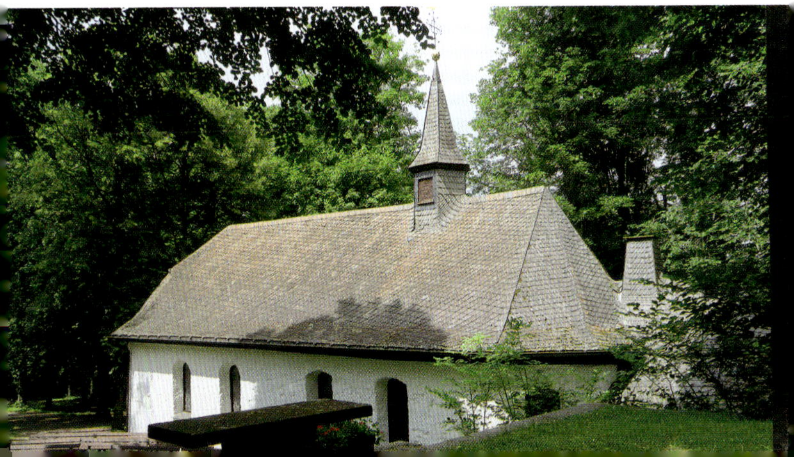

Vom Parkplatz in der Weststraße hinter der Sankt-Alexander-Kirche in **Schmallenberg** 1, 400 m, gehen wir über den Kirchplatz zur Oststraße und über die Wasserpforte zur Lenne hinab. Im Gegenhang leitet die Markierung X27 über eine kleine Asphaltstraße bergan, später rechts zu einem Kruzifix und links zur Kapelle auf dem Aberg. Wenige Minuten später passieren wir das Fraunhofer-Institut, dann schwingt sich die Straße zum Wanderparkplatz Wilzenberg hinauf. Beim Blutschwitzenden Heiland zweigt unsere Route halblinks auf einen Waldweg ab, der rasch die Wallfahrtskapelle mit dem Hochkreuz und kurz darauf den Gipfel des **Wilzenbergs** 2, 658 m, gewinnt. Vom Aussichtsturm öffnet sich ein herausragendes Panorama über das Schmallenberger Sauerland.
Hinter dem Turm senkt sich die Route zumeist auf Forstwegen ins beschauliche **Winkhausen** 3, 407 m, an der Mündung der Sorpe in die Lenne hinab. Das traditionsreiche Hotel Deimann lädt in der Ortsmitte zu einer ersten Rast. Nun kurz auf der Sorpestraße, dann weisen die Markierungen rechts an Teichen vorbei in den Hang. Auf dem folgenden Abschnitt orientieren wir uns an der Rothaarsteigspur Sorper Panoramapfad. Sie passiert Deimanns Hütte und erklimmt danach auf einem spannenden Pfad den Gipfel des **Knollen** 4, 533 m. Der Gipfelpfad durchstreift den ehemaligen Steinbruch, wo in früherer Zeit Sandstein gebrochen wurde. Unschwie-

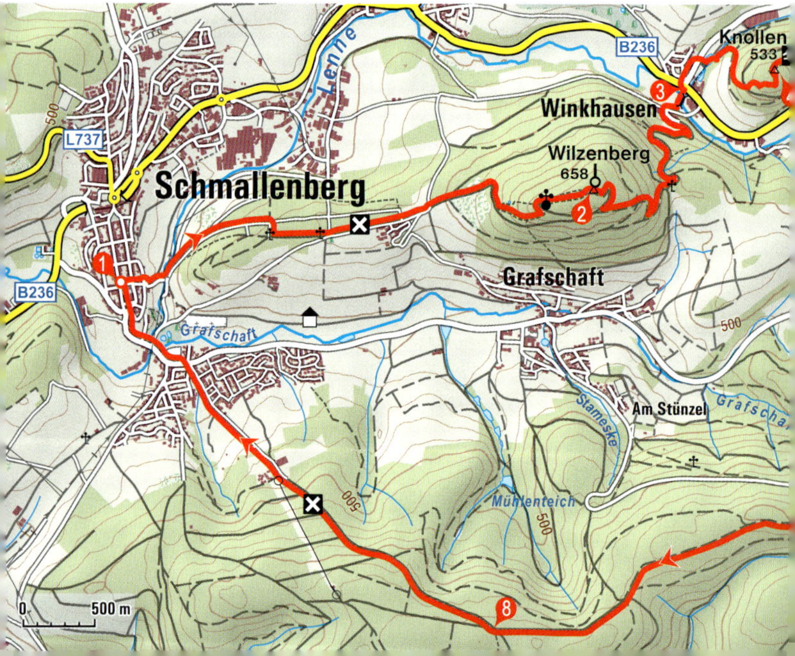

rig steuern wir zur Wegspinne und zur Schutzhütte am Weißen Kreuz und danach wieder entlang von X-Markierungen, bei der Langen Bank rechts, ins Fachwerkdorf **Oberkirchen** ❺, 442 m. Wir überqueren die Lenne und verlassen den Ort in südlicher Richtung, wo das Lüttmecketal sanft bergan steigt. Das schwarze R auf gelbem Grund des Rothaarsteig-Zuwegs führt uns zur **Skulptur Hexenplatz** ❻, 530 m, am Waldskulpturenweg.

Gemeinsam mit diesem separat ausgewiesenen Themenweg geht es nun immer mäßig bergan zum Sattel Almerter Plätze und zuletzt gemeinsam mit der Hochsauerlandvariante vom Rothaarsteig ins Höhendorf **Schanze** ❼, 716 m. Die Markierung Sz2 verlässt den Weiler in westlicher Richtung, passiert die Skihütte, ein beliebtes Einkehrziel, und steigt zum Schanzer Handweiser ab. Nun für wenige Meter nach links auf der Straße und dann mit dem Wegzeichen G4 halblinks auf einen Forstweg in den Hang. Nach Überschreiten einer Kuppe erreichen wir den Grafschafter Handweiser und schließlich den **Schmallenberger Handweiser** ❽, 655 m, mit dem Schnadestein von 1998. Hier taucht die Markierung X23 auf, welche den Höhenrücken nach halbrechts hinabsteigt. Ohne markante Orientierungspunkte wandern wir zum Skilift hinunter und parallel zur Straße Lenninghof in den Talgrund zur Grafschafter Straße. Linker Hand weisen die Symbole des Rothaarsteig-Zuwegs zurück zur Kirche von **Schmallenberg** ❶, 400 m.

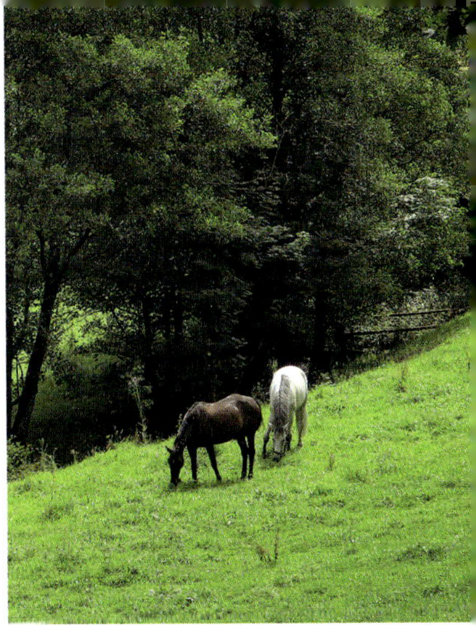

Im Lüttmecketal bei Oberkirchen.

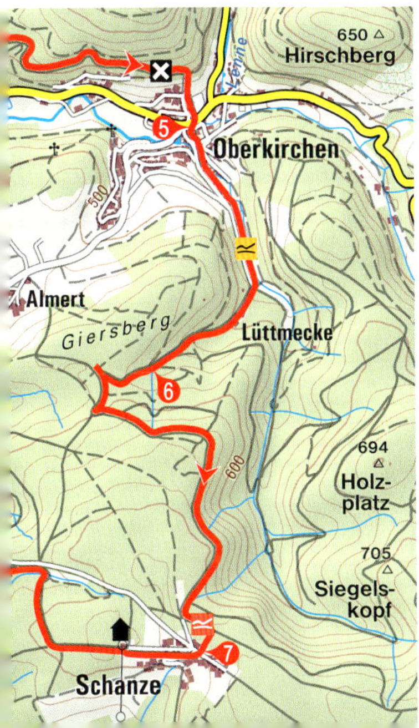

↗ 600 m | ↘ 600 m | 20.8 km

23 Kühhude – Latrop – Schanze

5.45 h

Unterwegs am Waldskulpturenweg

Dieser Wandervorschlag kombiniert Teile der Kamm- und der Talvariante des Rothaarsteigs, auch wird ein Abschnitt vom Waldskulpturenweg begangen. Der Themenweg verbindet auf einer Länge von 25 Kilometern das Wittgensteiner mit dem Sauerland. Zwischen Bad Berleburg und Schmallenberg säumen mehrere Kunstinstallationen die Route, darunter »Stein-Zeit-Mensch« (Nils-Udo), »Kein leichtes Spiel« (Ansgar Nierhoff) und »Der Krummstab« (Heinrich Brummack).

Ausgangspunkt: Kühhude (Stadt Bad Berleburg), 695 m; kostenfreier Wanderparkplatz.
Anforderungen: Durchgehend einfache Wege und Pfade; Kondition erforderlich.
Einkehr: Almhütte Schanze, Mo. Ruhetag, www.almhuette-schanze.de; Möglichkeiten in Latrop.
Karte: Schmallenberg.
Variante: Vom Ausgangspunkt zur Skulptur »the monument of the lost falcon« (Alan Sonfist); Hin- und Rückweg nehmen etwa eine halbe Stunde zusätzlich in Anspruch.

Vom **Wanderparkplatz Kühhude** ❶, 695 m, führt der Rothaarsteig südwärts über den Saukopf zur Installation »Stein-Zeit-Mensch«. Für einen Moment verlässt der Fernwanderweg hier den Gebirgskamm und leitet hinab zur Hängebrücke und rasch wieder hinauf auf die Kammhöhe. Weiter geht es ohne markante Höhenunterschiede zur Schutzhütte bei **Zinses Eck** ❷, 708 m, und schnurgerade über den Großen Kopf. Einige Infotafeln bezeugen die Geschichte der Region: Die hier verlaufende Grenze zwischen Sauerland und Wittgenstein ist eine uralte Territorial-, Sprach- und Religionsgrenze. Bei der Schutzhütte an der sagenumwobenen **Millionenbank** ❸, 660 m, wechseln wir von der Kamm- auf die Talvariante des Rothaarsteigs, wobei die Markierung identisch bleibt. In einem kleinen Taleinschnitt senkt sich die Route hinab in das Fachwerkdorf **Latrop** ❹, 430 m, einen Ortsteil der Stadt Schmallenberg. Wir erreichen die Häuser in Sichtweite der Sankt Josef Kapelle.
Nach der optionalen Einkehr in einem der Gastronomiebetriebe

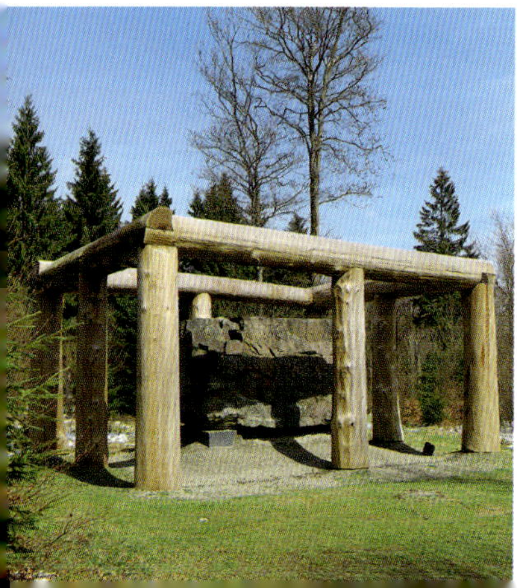

Skulptur »Stein-Zeit-Mensch« von Nils-Udo.

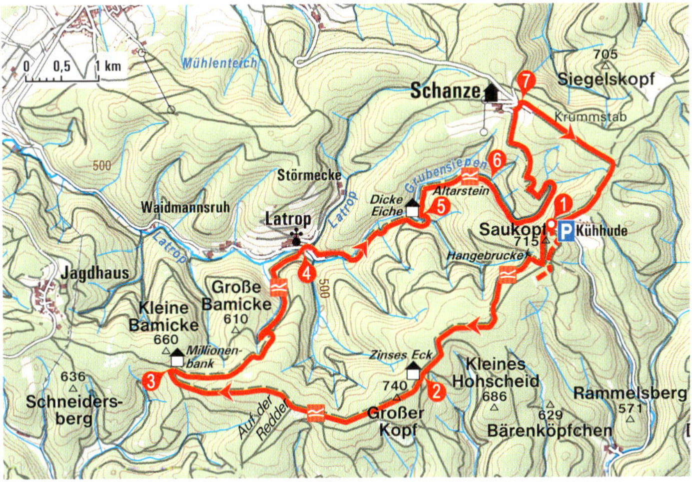

geht es auf der Durchgangsstraße ansteigend aus der Bebauung hinaus. Auf nach wie vor bequemen Wegen steuern wir im Grubental zunächst das Naturdenkmal **Dicke Eiche** 5, 476 m, und danach den **Altarstein** 6, 550 m, an. Mythen und Legenden ranken sich um diesen abgeschiedenen Ort. Um ihren Opferkult zu zelebrieren, sollen sich einst Heiden bei der Flucht vor christlichen Missionaren hier versteckt haben.

Allmählich gewinnen wir wieder an Höhe und erreichen die Häuser von **Schanze** 7, 716 m, das seinen Namen von einer historischen Landwehr ableitet. Hier wechseln wir für eine Weile vom Rothaarsteig auf den Waldskulpturenweg (auch Rothaarweg, X2). Beim mächtigen Krummstab bietet sich zudem die Möglichkeit, einige Extrameter auf einem Lehrpfad über den Orkan Kyrill einzulegen. Der ansprechend gestaltete Themenpfad zeigt die Spuren des verheerenden Januarsturms von 2007 auf. Unweit der Skulptur »Kein leichtes Spiel« erreichen wir schließlich wieder das weiße R auf rotem Grund, welches rasch zurück zum **Wanderparkplatz Kühhude** 1, 695 m, führt (→ Variante).

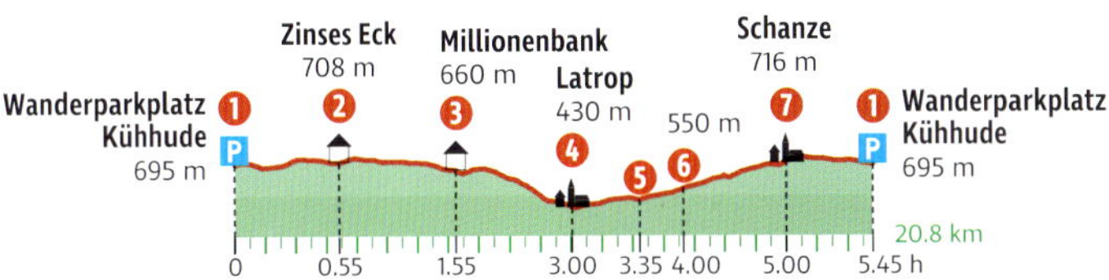

↗ 420 m | ↘ 420 m | 11.8 km

24 Didoll – Sackpfeife

3.20 h

Zum Kaiser-Wilhelm-II.-Turm

Am Südostrand des Rothaargebirges überragt die Sackpfeife trotz ihrer geringen Höhe die Umgebung, sodass man vom historischen Aussichtsturm ein umfassendes Panorama genießen kann. Der 1913 zu Ehren des Kaisers errichtete Turm wurde in der Vergangenheit mehrfach saniert und ist gegen eine kleine Spende öffentlich zugänglich. Besonders am Wochenende lockt das Freizeitzentrum mit allerlei Attraktionen zu einem Besuch auf der Sackpfeife. Dann hat auch die Lahn-Eder-Hütte vom Oberhessischen Gebirgsverein ihre Pforten geöffnet.

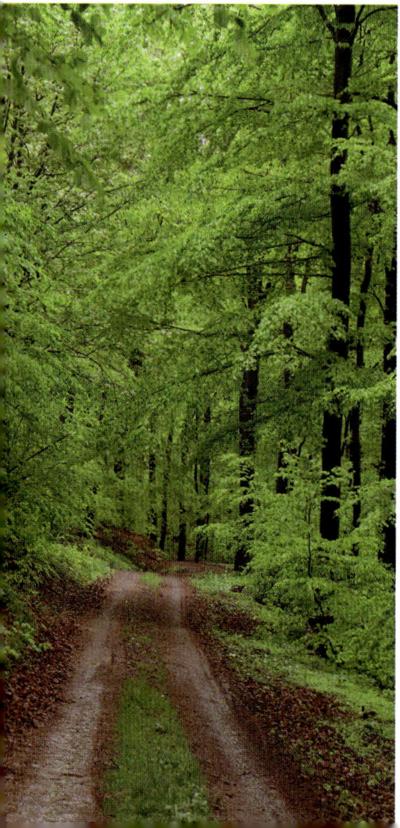

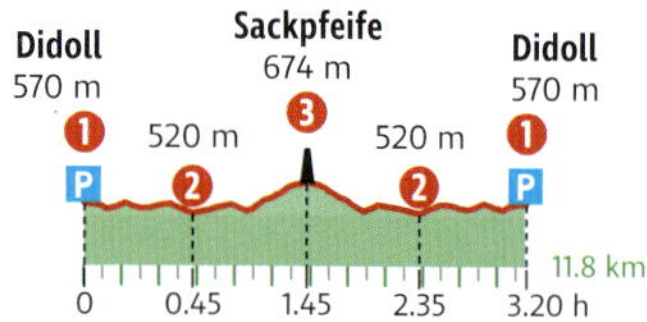

Ausgangspunkt: Didoll (Stadt Bad Berleburg), 570 m; kostenfreier Wanderparkplatz 200 m östlich vom Gasthof Didoll an der L903 zwischen Bad Berleburg und Bad Laasphe.
Anforderungen: Bequeme Wege; Gipfelaufschwung kurzzeitig steil.
Einkehr: Lahn-Eder-Hütte auf der Sackpfeife, So. bewirtschaftet; Berggasthof Didoll am Ausgangspunkt, derzeit (2022) geschlossen, www.didoll.de.
Karte: Rothaarsteig, Blatt Nord.
Variante: Vom Wegedreieck vor ❸ kann man einen Abstecher zum nahen Freizeitzentrum unternehmen, Hin- und Rückweg ca. 30 Min. zusätzlich.

Am **Wanderparkplatz Didoll ❶**, 570 m, in Sichtweite des gleichnamigen Gasthofs orientieren wir uns nach Osten und folgen dem Schieferweg mit der Markierung X23

Diese Tour verläuft durchgehend auf bequemen Wegen.

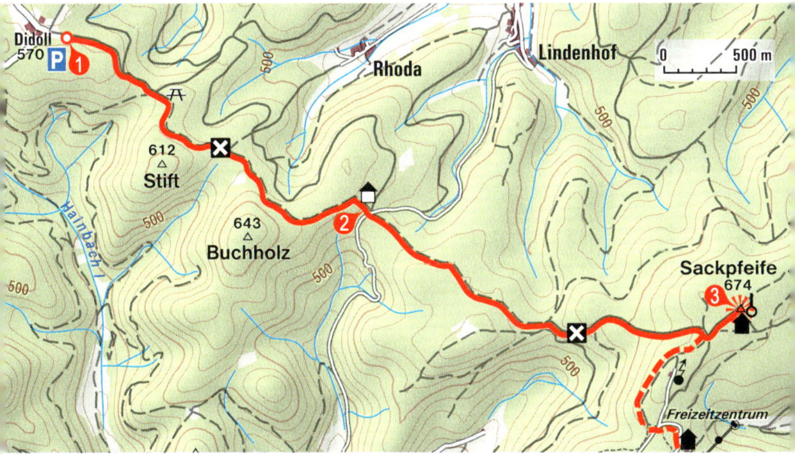

in den Wald. Das Asphaltsträßlein geht nach wenigen Minuten in einen Forstweg über, der uns unserem Ziel in gemächlichem Auf und Ab näher bringt, vereinzelt bieten sich Ausblicke. Ein kurzer Pfad leitet hinab zu einer kleinen **Fahrstraße** ❷, 520 m, sie markiert den Halbzeitpunkt des Sackpfeifenaufstiegs. Konsequent dem X-Symbol folgend erreichen wir nach einem kurzen Steilstück ein Wegedreieck mit Blick zum Aussichtsturm (→ Variante).

Nun schlendern wir gemütlich hinüber zur Hütte und zum traditionsreichen Ausguck auf der **Sackpfeife** ❸, 674 m. Nach dem Entrichten einer kleinen Spende öffnet sich vom Turm ein traumhaftes Panorama über die Berge an der Grenze zwischen Nordrhein-Westfalen und Hessen. Auf dem selben Weg wandern wir anschließend zurück zum **Wanderparkplatz Didoll** ❶, 570 m.

Hütte und Rastplatz auf dem Gipfel der Sackpfeife.

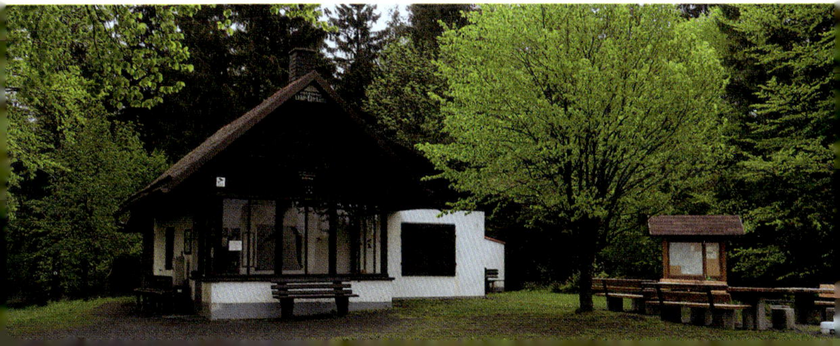

↗ 350 m | ↘ 350 m | 12.9 km

25 Jagdhaus – Härdler – Heidkopf

3.30 h

Gemütliche Aussichtswanderung am Rothaarkamm

Vom Schmallenberger Ortsteil Jagdhaus führt dieser Tourenvorschlag zur Sombornquelle und weiter zum Härdlergipfel, in diesem Abschnitt eine erholsame Wanderung. Zwischendurch, insbesondere jedoch am Härdler und am Heidkopf, öffnen sich auch traumhafte Panoramablicke über das Sauerland. Zum Abschluss der Tour laden mehrere Gastronomiebetriebe im Höhenort Jagdhaus zur rustikalen Einkehr.

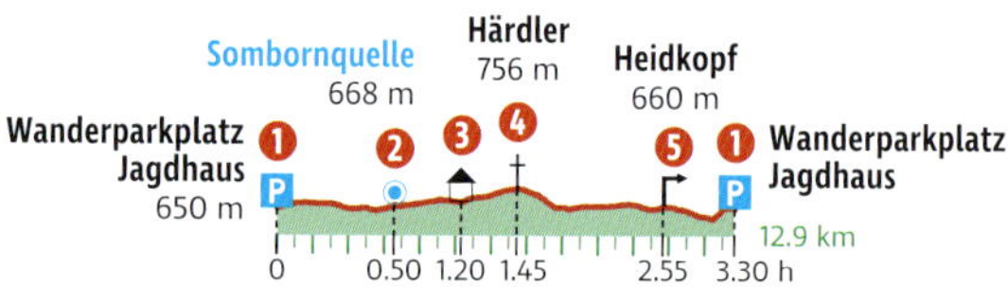

Ausgangspunkt: Jagdhaus (Stadt Schmallenberg), 650 m; kostenloser Wanderparkplatz.
ÖPNV: Wanderbus von Schmallenberg; Infos unter: www.schmallenberger-sauerland.de.

Anforderungen: Fast durchgehend einfache Wege, zuletzt eine kurze steile Stelle im Anstieg.
Einkehr: Mehrere Möglichkeiten in Jagdhaus.
Karte: Schmallenberg.

Unsere Rundwanderung auf dem Rothaarkamm beginnt am **Wanderparkplatz Jagdhaus** ❶, 650 m. Zunächst gehen wir wenige Schritte auf der Fahrstraße nach Süden und schwenken dort rechts auf den mit einem

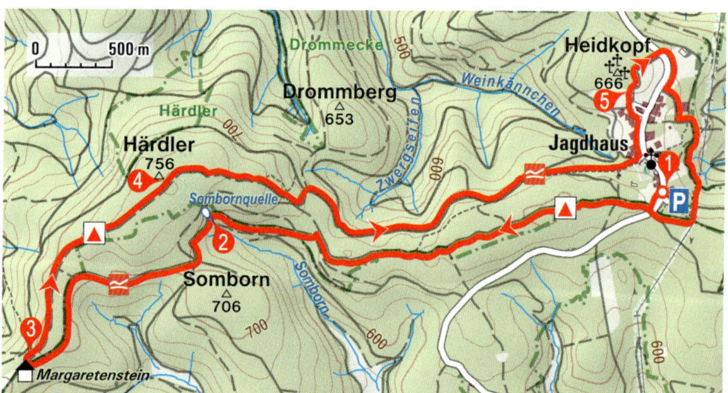

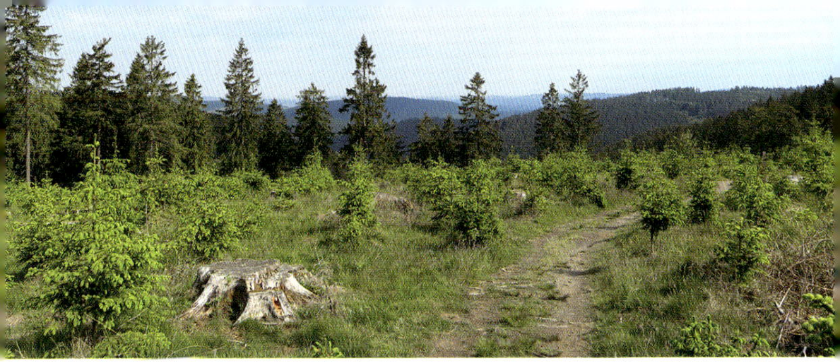

Auf wurzeligen Pfaden wird der Gipfel des Härdler erklommen.

roten Dreieck markierten Grenzweg ein, einem uralten Höhenweg auf der Grenze von Sauerland und Wittgensteiner Land. Während des ersten Abstiegs vereinigt sich unser Weg mit dem Rothaarsteig, der bei Trudes Sonnenbank links abwinkelt und im Härdler-Südhang der **Sombornquelle** ❷, 668 m, zustrebt. Bei der Schutzhütte am Potsdamer Platz biegen wir rechts ab, dann ist es nicht mehr weit zum Umkehrpunkt am **Margaretenstein** ❸, 685 m.

Wir wechseln scharf rechts auf den bekannten Rothaarkammweg (rotes Dreieck, hier zugleich X6), der uns zum Gipfel des **Härdler** ❹, 756 m, leitet. Während des Abstiegs bieten sich fantastische Panoramen über das Lennetal zur Hunau. Nach einem kurzzeitig steileren Wegstück verlassen wir den Grenzweg links zur Köhlerhütte. Hier rechts und mit der J4-Markierung auf dem Forstweg zum Paul-Ermecke-Platz. Kurze Zeit später mündet von rechts der Rothaarsteig ein, der uns an den Ortsrand von Jagdhaus führt. Für eine abschließende Aussichtsrunde folgen wir dem beliebten Fernwanderweg zum **Heidkopf** ❺, 660 m, und zurück Richtung Jagdhaus. Am Ortsschild zweigt der Rothaarsteig links ab, verliert einige Höhenmeter und führt zuletzt über eine kurze Steilstufe zum Grenzweg zurück. Der **Wanderparkplatz Jagdhaus** ❶, 650 m, ist rechter Hand auf dem Forstweg in wenigen Minuten wieder erreicht.

Schutzhütte am Margaretenstein.

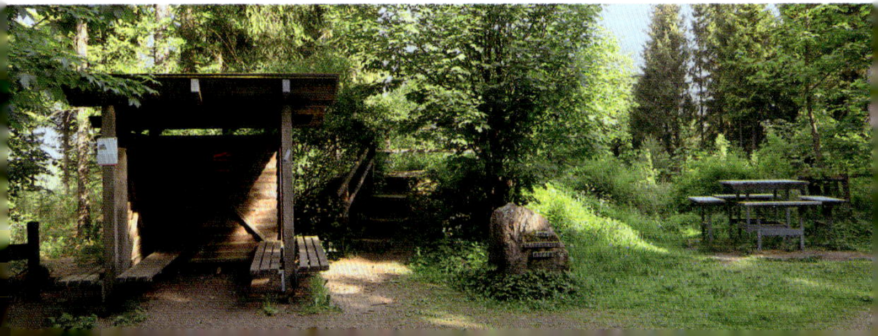

↗ 870 m | ↘ 870 m | 22.1 km

26 Saalhausen – Alpenhaus – Oberhundem

6.30 h

Lange Rundwanderung zwischen Lenne und Hundem

Zwischen den Tälern von Lenne und Hundem schwingt sich das Rothaargebirge in Höhen von über 700 Metern auf. Hier oben liegt das Alpenhaus, das ursprünglich als Sauerlandhütte des Alpenvereins errichtet wurde. Alpine Dimensionen sind auf dieser Wanderung also nicht zu befürchten, dennoch ist eine solide Kondition hilfreich, um die lange Wegstrecke zu genießen. Unterwegs machen wir Station im schmucken Fachwerkdorf Oberhundem mit der Adolfsburg, einem prächtigen Wasserschloss aus der zweiten Hälfte des 17. Jahrhunderts. Alternativ zur großen Tour besteht die Möglichkeit, hier zu starten. Wer dann nur die Oberhundemer Bergtour begeht, eine Rothaarsteig-Spur, welche in etwa dem Rundweg dieses Tourenvorschlags entspricht, den erwarten noch etwas mehr als die Hälfte der Gesamtkilometer.

Ausgangspunkt: Saalhausen (Stadt Lennestadt), 315 m; kostenfreie Parkplätze am Lenneufer bei der katholischen Kirche in der Straße Auf der Stenn.
ÖPNV: Buslinie SB9 (Altenhundem–Saalhausen–Schmallenberg), Haltestelle »Saalhausen, Kirche«.
Anforderungen: Zwischen Oberhundem und Alpenhaus teils steile Bergpfade; ansonsten technisch leichte Route, die jedoch Kondition erfordert.
Einkehr: Alpenhaus, Di. und Mi. Ruhetag, www.alpenhaus.de; Möglichkeiten in Saalhausen und Oberhundem.
Karte: Schmallenberg oder Lennestadt & Kirchhundem.

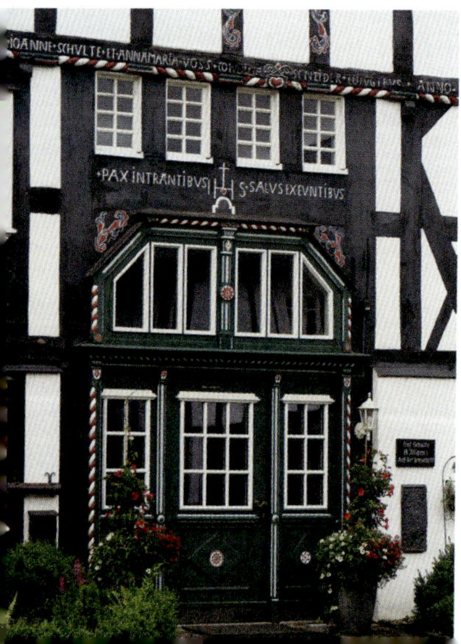

An der Sankt Jodokus Kirche in **Saalhausen** ❶, 315 m, orientieren wir uns nach Süden, überqueren die Lenne und verlassen linker Hand den Ort mit der Straße Auf der Jenseite. Der gelb-schwarz markierte Rothaarsteig-Zuweg führt im Gleichklang mit dem X18 in aussichtsreiche Flur, dann in den Wald, ehe er nach einer Weile scharf links abwinkelt und an einer Panorama-Orientierungstafel vorbei zu einem Rastplatz mit Tisch und Bänken führt. Auf der Anhöhe am Potsdamer Platz kreuzt der X6. Hier sowie im weiteren Verlauf der Wanderung wurden große Waldflächen in den

Fachwerkskunst in Saalhausen.

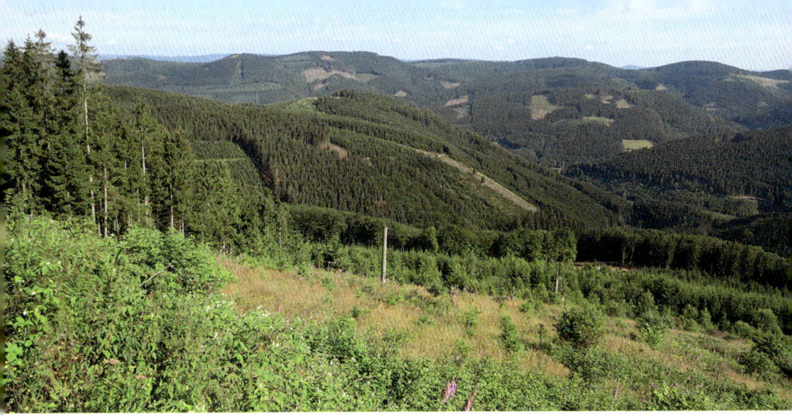

Weit schweift der Blick über das Lennetal.

vergangenen Jahren abgeholzt. Beim Parkplatz vor dem **Alpenhaus** ❷, 642 m, halten wir uns links, verabschieden kurz darauf das X und behalten das schwarze R auf gelbem Grund als Markierungszeichen bei. Mit teils herrlicher Aussicht geht es im Bogen um den Kahlenberg herum und sanft hinab zur Wegespinne **Brie** ❸, 641 m. Auch danach sind nur geringe Höhenunterschiede zu überwinden, ehe sich unser Weg bei **Am Wildhöfer** ❹, 674 m, mit dem Rothaarsteig-Hauptweg vereinigt.

Bereits am nächsten Abzweig trennen wir uns jedoch wieder vom rot markierten Fernwanderweg. Unsere Route folgt nun wieder dem bekannten Signet des Zuwegs, gleichzeitig sind wir auf der Rothaarsteig-Spur Oberhundemer Bergtour unterwegs. Wie alle diese Rundwege am Steig ist sie mit einem weißen R auf schwarzem Grund markiert. Ohne Orientierungsschwierigkeiten steuern wir die **Oberhundemer Klippen** ❺, 565 m, an, eine Felsformation wenige Meter rechts vom Weg.

Weiter geht es hinab, in einer Rechtskehre über einen Bacheinschnitt hinweg und sogleich rechter Hand hinunter zur L559. Die Bergtour biegt kurz vor der Straße rechts ab, wir bleiben jedoch der gelben Markierung treu. Parallel zur Straße leitet ein Pfad zu den ersten Häusern, dann ist rasch die Sankt Lambertus Kirche in **Oberhundem** ❻, 420 m, erreicht. Wir wandern durch den Ort bis zum Wegweiser Am Heken. Hier besteht die Option, ent-

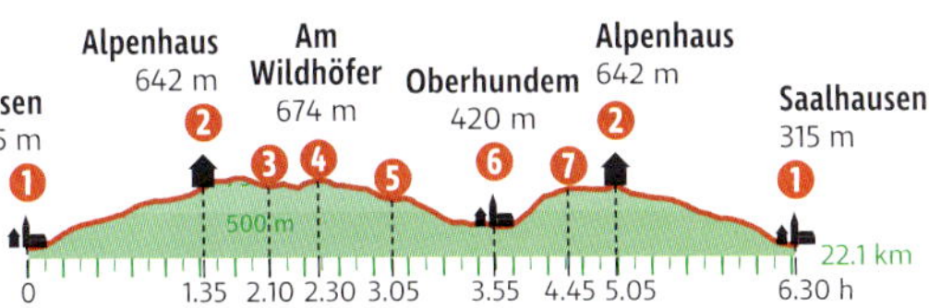

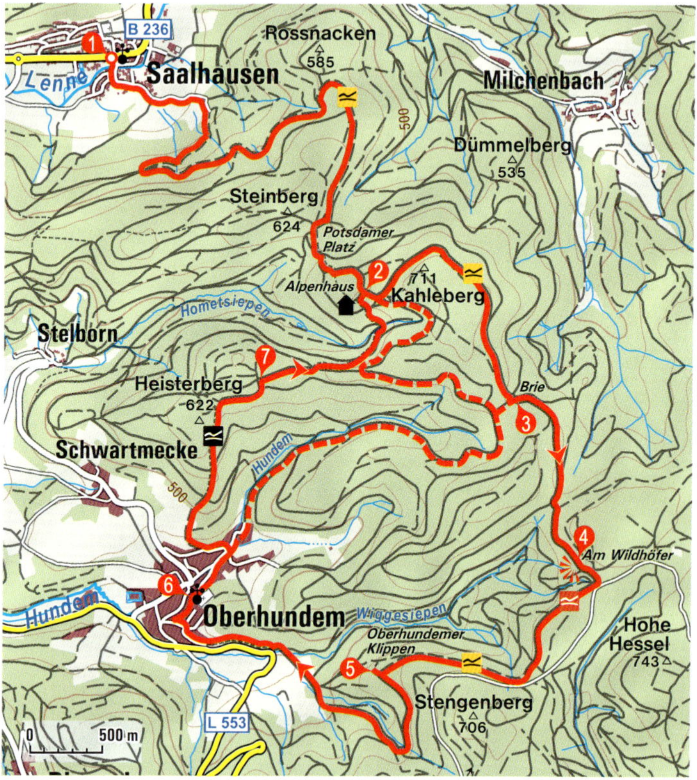

lang der X-Markierung zum Alpenhaus zu gelangen. Um 1,8 km kürzer ist unser Aufstieg auf der bekannten Oberhundemer Bergtour.

Das weiße R auf schwarzem Grund verlässt den Ort in freie Feldflur, dann verjüngt sich der Weg zum Pfad und leitet in mehr oder weniger direkter Linie bergwärts. Kurz vor dem Gipfelkamm verflacht das Gelände ein wenig und nach einer Rechtstraverse gelangen wir zum Wegweiser **Heisterberg** ❼, 625 m. Noch einmal muss eine Talsenke auf einer Pfadspur durchquert werden, ehe am **Alpenhaus** ❷ abermals die Möglichkeit zur Einkehr besteht. Über die bekannte Route geht es schließlich nach **Saalhausen** ❶ zurück.

Die Oberhundemer Klippen sind eine sehenswerte Felsformation am Wegesrand.

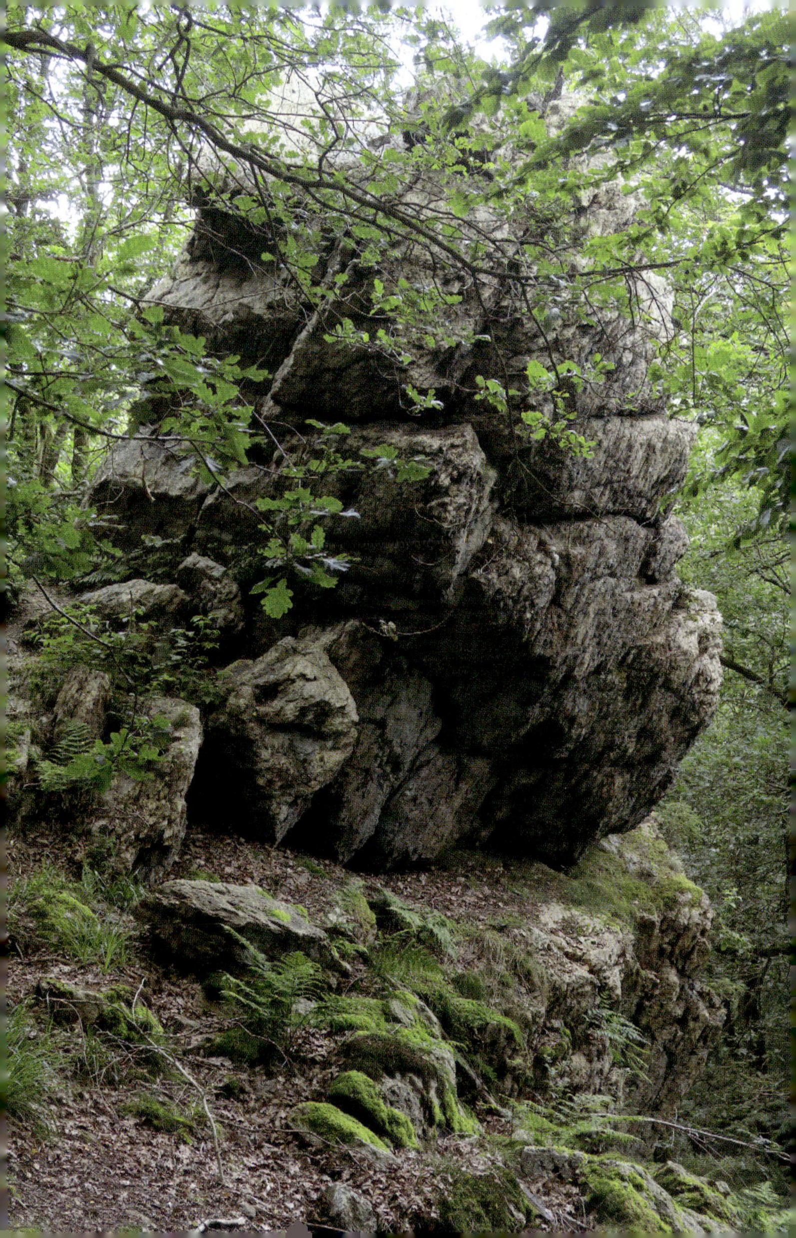

↗ 390 m | ↘ 390 m | 8.4 km

27 Gleierbrück – Rinsleyfelsen

2.30 h

In die Saalhauser Berge

Innerhalb der naturräumlichen Einheit des Süderberglands nehmen die Saalhauser Berge eine eigenständige Landschaftseinheit ein. Sie werden vom Rothaargebirge durch das Lennetal abgegrenzt und gipfeln im 688 Meter hohen Himberg. Auf seinen Waldgipfel führen keine bezeichneten Wanderwege, dafür aber zum nahen Rinsleyfelsen, einem Naturdenkmal, dessen höchster Punkt mit einem Gipfelkreuz geschmückt ist und auf einer gesicherten Steiganlage besucht werden kann.

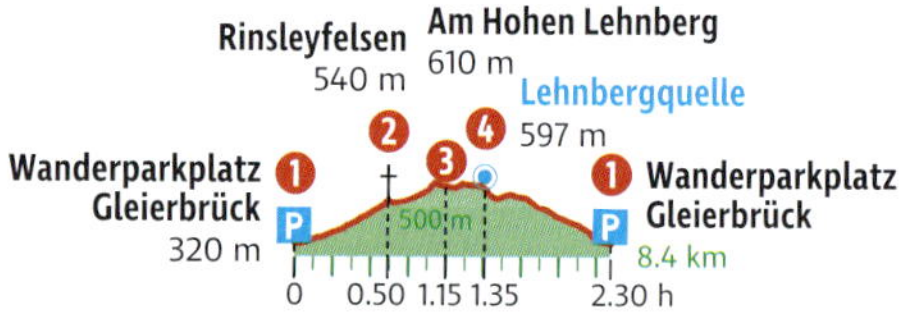

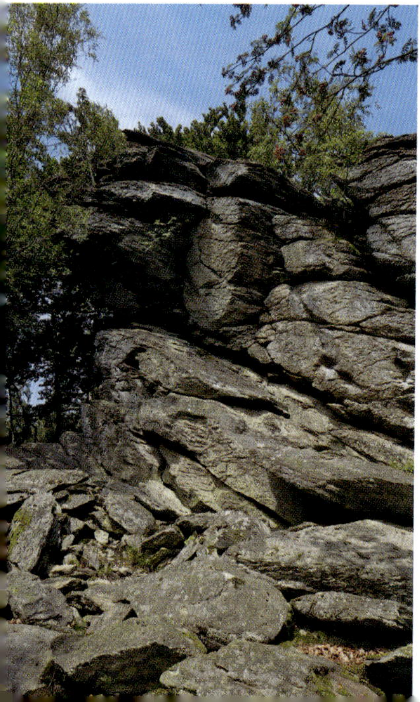

Ausgangspunkt: Wanderparkplatz Gleierbrück (Stadt Lennestadt), 320 m; an der Gleierstraße hinter den letzten Häusern rechts auf Schotterweg, nach 100 m Parkbucht für 2–3 Pkw, kostenlos.
ÖPNV: Buslinie SB9 (Altenhundem–Saalhausen–Schmallenberg), Haltestelle »Gleierbrück«.
Anforderungen: Der abschließende Aufstieg zum Kreuz auf dem Rinsleyfelsen erfordert ganz kurze Kletterei, dort Absturzgefahr; Weg zum Felsen und Abstieg an der Lehnbergquelle auf schmalen Pfaden; ansonsten einfache Rundwanderung.
Einkehr: Keine.
Karte: Lennestadt & Kirchhundem.

Vom **Wanderparkplatz Gleierbrück** ❶, 320 m, führt der Rundwanderweg A7 kurz talein, wo der Rundkurs beginnt. Wir halten uns rechts, steigen eine Weile im Bachtal bergan und erreichen den Wald-

Unterhalb des Rinsleyfelsens.

erlebnispfad, lohnend für Familien mit Kindern. Wenige Meter weiter biegt der A7 am Wegweiser Helleneichen links ab. Beim Abzweig Unterhalb Rinsleyfelsen halten wir uns rechts, dann ist kurze Zeit später linker Hand der Aufstieg zum **Rinsleyfelsen** ❷, 540 m, ausgeschildert. Ein uriger Pfad führt im Laubwald zur Felsgruppe, deren höchste Erhebung ein Gipfelkreuz ziert. Wer dorthin aufsteigen möchte, muss kurz etwas kraxeln. Ansonsten begnügt man sich mit dem geländergesicherten Aussichtspunkt eine Etage tiefer.

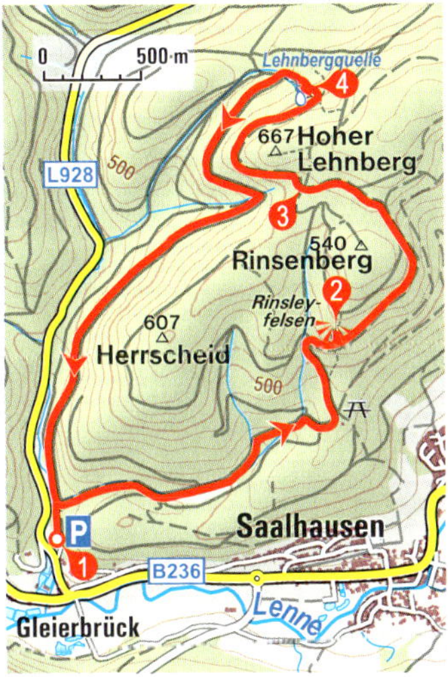

Zurück auf dem A7 steigen wir nach links weiter empor. Auf unschwierigen Forstwegen passieren wir die Wegweiser Am Rinsenberg und **Am Hohen Lehnberg** ❸, 610 m. Der Hohe Lehnberg wird auf der Westseite halb umrundet, ehe ein kleiner Pfad links in den Hang wechselt und der gefassten **Lehnbergquelle** ❹, 597 m, zustrebt. Weiterhin führt der Weg als schmaler Pfad im Hang hinab. Wenn er wieder auf einen Forstweg trifft, geht es nach links noch einige Meter im Gegenanstieg hinauf. Ohne markante Orientierungspunkte senkt sich die Route zurück zum **Wanderparkplatz Gleierbrück** ❶, 320 m.

Die letzten Meter zum Aussichtspunkt verlangen Trittsicherheit.

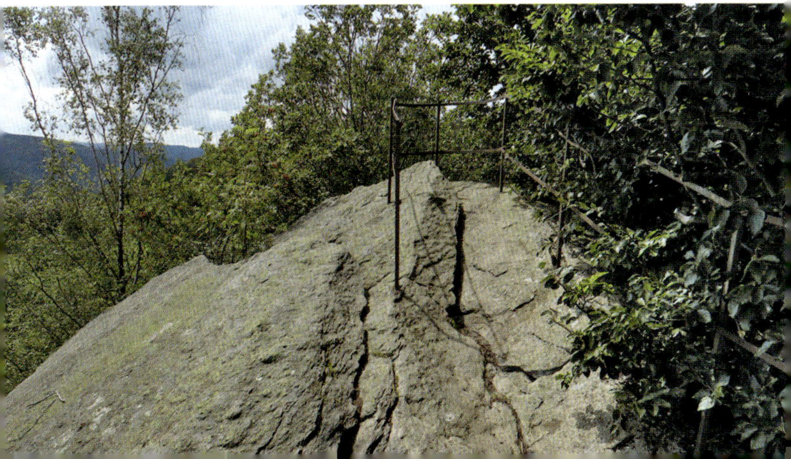

↗ 280 m | ↘ 280 m | 12.3 km

28 Rhein-Weser-Turm – Schwarzbachtal – Habergheide

3.15 h

Einfacher Spaziergang zur Haberg-Hochheide

Südlich des Rhein-Weser-Turms führt der Rothaarsteig durch das Schwarzbachtal zur Hochheide am Haberg, ein ruhiger und beschaulicher Landstrich abseits der Betriebsamkeit. Man könnte den Rundkurs zu den Albaumer Klippen verlängern, einer Felsformation aus vulkanischem Material, welche eine herrliche Aussicht gewährt. Alternativ kann man dem Panoramapark einen Besuch abstatten, der sich unweit des Rhein-Weser-Turms befindet. Der Tier- und Erlebnispark hält eine Fülle an Attraktionen bereit und ist ein besonders empfehlenswertes Ziel für Familien mit Kindern.

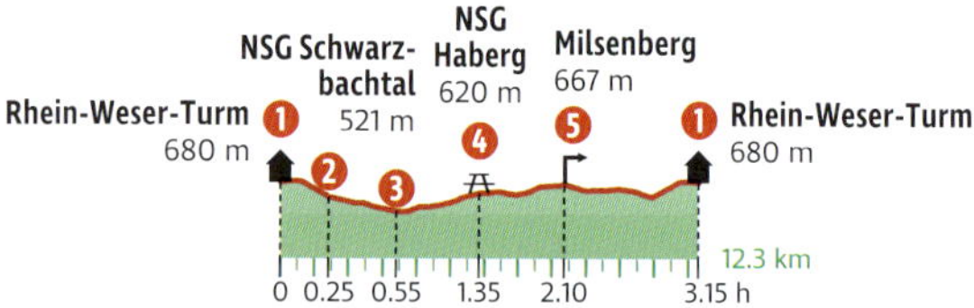

Ausgangspunkt: Rhein-Weser-Turm (Gemeinde Kirchhundem)), 680 m; kostenloser Wanderparkplatz an der L553 zwischen Oberhundem und Erndtebrück.
Anforderungen: Rundwanderung auf Forstwegen und kleinen Straßen.

Einkehr: Unterwegs keine; am Ausgangspunkt: Landgasthof Schwermer, tägl. geöffnet, www.rhein-weser-turm.de; Gasthof Zur Hahnenquelle, www.zurhahnenquelle.de.
Karte: Lennestadt & Kirchhundem.

Im Naturschutzgebiet Schwarzbachtal.

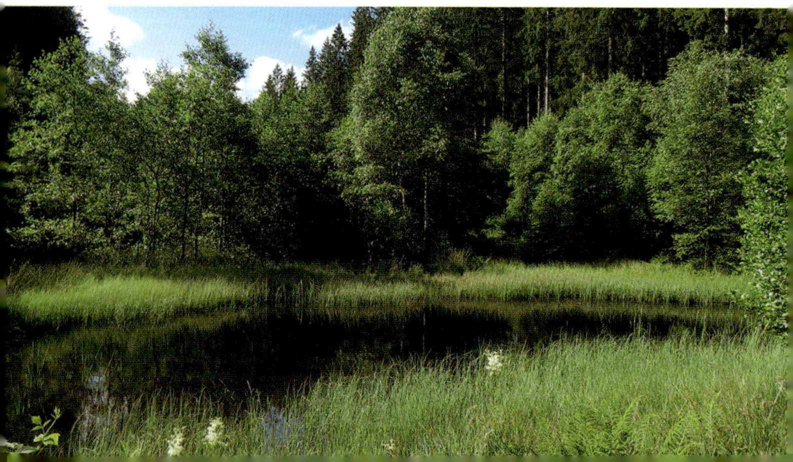

Auf der Passhöhe bei der Wasserscheide am **Rhein-Weser-Turm** ❶, 680 m, kreuzt der Rothaarsteig die Fahrbahn und führt am Gasthof Schwermer vorbei nach Süden. Am Erlebnispunkt Waldschule, einer Infostation am Fernwanderweg, können wir Wissenswertes rund ums Thema Wald und zur Bodenkunde erfahren. In mäßiger Steigung senkt sich der Forstweg weiter zum **Zugangsweg Panoramapark** ❷, 599 m, hier beginnt der Rundkurs. Wir folgen stets dem rot markierten Hauptweg ins **Naturschutzgebiet Schwarzbachtal** ❸, 521 m, wo der Bachlauf wahlweise mittels Brücke oder Furt gequert werden kann. Nun nach links an einem Teich entlang, kurz darauf scharf rechts und im sanft ansteigenden Gegenhang hinauf zur Schutzhütte und zum Rastplatz am **Naturschutzgebiet Haberg** ❹, 620 m. Während der Rothaarsteig von hier dem Dreiherrnstein zustrebt, wechseln wir rechter Hand auf den Rothaarkammweg, der mit einem roten Dreieck markiert kurz der Parkplatzzufahrt folgt und dann auf einem Forstweg die Vogelsberg-Kuppe zum Rüsper Berg überschreitet. Im weiteren Verlauf wandern wir auf der kaum befahrenen Asphaltstraße zum Abzweig am **Milsenberg** ❺, 667 m, und zum nahen Schwarzen Kreuz. Das Sträßlein führt hinter dem Panoramapark entlang zu einem Parkplatz. Hier wechseln wir rechts auf einen Forstweg, der sich zum Abzweig **Zugangsweg Panoramapark** ❷, 599 m, hinabsenkt, von wo der Schlussaufstieg zurück zum **Rhein-Weser-Turm** ❶, 680 m, führt.

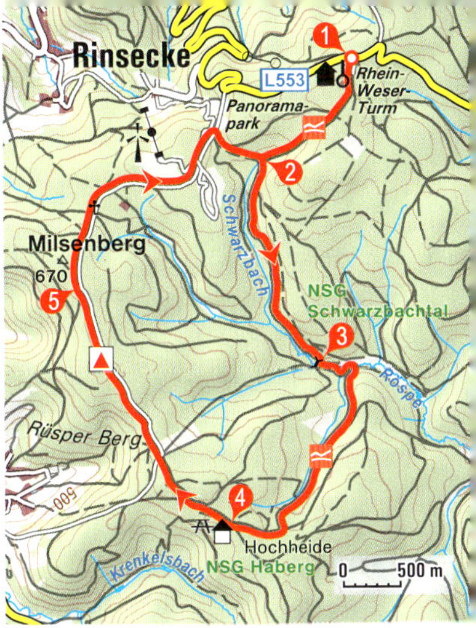

Rhein-Weser-Turm am Ausgangspunkt .

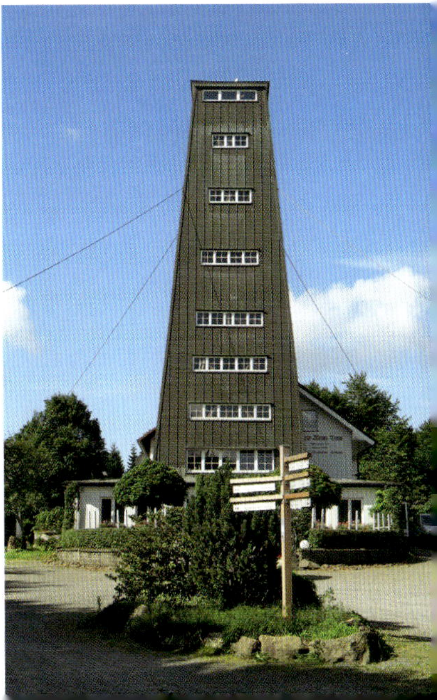

↗ 370 m | ↘ 370 m | 14.9 km

29 Vorspanneiche – Altenberg – Kindelsberg

4.10 h

Beliebtes Ausflugsziel im Siegerland

Dieser Tourenvorschlag führt uns über die Grenzen des Sauerlands hinaus ins benachbarte Siegerland. Der sagenumwobene Kindelsberg mit seinen Ringwällen aus grauer Vorzeit gilt als Wahrzeichen der Stadt Kreuztal. Seit 1907 lockt der Aussichtsturm Gäste auf den Berg. Ebenfalls in Kreuztal ansässig ist die Krombacher Brauerei. Wer ein frisches Krombacher genießt, kommt zwangsweise auch mit dem Kindelsbergturm in Kontakt: Er ziert bis heute das Firmenlogo.

Ausgangspunkt: Wanderparkplatz Vorspanneiche (Gemeinde Kirchhundem), 537 m; an der L728 zwischen Kirchhundem und Hilchenbach.
ÖPNV: Buslinie R92 (Altenhunden–Kirchhundem–Hilchenbach), Haltestelle »Brachthausen, Vorspanneiche«.

Anforderungen: Nahezu komplett einfache Forst- und Wirtschaftswege, nur kurze steilere Anstiege.
Einkehr: Raststätte Zum Kindelsberg, Mo. (nach Feiertagen Di.) Ruhetag, www.kindelsberg.de.
Karte: Hilchenbach.

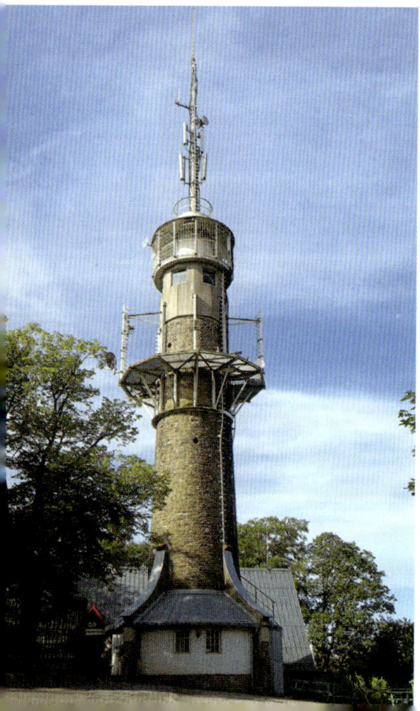

Der gemütliche Spaziergang zum Kindelsberg beginnt am **Wanderparkplatz Vorspanneiche** ❶, 537 m. Die Markierungen Raute 1 sowie A7 führen entlang von Weideflächen ins Dollenbruch hinab, ein ehemaliges Sumpfgebiet, wo einst die Leichen der Hingerichteten versenkt worden sein sollen. Ohne große Höhenunterschiede geht es zur Furt über den Dollenbrucher Bach und zum nahen **Parkplatz Wigrow** ❷, 471 m. Hier tritt der Siegerlandweg (X5) zur Route. Es geht auf breiter Trasse, zuletzt auf einem grasigen Pfad parallel dazu, zur Wegkreuzung Auf dem Stoß. Nun kurz links, mit der Markierung Nr. 6 sogleich wieder rechts und weiter zur **Wüstung Altenberg** ❸, 485 m. Einige Infotafeln und ein Lehrpfad geben

Kindelsbergturm: Wahrzeichen des Siegerlands.

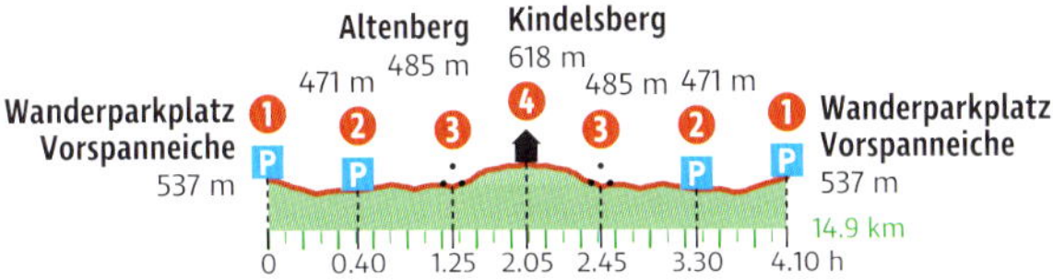

Auskunft zur Bergbausiedlung aus dem 13. Jh. Zudem gewährt ein Aussichtsgerüst schöne Fernsichten über Sieger- und Sauerland.

Wir behalten die Richtung bei und gewinnen in einem kurzzeitig etwas steileren Anstieg den Wegweiser am Hessenstein, wo der Talsperrenweg (X3) für einige Minuten die Routenführung übernimmt. Er übersteigt den Vorgipfel des Birkhahn zum Wanderparkplatz Kindelsberg. Wenige Minuten später genießen wir die Pause am Gasthof auf dem **Kindelsberg** ④, 618 m. Vom Gipfel wie auch bereits an etlichen Stellen unterwegs bieten sich herrliche Ausblicke auf die Umgebung. Der Rückweg zum **Wanderparkplatz Vorspanneiche** ①, 537 m, vollzieht sich auf der derselben Strecke.

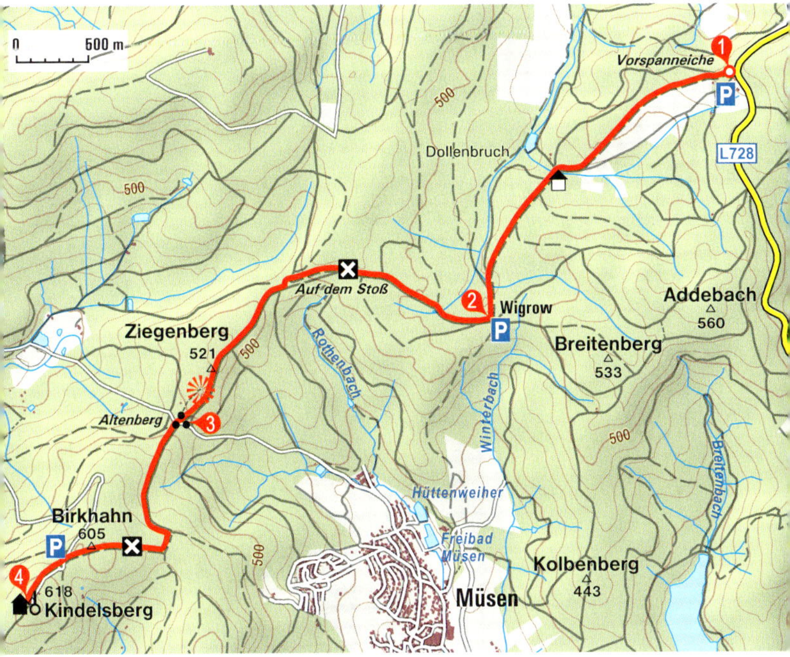

30 Welschen-Ennest – Graevenstein – Einsiedelei

5.00 h

Zwischen Sauer- und Siegerland

Welschen-Ennest, der zweitgrößte Ortsteil der Gemeinde Kirchhundem, liegt im Rahrbachtal unmittelbar nördlich des Rothaarkamms, der über Jahrhunderte eine wichtige Territorialgrenze zwischen Kurköln und Nassau darstellte und heute die Trennlinie zwischen Sauer- und Siegerland (bzw. weiter östlich zum Wittgensteiner Land) markiert. So wird denn auch der für das Sauerland untypisch klingende Ortsname Welschen-Ennest mit »der Ort, der im Grenzwald an enger Stelle liegt« übersetzt.

Ausgangspunkt: Welschen-Ennest (Gemeinde Kirchhundem), 410 m; kostenfreies Parken auf der Südostseite des Bahnhofs an der Frankfurter Straße.
ÖPNV: Zug nach Welschen-Ennest.

Anforderungen: Einfache Wege und Pfade, nur selten steiler.
Einkehr: Unterwegs keine; einige Angebote in Welschen-Ennest.
Karte: Lennestadt & Kirchhundem.

Vom Bahnhof in **Welschen-Ennest** ❶, 410 m, führt die Markierung X5 auf Frankfurter Straße und Am Wolfshorn nach Nordosten, ehe wir rechts auf die Alte Königsstraße einbiegen und den Ort verlassen. Nach wenigen Minuten zweigt die Route rechts auf einen Pfad ab, der in etwas strengerer Steigung den **Bremmerhagen** ❷, 533 m, ansteuert. Hier verlassen wir die

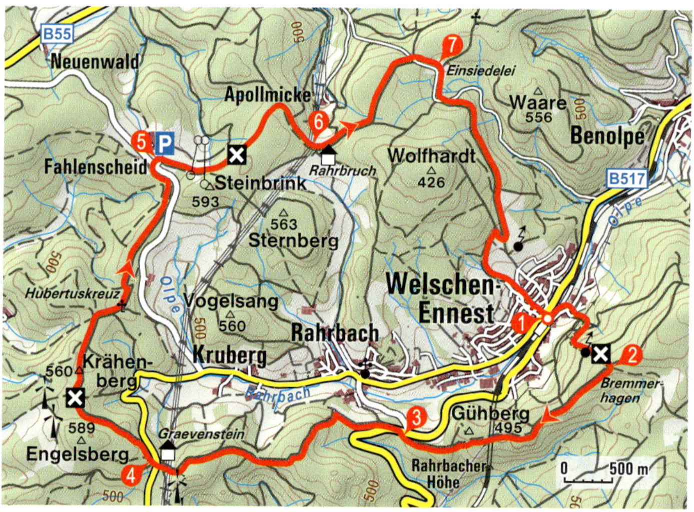

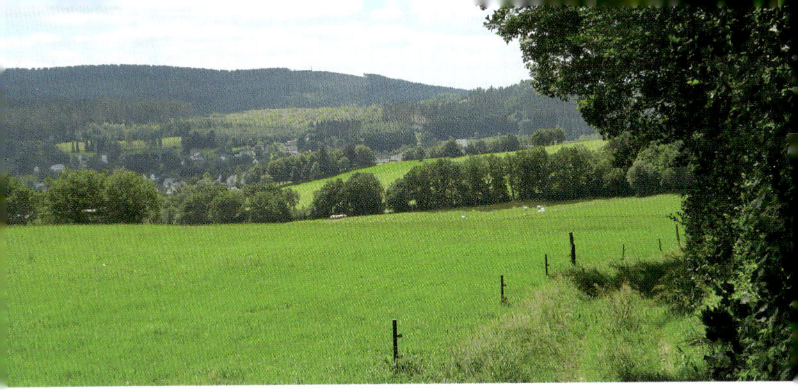

Durch offene Feldflur geht es zurück nach Welschen-Ennest.

X-Markierung und schließen uns den Wegzeichen K bzw. Raute 1 an. Über großflächig entwaldete Kuppen senkt sich der Weg zu einer Stromtrasse am Welschen-Ennester Schlag und weiter zur B517 an der **Rahrbacher Höhe** ❸, 467 m, hinab.
Nach Überqueren der Bundesstraße leitet ein Forstweg zur Marienkapelle, dann mit hübscher Aussicht auf Rahrbach am Feld entlang und schließlich wieder mit zweimaligem Aufstieg in den Drewer Wald. Nächstes Zwischenziel sind der Parkplatz und die Schutzhütte **Graevenstein** ❹, 527 m. Auf dem folgenden Abschnitt gibt das Symbol X24 die Richtung vor. Mit sanften An- und Abstiegen geht es über den Krähenberg am Hubertuskreuz vorbei zum Wanderparkplatz am Skizentrum oberhalb der kleinen Siedlung **Fahlenscheid** ❺, 545 m, wo wir vom X24 auf den X8 wechseln. Im Sommer wird das Pistengelände zur Mountainbike-Arena, daher queren wir unter gebotener Vorsicht die Trailstrecken und den Schlepplift.
Ein angenehmer Pfad quert die nördliche Bergflanke, dann leiten Forstwege zur aussichtsreich gelegenen Schutzhütte **Rahrbruch** ❻, 553 m. Ein weiterer bequemer Abschnitt führt uns zum Parkplatz Einsiedelei, wo wir rechter Hand entlang der Fahrbahn zur **Einsiedelei** ❼, 519 m, abkürzen. Der finale Abstieg in den Zielort erfolgt auf dem mit X5 gekennzeichneten Siegerlandweg. Er verläuft noch kurz entlang der Fahrbahn, dann flach durch den Wald und kurvt zuletzt mit einer kleinen Extraschleife durch herrliche Feldflur zurück ins Tal nach **Welschen-Ennest** ❶.

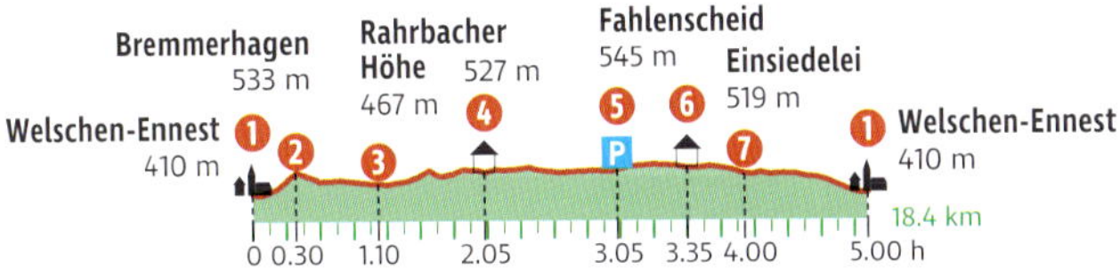

TOP

31 Bilstein – Benolper Kreuz – Hohe Bracht

↗ 420 m | ↘ 420 m | 11.3 km

3.15 h

Durch das Bilsteiner Land

Die bewaldete Hohe Bracht erhebt sich zwischen Olpe- und Veischedetal. Sie ist ein beliebtes und viel besuchtes Ausflugsziel, denn das Gipfelplateau mit Gaststätte und Aussichtsturm ist durch eine Fahrstraße erschlossen. Der Startort Bilstein wird von der gleichnamigen Burg überragt, die seit 1927 als Jugendherberge dient. Hohe Bracht und Burg Bilstein sind die Glanzpunkte im Bilsteiner Land.

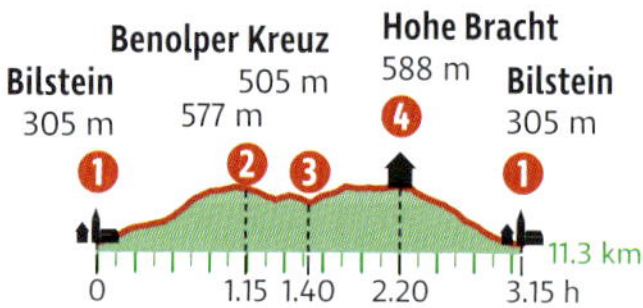

Ausgangspunkt: Bilstein (Stadt Lennestadt), 305 m; kostenfreie Parkplätze am Amtshausplatz.

ÖPNV: Buslinie SB3 (Olpe–Bilstein–Altenhundem) oder Linie L513 (Grevenbrück–Bilstein), Haltestelle »Bilstein, Amtshausplatz«.
Anforderungen: Einfache Wanderung, die ausschließlich auf bequemen Wegen und Pfaden verläuft.
Einkehr: Restaurant auf der Hohen Bracht, Mo. und Di. Ruhetag, www.hohebracht.com; Möglichkeiten in Bilstein.
Karte: Lennestadt & Kirchhundem.

Unsere gleichsam einfache wie lohnende Rundwanderung startet am Amtshausplatz in **Bilstein** ❶, 305 m, wo die Burganlage aus dem 13. Jh.

Kurz nach dem Start fällt der Blick zurück auf Burg Bilstein.

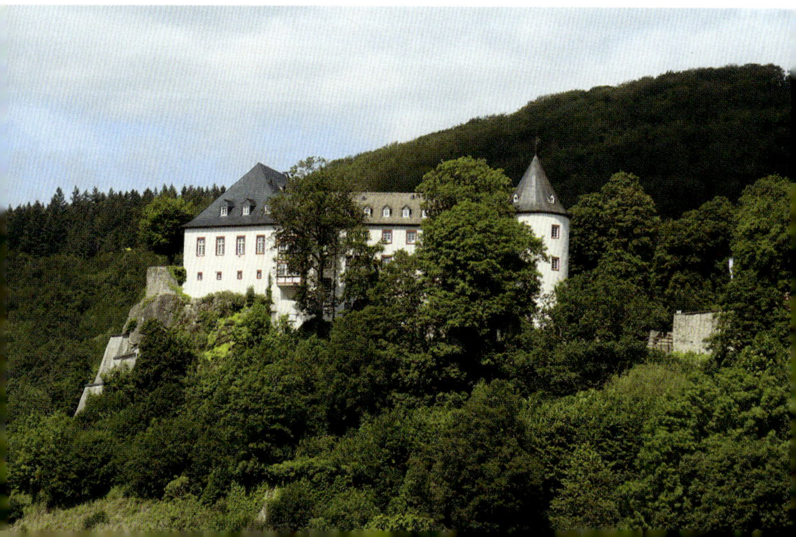

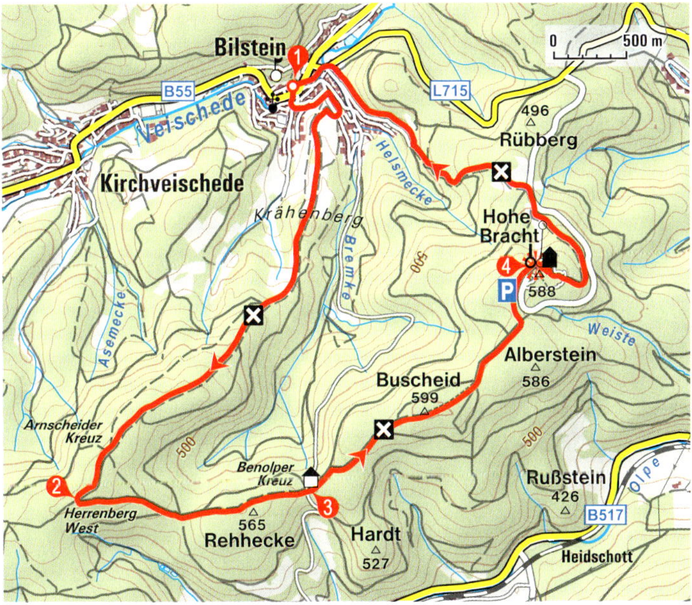

hoch über dem Veischedetal thront. Am zentralen Wegweiser orientieren wir uns am Symbol X5 des Siegerlandwegs. Er leitet mit einigen Richtungswechseln aus dem Ort hinaus, ehe ein Pfad rechter Hand im Wald ansteigt und bald in aussichtsreiche Wiesen führt. Von herrlichen Fernblicken begleitet wandern wir in moderater Steigung den Krähenberg hinauf, halten uns an der Wegspinne Auf der Höhe halbrechts und gewinnen das Arnscheider Kreuz. Kurze Zeit später ist am Abzweig **Herrenberg West** ❷, 577 m, der Gebirgskamm erreicht.

Gemeinsam mit dem Ehmsenweg (X8) zweigen wir links ab. Bald ist der Sattel, danach der Gipfel der Rehhecke gewonnen und wenig später die kleine Passstraße am **Benolper Kreuz** ❸, 505 m. Der folgende Anstieg führt uns auf die Buscheid, den höchsten Berg im Bilsteiner Land, und nach einem kleinen Zwischenabstieg beinahe flach hinüber zur **Hohen Bracht** ❹, 588 m. Auf dem Gipfel laden das Restaurant und der Turm zur ausgiebigen Rast. Ein Naturerlebnispfad gibt Auskunft zu erdgeschichtlichen und kulturhistorischen Besonderheiten der Region. Für den Rückweg schließen wir uns dem Robert-Kolb-Weg (X6) an, der einem attraktiven Weg abwärts folgt. Wenn die Route links abbiegt, wird das Gelände steiler, der Weg breiter. Schilder leiten uns zurück in den Ausgangsort **Bilstein** ❶, 305 m.

↗ 780 m | ↘ 780 m | 22.8 km

32 Biggedamm – Bremge

6.30 h

Rundtour am Biggesee

Gemeinsam mit der angeschlossenen Listertalsperre bildet der Biggesee einen der größten Seen in Nordrhein-Westfalen. Die Talsperren sind durch eine Vielzahl an Wander- und Radwegen erschlossen, darunter den zweitägigen Bigge-Lister-Weg, der die buchtenreichen Seeflächen auf 46 Kilometer Länge umrundet. Selbstverständlich gibt es auch ein reiches Angebot an Aktivitäten im und auf dem Wasser, darunter Ausflugsschiffe und Badestrände. Ansonsten lohnt sich ein Besuch in der Attahöhle im nahen Attendorn. Sie ist eine der schönsten Tropfsteinhöhlen in Deutschland.

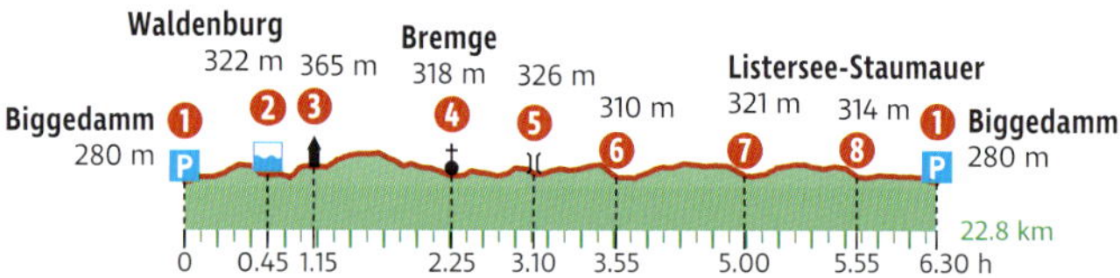

Ausgangspunkt: Kostenfreier Wanderparkplatz Biggedamm (Stadt Attendorn), 280 m, an der Kölner Straße.
ÖPNV: Zug nach Attendorn-Kraghammer, von dort 20 Min. Fußweg zum Biggedamm.
Anforderungen: Zumeist bequeme Wege, dennoch verlangen kurze Stellen Trittsicherheit; zudem fordert das stete Auf und Ab durchaus Kondition; insgesamt anspruchsvolle Orientierung, nicht immer ideal markiert.
Einkehr: Leuchtturm am See; Restaurant Waldenburger Hafen, www.waldenburg-hafen.de; verschiedene Möglichkeiten in Sondern und Neu-Listernohl.
Karte: Biggesee-Listersee.

Von den Parkplätzen an der L512 westlich des **Biggedamms** ❶, 280 m, begeben wir uns hinauf auf die Dammkrone und überqueren sie nach Norden am Café Leuchtturm vorbei bis zu ihrem Ende. Dort kurz links und nach 100 m rechts auf einem Pfad den Hang hinauf, der mit der Markierung A4

Auf dem Rückweg überqueren wir die Listertalsperre.

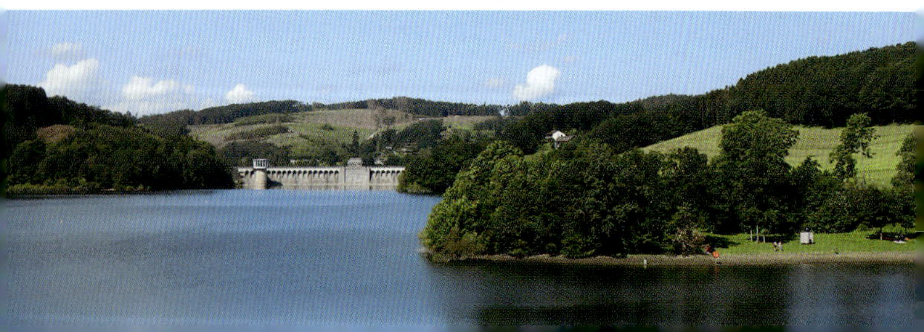

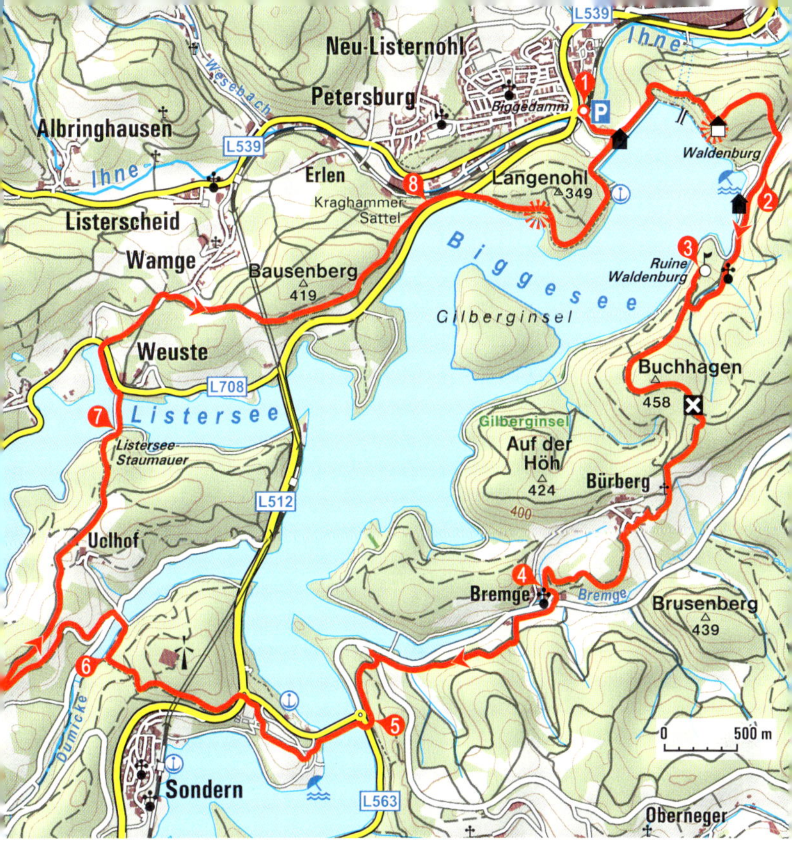

die Aussichtsplattform Biggeblick an der SGV Hütte Attendorn ansteuert. Der Aufstieg verlangt stellenweise etwas Trittsicherheit, jedoch kann die Passage auch auf der Uferpromenade gemieden werden. Von der Plattform führt ein bequemer Weg im Bogen hinab zum Campingplatz und zur Badebucht **Waldenburg** ❷, 322 m, wo für eine Weile der X22 (Kurkölner Weg) die Routenführung übernimmt. Am Straßenrand geht es südwärts, in einer Rechtskurve nach links in den Hang und an der Waldenburger Kapelle vorbei in den Wald hinauf, wo der kurze Abstecher zur **Ruine Waldenburg** ❸, 365 m, lohnt.

Der X22 kurvt anschließend um den Gipfel des Buchhagen, tritt an der Bürberger Heide in freies Gelände ein und senkt sich auf Wirtschaftswegen zu den Häusern von Bürberg hinab. Hier kurz rechts und gleich wie-

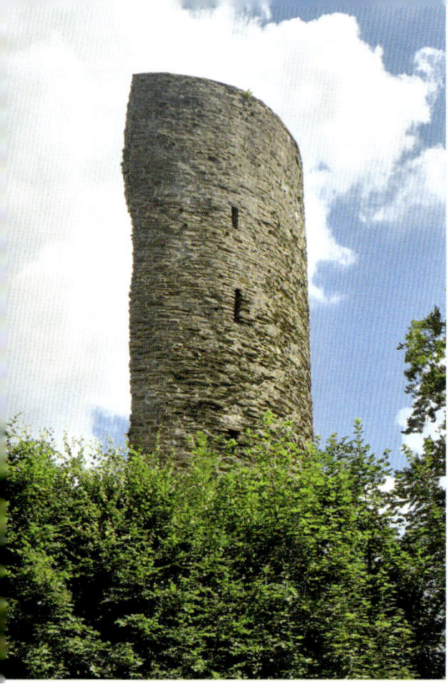

Ein kurzer Seitenweg leitet zur Ruine Waldenburg.

der links aus der Bebauung heraus in den Gegenhang, um eine Kuppe herum und hinab nach **Bremge** ❹, 318 m. Wir wandern an der Kapelle vorbei und für einige Minuten an der Straße entlang, ehe die X-Markierung vor einem Gehöft links in den Hang weist. Auf der Anhöhe verabschieden wir uns vom Kurkölner Weg, fortan gibt das A des Attendorner Rundwanderwegs die Richtung vor. Er senkt sich wieder zur Straße (K17) und folgt ihr, bis er links auf einen Parkplatz wechselt, dann im Wald eine Geländestufe erklimmt, die K18 nach links versetzt quert und sich etwas später nach einem spitzwinkligen Abbieger zur **Talbrücke Sondern** ❺, 325 m, senkt. Wir überqueren das Bauwerk und halten uns an seinem Ende zum Campingplatz hinauf. Die A-Markierung lässt das Gelände links liegen und führt zu einem Kreisverkehr hinab. Auf der gegenüberliegenden Seite nimmt uns ein bequemer Weg auf, der in der bewaldeten Flanke sanft bergan leitet. Die soeben gewonnenen Höhenmeter verlieren wir anschließend auf einem steilen Pfad, später Weg, der am **Vorstaubecken Dumicketal** ❻, 310 m, den Talgrund erreicht. Wir halten uns rechts, überqueren den Seearm und biegen danach links ab. Mit einigen Richtungswechseln schickt uns der Attendorner Rundwanderweg durch Wald und Feld an einem Haus vorbei, bis er schließlich scharf rechts abbiegt. Nach einem aussichtsreichen Grünlandabschnitt senkt sich unsere Route zur **Listersee-Staumauer** ❼, 321 m, hinab.

Jenseits der Staumauer folgt linker Hand wiederum eine der unvermeidbaren Asphaltpassagen. Nach dem Parkplatz steigt die A-Markierung auf einem Forstweg bergan und erreicht eine Anhöhe. Hier verabschieden wir uns vom A und orientieren uns mit der Raute nach rechts. Sie beschreibt einen bequemen Weg, der oberhalb von Wamge zu einem Geländesattel führt, und anschließend sanft fallend den Bausenberg traversiert. Schließlich verjüngt sich der Weg zum Pfad und trifft am **Kraghammer Sattel** ❽, 314 m, auf die L512. Wir gehen über die Brücke, überqueren an ihrem Ende die Fahrbahn nach rechts zu einem Parkplatz und schlendern auf der Uferpromenade gemütlich zurück zum Ausgangspunkt am **Biggedamm** ❶, 280 m.

↗ 330 m | ↘ 330 m | 14.9 km

4.00 h

Hösinghausen – Nordhelle

Zum Robert-Kolb-Aussichtsturm

Der Robert-Kolb-Turm auf der Nordhelle, dem höchsten Berg im Hohen Ebbe, ist dem damaligen Hauptwegewart des Sauerländischen Gebirgsvereins gewidmet. Robert Kolb setzte sich Ende des 19. / Anfang des 20. Jahrhunderts für den SGV ein und arbeitete unter anderem an einem ersten umfassenden Wanderwegenetz. Den Großteil der Besucher zieht es von der Passhöhe an der Straße zwischen Herscheid und Valbert auf den Gipfel. Wir starten dagegen tief unten in Hösinghausen und kommen so in den Genuss einer naturnahen Ebbewanderung.

Ausgangspunkt: Wanderparkplatz Quellental, 439 m, kostenlos; 700 m nördlich von Hösinghausen (Stadt Meinerzhagen).
ÖPNV: Buslinie R61 (Attendorn–Valbert–Meinerzhagen), Haltestelle »Meinerzhagen, Hösinghausen«, von dort 10 Min. Fußweg zum Ausgangspunkt.
Anforderungen: Im Ebbemoor schmale Wurzelpfade und teils rutschige Holzbohlenwege; ansonsten Schotterwege und kleine Asphaltstraßen.
Einkehr: Gaststätte Nordhelle, Mo. und Do. Ruhetag, www.gaststaette-nordhelle.de.
Karte: Biggesee-Listersee oder Ebbegebirge.
Kombinationsmöglichkeit: Mit Tour 34 ab Wegkreuzung Spinne ❸: Verlängerung der Wanderung über den Rehberg, 646 m; zusätzliche Gehzeit 1.10 Std.

Auf Holzbohlenwegen durchqueren wir die Moore auf dem Hohen Ebbe.

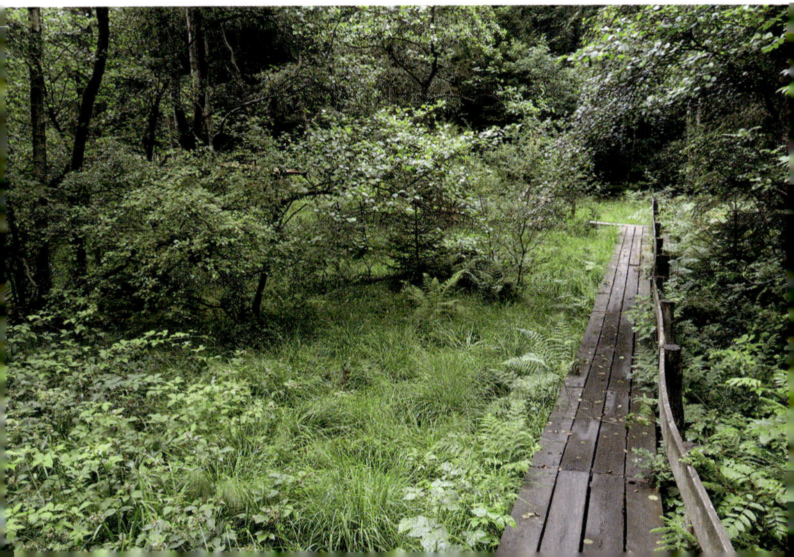

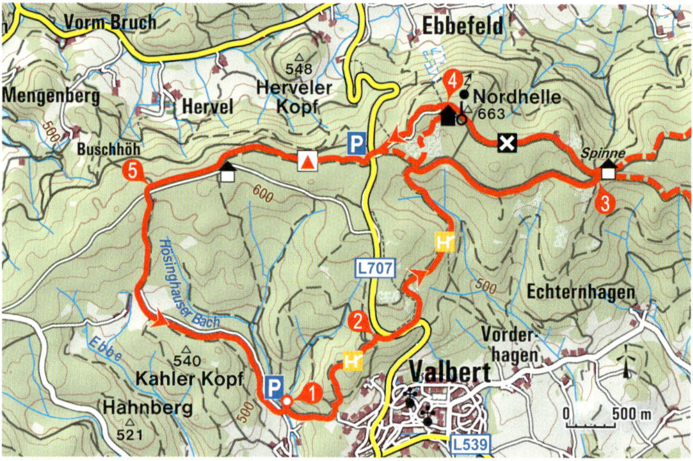

Unsere Ebbewanderung startet am **Wanderparkplatz Quellental 1**, 439 m, oberhalb von Hösinghausen. Der südliche, in Meinerzhagen startende Zweig des Sauerland-Höhenflugs überquert den Bach und schwingt sich im Hang zum Koppenkopf auf. Kurz darauf quert er die **Ebbestraße 2**, 560 m, und leitet rechts versetzt geradeaus weiter. Schließlich bringt uns der Auerhahnbergweg ins romantische Ebbemoor, eine Welt aus Farnen, umgestürzten Bäumen und bemoosten Ästen. Die Durchquerung auf Bohlenwegen kann rutschig sein.

Wo der Auerhahnbergweg auf den asphaltierten Südhangweg trifft, verlassen wir den Höhenflug und schlendern gemütlich rechter Hand zur Unterstandshütte an der Wegkreuzung **Spinne 3**, 602 m (→ Kombinationsmög-

Wasser-Spielstation im Quellental.

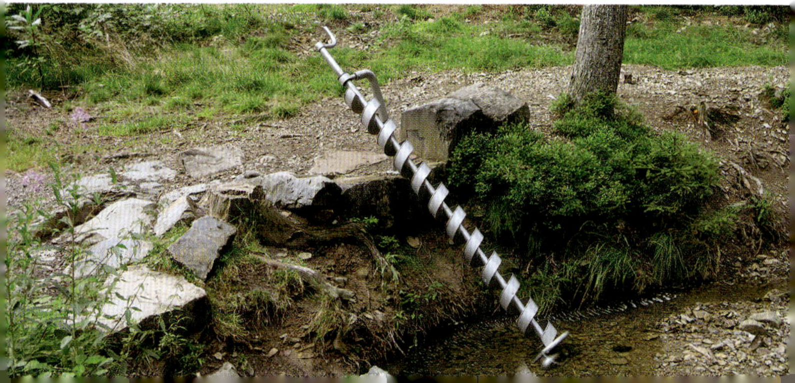

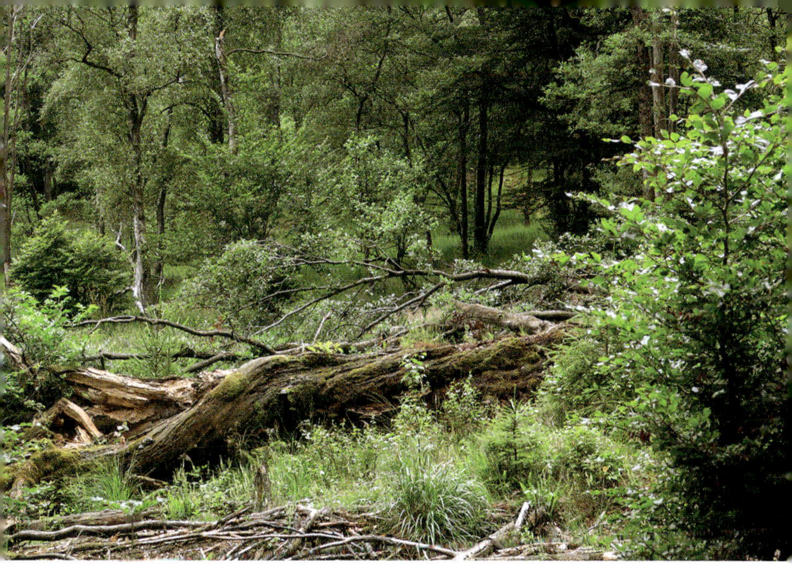

Verwunschene Moorlandschaft an der Nordhelle.

lichkeit). Wir biegen scharf links auf den mit X6 markierten Höhweg ab. Dieser uralte Kammweg überschreitet die höchsten Höhen im Ebbegebirge und schickt uns über den Waldberg hinauf zum Gipfel der **Nordhelle** ❹, 663 m, wo uns der Robert-Kolb-Turm und die Gaststätte empfangen. Vom Turm bietet sich eine umfassende Rundsicht über das Sauerland, das Bergische Land und bis zur Münsterländer Bucht.

Nach der Gipfelschau steigen wir auf der Autozufahrt, alternativ via Höhenflug und Südhangweg, zum Parkplatz Nordhelle an der Ebbestraße (L707) hinab. Links versetzt geradeaus leitet der Gipfelkammweg (rotes Dreieck, zunächst noch gemeinsam mit X6) westwärts. Er geht in eine kleine Asphaltstraße über, die wir nach einigen Minuten links auf den mit einem Quadrat markierten **Jagdhüttenweg** ❺, 607 m, verlassen. Dieser bequeme Forstweg quert das Naturschutzgebiet Auf'm Ebbe/Ebbemoore und senkt sich zwischen Kahlem Kopf und Hösinghauser Bach nach Hösinghausen zum **Wanderparkplatz Quellental** ❶, 439 m, hinab.

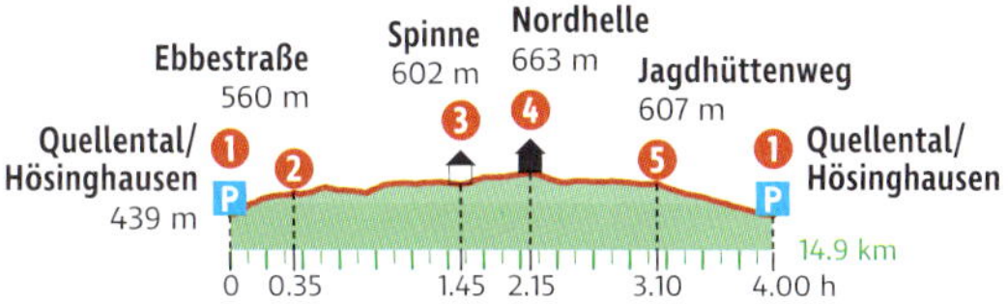

↗ 210 m | ↘ 210 m | 10.5 km

34 Nordhelle – Rehberg

2.50 h

Über das Dach des Ebbegebirges

Das Ebbegebirge erstreckt sich grob zwischen Attendorn, Meinerzhagen, Lüdenscheid und Plettenberg und gipfelt in der 663 Meter hohen Nordhelle, die auch den höchsten Punkt des Märkischen Kreises markiert. Hoch oben am Ebbekamm entspringen zahlreiche Quellen. Auch Moore und artenreiche Wälder bestimmen das Bild dieser lohnenden Halbtagestour über die beiden höchsten Gipfel des Ebbegebirges. Etwa zur Hälfte folgen wir auf diesem Tourenvorschlag der südlichen Variante des Sauerland-Höhenflugs, einem attraktiven Fernwanderweg zwischen Meinerzhagen und dem hessischen Korbach.

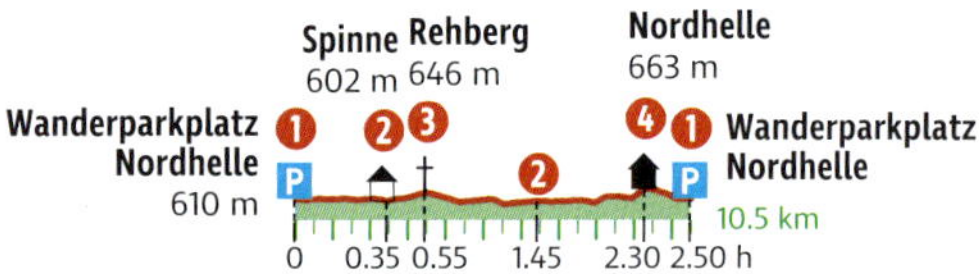

Ausgangspunkt: Wanderparkplatz Nordhelle (Gemeinde Herscheid), 610 m, kostenlos; an der L707 zwischen Herscheid und Valbert.
ÖPNV: An Sonn- und Feiertagen während des Sommerhalbjahrs: Wanderbus Linie 252 (Lüdenscheid–Meinerzhagen), Haltestelle »Herscheid, Nordhelle«.

Anforderungen: Gipfelaufstieg zur Nordhelle kurzzeitig steil; ansonsten unproblematische Wege und Pfade.
Einkehr: Gaststätte Nordhelle, Mo. und Do. Ruhetag, www.gaststaette-nordhelle.de.
Karte: Biggesee-Listersee oder Ebbegebirge.

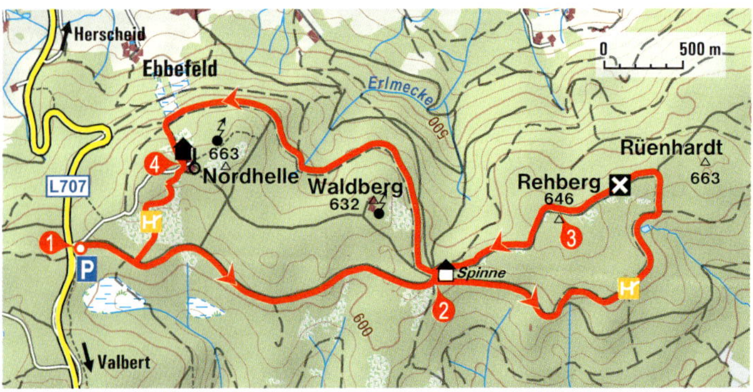

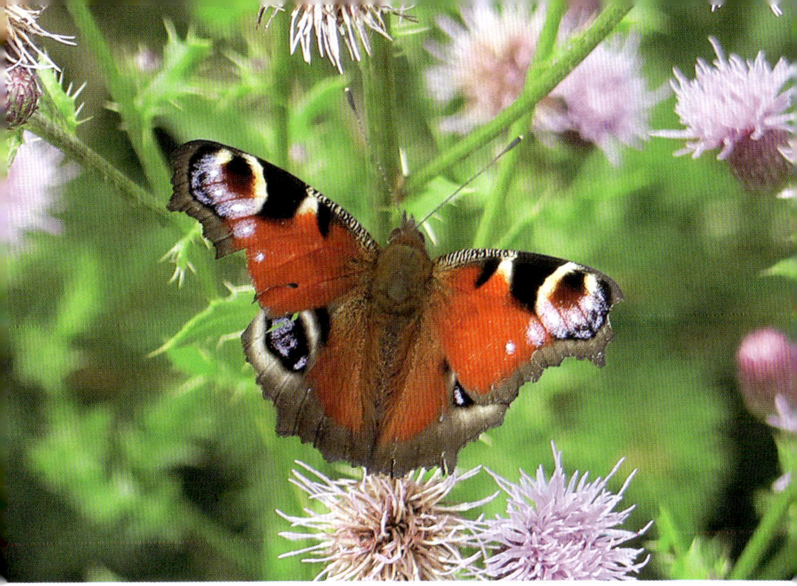

Oft lassen sich auch kleine Naturschönheiten am Weg entdecken.

Vom **Wanderparkplatz Nordhelle 1**, 610 m, östlich der Passhöhe zwischen Herscheid und Valbert wandern wir auf dem bequemen Südhangweg beinahe flach zur Unterstandhütte an der Wegkreuzung **Spinne 2**, 602 m. Geradeaus folgt der mit X6 markierte Robert-Kolb-Weg dem historischen Höhweg zum **Rehberg 3**, 646 m, hinauf, wo sich teilweise weite Blicke über das Ebbegebirge öffnen. Wenn der X6 auf den Sauerland-Höhenflug trifft, wechseln wir rechts auf des weiße H auf gelbem Grund. Dieses Signet zeichnet nahezu den gesamten Rückweg vor. Zunächst kurvt der Höhenflug bequem durch den Rehberg-Südhang und steuert die bekannte **Spinne 2**, 602 m, an. Nun noch einige Meter geradeaus, dann rechter Hand auf den Nordhangweg und bald links hinauf zum Panoramaweg. Er leitet uns zum aussichtsreichen Skihang mit Blick auf Herscheid. Hier wartet die einzige etwas anstrengendere Stelle der Wanderung, denn die Wiese muss auf einem kurzzeitig steilen Pfad direkt erklommen werden. Nach wenigen Minuten können wir jedoch am Robert-Kolb-Turm auf der **Nordhelle 4**, 663 m, durchschnaufen, das traumhafte Panorama genießen und uns für den Abstieg in der Gaststätte stärken.
Der Rückweg zum Startpunkt erfolgt zunächst auf dem Höhenflug, der hier einen attraktiven Pfad beschreibt. Wo er den Südhangweg erreicht, wenden wir uns nach rechts und schlendern gemütlich zum **Wanderparkplatz Nordhelle 1**, 610 m, zurück.

↗ 330 m | ↘ 330 m | 10.1 km

35 Vollme – Jubachtalsperre – Lüdenscheider Homert

2.50 h

Zum Aussichtsturm auf der Homert

Die Jubachtalsperre wurde Anfang des 20. Jahrhunderts errichtet und gehört zu den kleinsten ihrer Art im Sauerland: Nicht einmal drei Kilometer lang ist der Rundweg um den Trinkwasserspeicher. Vom Ausgangspunkt in Vollme passieren wir die Staumauer und wandern weiter zum Aussichtsturm des Sauerländischen Gebirgsvereins auf der Lüdenscheider Homert. Die Erhebung ist nicht zu verwechseln mit ihrer Namensschwester im Lennegebirge, dessen höchster Gipfel ebenfalls den Namen »Homert« trägt.

Ausgangspunkt: Vollme (Stadt Kierspe), 305 m; kostenfreier Parkplatz Jubachtalsperre am Herlinghauser Weg.
ÖPNV: Buslinie 58 (Lüdenscheid–Kierspe), Haltestelle »Kierspe, Vollme Jubach«.
Anforderungen: Zumeist einfache Wege, auf der Homert und gegen Ende kurzzeitig bequeme Pfade.
Einkehr: Schutzhütte Homert, SGV Lüdenscheid, an Wochenenden bewirtschaftet.
Karte: Biggesee-Listersee.

Wir starten unsere Homert-Besteigung im Kiersper Stadtteil **Vollme** ❶, 305 m, überqueren die B54 und wandern auf dem Jubachweg hinauf zur Staumauer der **Jubachtalsperre** ❷, 343 m. Nun geht es über die Dammkrone und auf dem attraktiveren Weg am Nordwestufer entlang. Unter Laubbäumen wandern wir bis zum Ende des Stausees. Beim weiteren Aufstieg orientieren wir uns an der Querstrich-Markierung, die zunächst noch kurzzeitig gemeinsam mit dem A2, dann jedoch links davon im Taleinschnitt des Jubachs bergan steigt. Massive Abholzung bestimmt das Bild

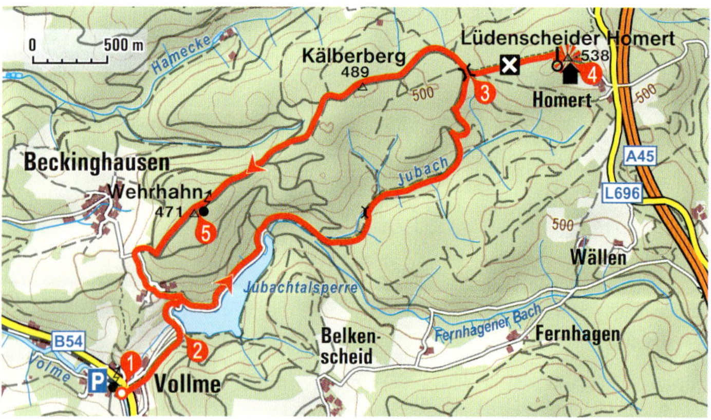

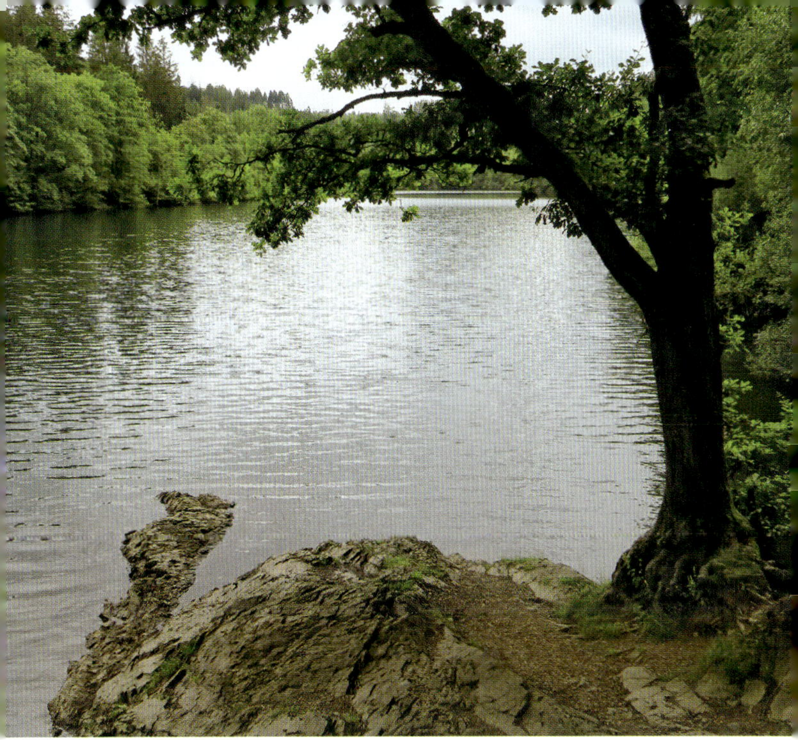

Hübscher Pausenplatz am Nordufer der kleinen Jubachtalsperre.

des weiteren Aufstiegs in einen **Sattel** ❸, 480 m, von wo wir rasch den Gipfel der **Lüdenscheider Homert** ❹, 538 m, ansteuern. Unter dem Turm laden Bänke zu einer Gipfelrast.

Der Abstieg beginnt auf dem bekannten Weg in den **Sattel** ❸, 480 m, dort diesmal rechtshaltend und mit dem örtlichen Rundwanderweg A2 zunächst über den Kälberberg, dann mit einigen Richtungswechseln an Informationstafeln zur Wasserkraft vorbei über die Kuppe des **Wehrhahn** ❺, 471 m. Von dort senkt sich die Route an den aussichtsreichen Waldrand oberhalb von Beckinghausen, dort links und teilweise auf Pfaden hinab zur **Jubachtalsperre** ❷, 343 m. Abschließend wandern wir auf dem bekannten Weg zurück zum Parkplatz in **Vollme** ❶, 305 m.

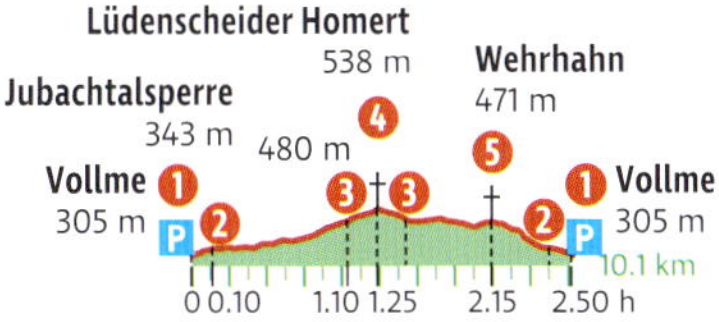

↗ 230 m | ↘ 230 m | 11.2 km

36 Versetalsperre – Niederholte – Gasmert

3.00 h

Täler und Höhen im Märkischen Sauerland

Im Gegensatz zu vielen anderen der Sauerländer Stauseen ist an der buchtenreichen Versetalsperre jeglicher Wassersport untersagt. Dafür lädt das autofreie Ostufer zu erholsamen Spazier- und Fahrradausflügen ein. Auch Inlineskating ist auf dem asphaltierten Uferweg sehr beliebt. Nachdem das Landschaftsbild auf dem ersten Teil der Wanderung von Wald und Wasser bestimmt wird, führt der Rückweg oft durch aussichtsreiche Feldflur.

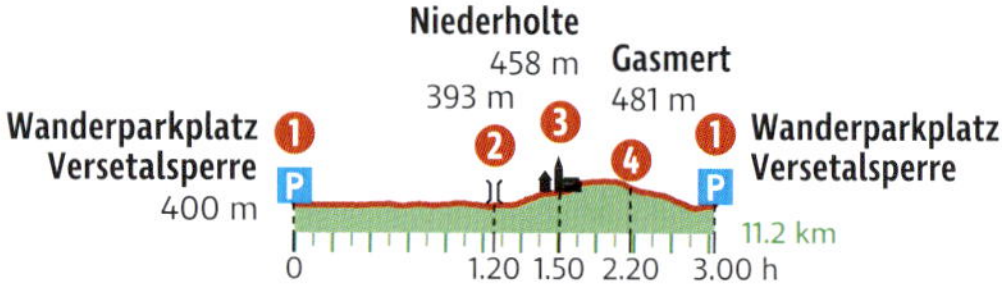

Ausgangspunkt: Wanderparkplatz Versetalsperre (Stadt Lüdenscheid), 400 m; an der L561 nordöstlich der Staumauer, kostenlos.
ÖPNV: Buslinie 54 (Lüdenscheid–Herscheid–Plettenberg), Haltestelle »Lüdenscheid, Versetalsperre«.

Anforderungen: An der Talsperre und ab Gasmert breiter Asphaltweg; zwischendurch Schotterwege.
Einkehr: Café Restaurant Vedder in Niederholte, Mo. und Di. Ruhetag, www.restaurant-vedder.de.
Karte: Ebbegebirge.

Zwischen Niederholte und Gasmert führt die Wanderung durch aussichtsreiches Grünland.

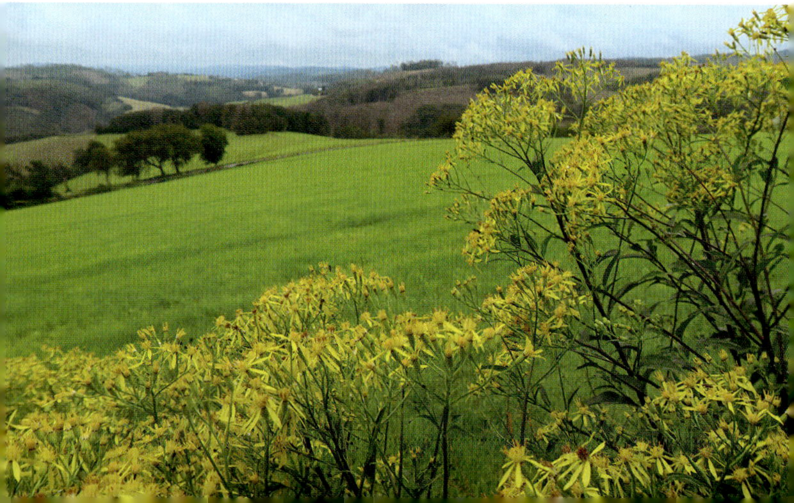

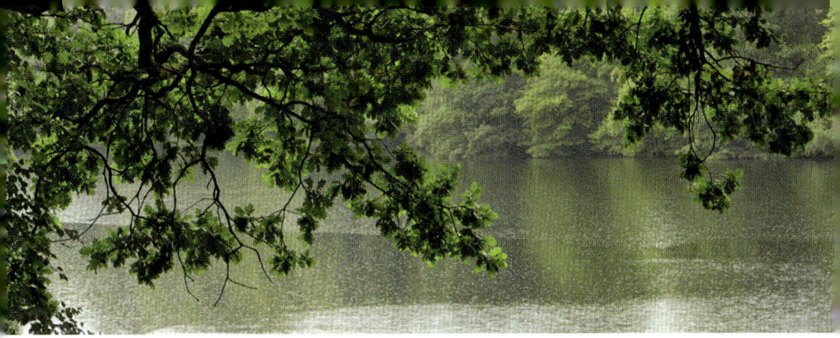

Am Ufer der Versetalsperre.

Am **Wanderparkplatz Versetalsperre ❶**, 400 m, überqueren wir zunächst die Fahrbahn der L561 und folgen dem Radweg nach rechts zum Stausee. Der Rundwanderweg A1 leitet unter Laubbäumen am Ostufer entlang auf der kinderwagentauglichen Promenade nach Süden, hin und wieder bieten sich Bänke für eine Rast an. Wenige Minuten nach der autofreien **Brücke ❷**, 393 m, am Vorstaubecken zweigt der A1 links ab und gewinnt entlang des Isensiepen die landwirtschaftlich genutzten Freiflächen rund um den kleinen Ort **Niederholte ❸**, 458 m. Der Wanderparkplatz beim Restaurant Vedder kann als alternativer Ausgangspunkt dienen.

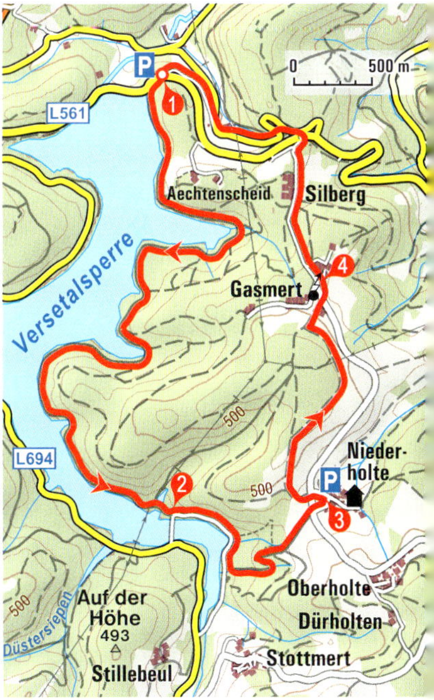

Weiter geht es mit dem A1 den Herscheider Berg hinauf, bei einer Weggabelung jedoch rechts auf den mit einem L markierten Lüdenscheider Rundwanderweg, der mit herrlicher Aussicht belohnt. Abschließend strebt er wieder im Gleichklang mit dem A1 den Häusern von **Gasmert ❹**, 481 m, beim gleichnamigen Naturschutzgebiet zu.

Von dort folgen wir der wenig befahrenen Autozufahrt in nördlicher Richtung zu einer Brücke über die L561. Unmittelbar hinter der Brücke kürzt ein Pfad eine Kehre zur Silbergstraße ab, dann wandern wir im Wald bequem zum **Wanderparkplatz Versetalsperre ❶**, 400 m, zurück.

↗ 160 m | ↘ 160 m | 4.2 km

37 Böddinghausen – Bommecketal

1.15 h

Ins wildromantische Bommecketal

Das Bommecketal im Hang der Hohen Molmert ist im Sauerland eine Besonderheit, denn das tief eingeschnittene Kerbtal zeichnet sich durch kleine Kaskaden, Strudellöcher und bizarre Felsformationen aus – ein landschaftliches Kleinod mit einem eigenen Mikroklima. Diese Kurztour eignet sich gleichsam für einen Regentag wie auch bei sommerlicher Hitze. Nach dem Aufstieg durch das romantische Flusstal können wir die Tour auf dem Siegerlandweg (X5) zur Hohen Molmert verlängern. Ansonsten führen attraktive Pfade und einfache Wege zurück zur Betriebsamkeit im Lennetal.

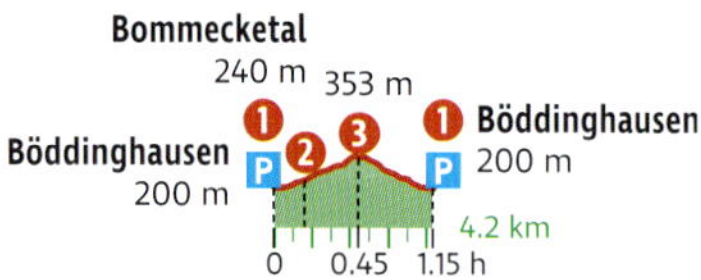

Ausgangspunkt: Böddinghausen (Stadt Plettenberg), 200 m; kostenfreie Parkplätze am Lennestadion im Böddinghauser Weg.
ÖPNV: Buslinie 75 (Plettenberg–Böddinghausen), Haltestelle »Plettenberg, Böddinghausen«.

Anforderungen: Bequeme Schotterwege und kurzzeitig Pfade; nur selten steil.
Einkehr: Unterwegs keine; zahlreiche Angebote in Plettenberg.
Karte: Ebbegebirge.
Variante: Wo der Rundweg die Bommecke überquert, folgen wir dem Tal weiter aufwärts und gelangen auf Forstwegen zum Hexentanzplatz; von hier auf dem Siegerlandweg (X5) zur Hohen Molmert, 574 m; anschließend auf demselben Weg zurück ins Bommecketal; 9,1 km, 300 Hm und 3 Std. Gehzeit für Hin- und Rückweg.

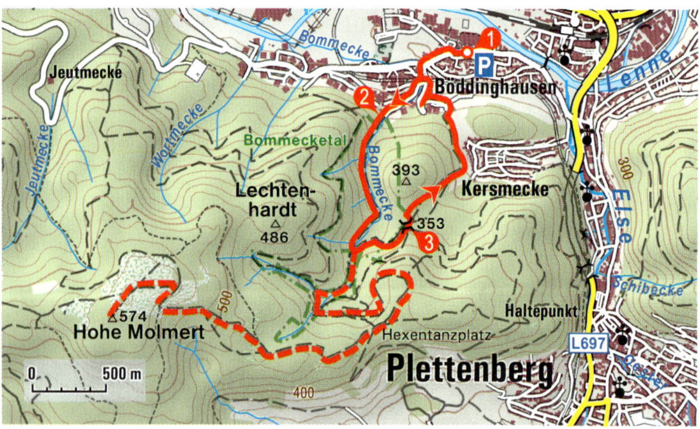

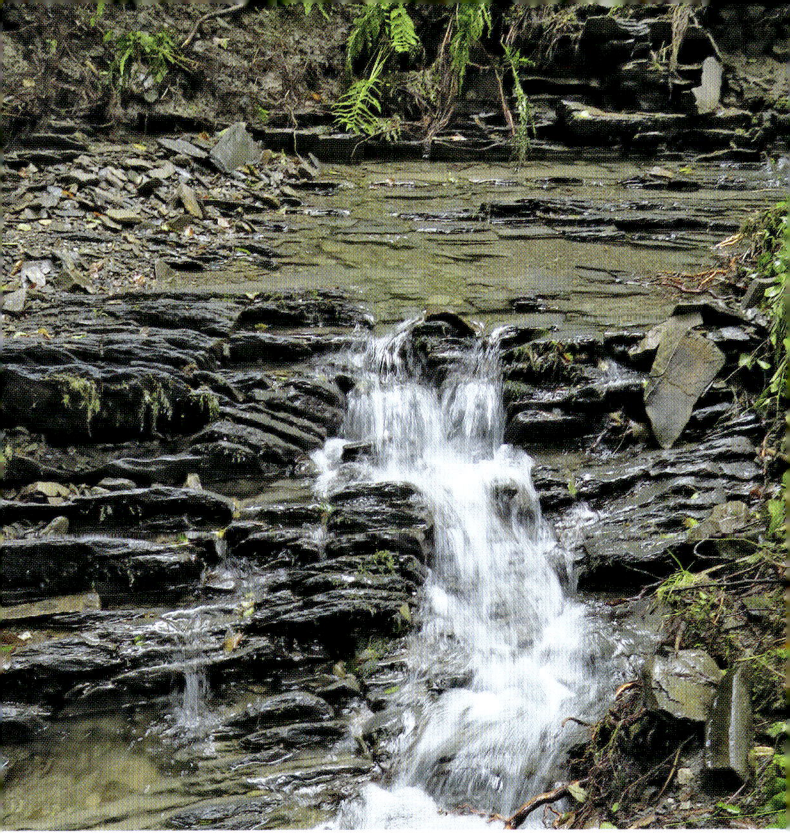

In mehreren Kaskaden gischtet der Bach durch das Bommecketal.

Vom Lennestadion in **Böddinghausen** ❶, 200 m, einem Stadtteil von Plettenberg, gehen wir auf dem Böddinghauser Weg westwärts, bis linker Hand die Straße In der Bommecke abzweigt und aus der Bebauung hinaus ins **Bommecketal** ❷, 240 m, führt. Der bequeme, jedoch zwischenzeitlich aufsteilende Schotterweg ist mit einem U markiert. Während des Aufstiegs können wir uns am munter plätschernden Bach erfreuen. Nach einer Weile biegt das U links ab und überquert die Bommecke (→ Variante). Der U-Rundweg gewinnt einen **Sattel** ❸, 353 m, südlich des Strickhagen-Gipfels, steigt noch kurz steil an und senkt sich danach in der Bergflanke zu einem breiten Forstweg. Auf diesem weiter abwärts und auf der Straße Im Maisel zurück ins Lennetal und zum Ausgangspunkt in **Böddinghausen** ❶, 200 m.

↗ 400 m | ↘ 400 m | 11.4 km

38 Wildewiese – Schombergturm – Faulebutter

3.20 h

Zu einem der schönsten Aussichtsgipfel im Sauerland

Zwischen Lennetal und Ruhrtal erhebt sich das bis zu 656 Meter hohe Lennegebirge mit der Homert als höchstem Punkt. Nur wenig niedriger ist der turmüberhöhte Schomberg, von dessen Haupt sich ein traumhaftes Sauerlandpanorama öffnet. Vom Sunderaner Ortsteil Wildewiese machen wir uns auf nach Faulebutter. Der zu Finnentrop gehörende Weiler trägt einen selbst für das Sauerland ungewöhnlichen Ortsnamen. Vermutlich ist er auf »fuhle Botte« (= »matschiger Trog«) zurückzuführen, weil der dort entlangführende Weg auf der Wasserscheide zwischen Lenne und Ruhr von zahllosen Holzrädern ausgehöhlt und ständig vernässt war.

Ausgangspunkt: Wildewiese (Stadt Sundern), 571 m; kostenfreier Wanderparkplatz an der Straße Wildewiese.
ÖPNV: Buslinie R21 (Sundern–Wildewiese), Haltestelle »Sundern, Wildewiese«.
Anforderungen: Technisch leichte Wege; Anstieg auf dem Rückweg nach Wildewiese erfordert etwas Kondition.
Einkehr: Naturhotel Steinbergs Wildewiese, www.steinbergs-wildewiese.de; Landgasthof Rademacher in Faulebutter, Do. Ruhetag, www.landgasthof-rademacher.de.
Karte: Sundern oder Eslohe.

Am Wanderparkplatz im Höhenort **Wildewiese** ❶, 571 m, beginnt die Rundtour auf der Straße mit der X24-Markierung nach Osten, ehe wir nach wenigen Minuten auf den Sauerland-Höhenflug wechseln und zum bereits sichtbaren **Schombergturm** ❷, 647 m, schlendern. Vom Stahlgerüst öffnet sich ein fantastisches Sauerlandpanorama, welches vom Rothaargebirge über die Ebbe zu den Tälern von Lenne und Sorpe schweift. Hier lässt es

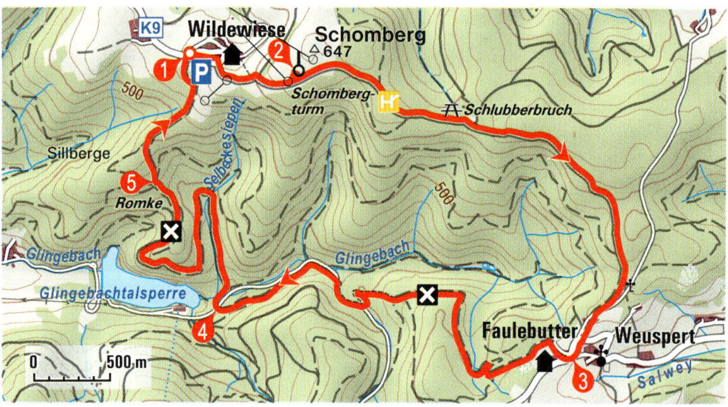

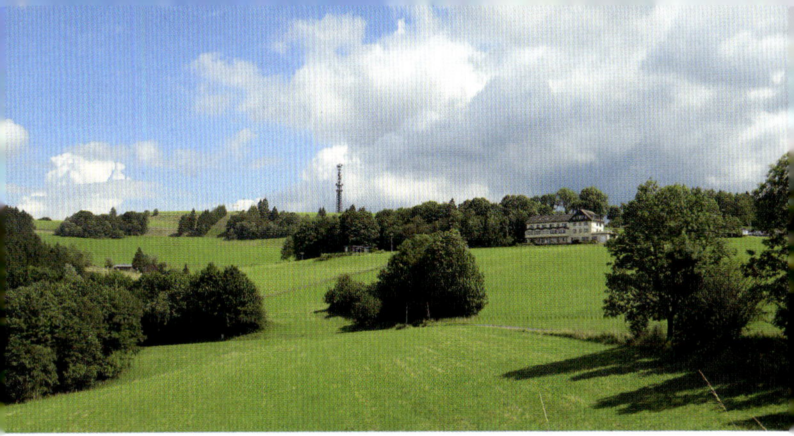

Der Ausgangspunkt Wildewiese wird vom Schombergturm überragt.

sich nachvollziehen, warum die Region auch das »Land der 1000 Berge« genannt wird. Nach diesem prächtigen Einstand geht es mit dem Höhenflug weiter zum Rastplatz Schlubberbruch, dessen Name sich von sumpfigem Gelände ableitet. Wir verlassen das weiße H auf gelbem Grund und folgen auf dem nächsten Abschnitt dem mit einem F gekennzeichneten Forstweg. Er schwenkt bald halbrechts ein und strebt dem Weiler **Faulebutter** ❸, 525 m, zu. Der dortige Gasthof ist ein beliebtes Ausflugsziel von Wanderern und Bikern.

Die nächste Etappe wird vom X18 des Christine-Koch-Wegs vorgezeichnet. Zunächst fallen die Forstwege nur flach ab, jedoch muss zuletzt über eine etwas steilere Stufe ins Glingebachtal abgestiegen werden. Abholzungsmaßnahmen sowie durch das verheerende Hochwasser 2021 entstandene Weg- und Straßenschäden können den Routenverlauf ändern. Im Zweifel folgt man der Glingestraße talwärts bis kurz vor die **Glingebachtalsperre** ❹, 310 m. Der Rückweg beginnt mit der Überquerung des Glingebachs nach Norden, wo die X-Markierung am Selbeckesiepen zu einer markanten Kehre ansteigt und später aussichtsreich den Abzweig **Romke** ❺, 439 m, erklimmt. Hier kürzen wir über den örtlichen Wanderweg W1 ab und gelangen auf leichten Pfaden und Wegen zurück nach **Wildewiese** ❶, 571 m.

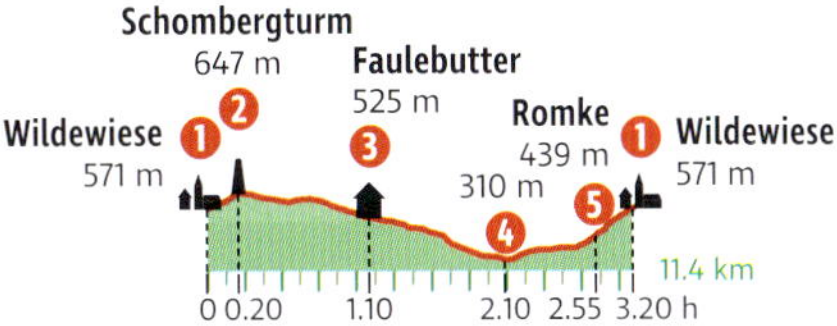

↗ 300 m | ↘ 300 m | 10.7 km

39 Borketal – Schwarzes Kreuz – Falkenlei

3.00 h

Wiesen- und Waldwanderung zwischen Borke und Lenne

Südlich von Neuenrade und Küntrop hat die Lenne fast schon lehrbuchhaft ein von weiten Mäanderbögen geprägtes Flusstal eingetieft, aus dem sich am Nordufer mehr als 200 Meter hohe, bewaldete Steilflanken erheben. Weiter nördlich ist das Gelände deutlich flacher und wird von offener Feldflur geprägt. Zwischen diesen beiden Landschaften verläuft unsere Halbtagestour aus dem lieblichen Borketal hinauf zum Schwarzen Kreuz. Das gesamte Gebiet ist von mehreren Naturlehrpfaden durchzogen, die Auskunft zum Lebensraum Wald geben.

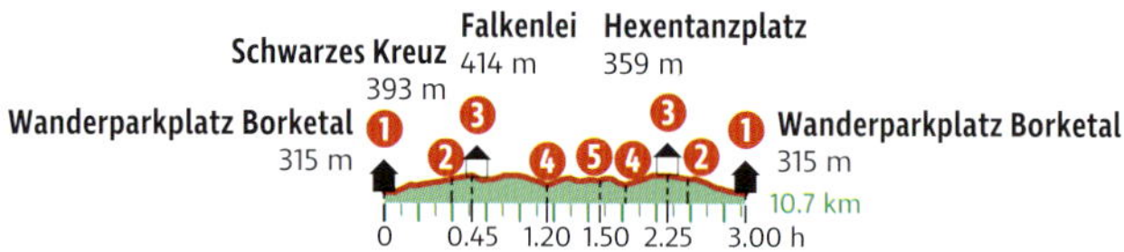

Ausgangspunkt: Wanderparkplatz Borketal (Stadt Neuenrade), 315 m, kostenlos; an der L842 zwischen Küntrop und Affeln.
ÖPNV: Buslinie 76 (Neuenrade–Küntrop–Plettenberg), Haltestelle »Neuenrade, Borke«.
Anforderungen: Ausschließlich bequeme Wege.
Einkehr: Unterwegs keine; beim Ausgangspunkt Hotel Zur Borke, tägl. geöffnet, www.zur-borke.de.
Karte: Ebbegebirge.
Kombinationsmöglichkeit: Vor dem Waldstadion 5 Verlängerungsoption über Wilhelmshöhe mit Tour 40.

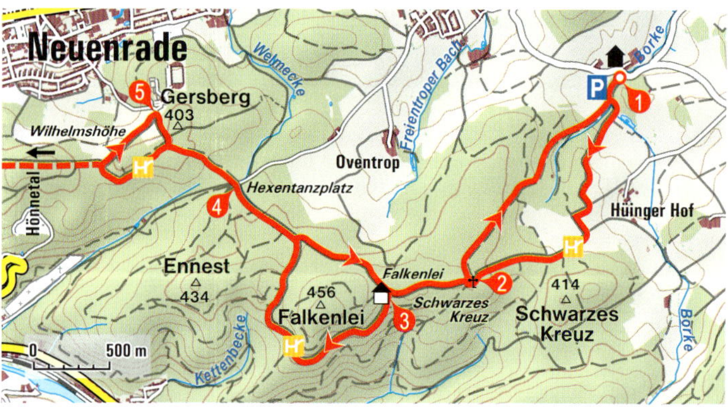

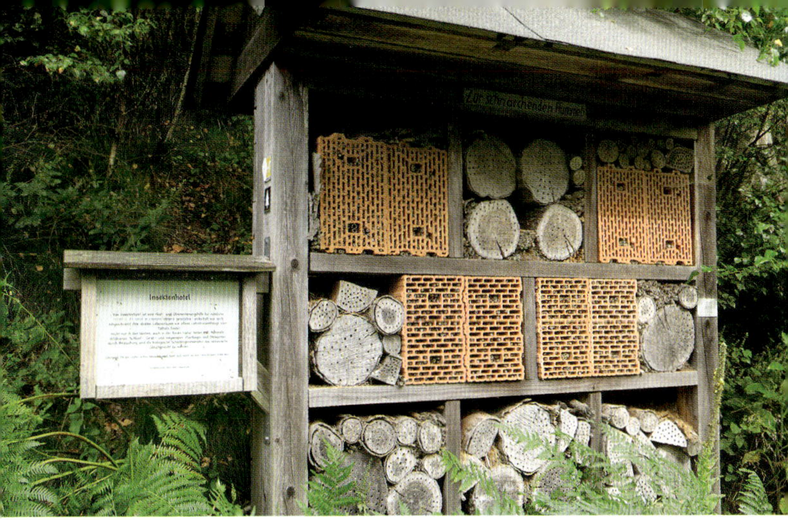

Infotafeln geben Auskunft zum Lebensraum Wald, so auch an diesem Insektenhotel.

Vom **Wanderparkplatz Borketal** ❶, 315 m, geht es zunächst in wenigen Schritten zur Borke hinab, dort halblinks auf einer Holzbrücke über den Fluss und mit dem örtlichen Rundwanderweg A3 sanft bergan. Durch abwechselnd Wald und Felder erreichen wir den Sauerland-Höhenflug und wandern auf dem beliebten Fernwanderweg rechter Hand weiter. Er führt uns zum sagenumwobenen **Schwarzen Kreuz** ❷, 393 m, welches 1893 in der jetzigen Weise errichtet wurde. Nächstes Zwischenziel ist die Schutzhütte **Falkenlei** ❸, 414 m, östlich des gleichnamigen Gipfels, der vom Höhenflug auf der Südseite umkurvt wird. Unterwegs informieren Lehrtafeln über verschiedene Aspekte rund um das Thema Wald. Der Legende nach sollen am **Hexentanzplatz** ❹, 359 m, einst Zauberinnen auf dem Besen geflogen sein. Verbürgt ist jedoch, dass sich hier eine historische Richtstätte befand.

Ein nächster Aufschwung bringt uns zur Waldschule an der Landwehr auf dem Gersberg. Mithilfe von Wällen und Gräben hat sich die Stadt Neuenrade hier in früherer Zeit gegen unerwünschte Eindringlinge verteidigt. Mit dem Höhenflug drehen wir noch eine kleine Runde durch den Wald, lassen ihn jedoch bald in Richtung Hönnetal (→ Kombinationsmöglichkeit) ziehen und wandern auf breiter Trasse geradeaus bis vor das **Waldstadion** ❺, 385 m. Nun nach rechts, wieder über den **Hexentanzplatz** ❹, 359 m, und immer geradeaus über den Kamm vorbei an der **Falkenlei** ❸, 414 m, zurück zum **Schwarzen Kreuz** ❷, 393 m. Hier halten wir uns links, passieren einen Schaumeiler und folgen dem A3 zurück zum **Wanderparkplatz Borketal** ❶, 315 m.

↗ 230 m | ↘ 230 m | 7.4 km

40 Neuenrade – Hönnequelle – Kohlberg

2.10 h

Waldausflug mit Aussichtsturm

Die Kleinstadt Neuenrade liegt im obersten Tal der Hönne, jenem Nebenfluss der Ruhr, der einige Kilometer flussabwärts zwischen Volkringhausen und Klusenstein ein wildes Schluchttal entwickelt hat. Unser Spaziergang führt uns an der Hönnequelle vorbei zum Quitmannsturm, der seit 1893 die Aussicht erweitert. Großteils bewegen wir uns dabei auf der Wasserscheide zwischen Hönne und Lenne, die zugleich die Grenze zwischen den Städten Altena und Neuenrade markiert.

Ausgangspunkt: Neuenrade, 360 m, Wilhelmshöhe, am westlichen Ortsende; kostenfreies Parken in den umliegenden Straßen.
ÖPNV: Buslinie 60 (Werdohl–Neuenrade), Haltestelle »Neuenrade, Wilhelmshöhe«.
Anforderungen: Unschwierige Wege und Pfade.
Einkehr: Unterwegs keine; am Ausgangspunkt Hotel Wilhelmshöhe, So. Ruhetag, www.hotel-wilhelmshoehe.com; weitere Angebote in Neuenrade.
Karte: Iserlohn.
Kombinationsmöglichkeit: Vom Ausgangspunkt Verlängerungsoption mit Tour 39 über das Waldstadion und den Hexentanzplatz ins Borketal; dort alternativer Startpunkt.

Vom Hotel Wilhelmshöhe in **Neuenrade** ❶, 360 m, führt der gelb markierte Sauerland-Höhenflug auf dem Heerweg durch eine Talsenke und verlässt auf Höhe Uhlandstraße das Wohngebiet nach links. Entlang der jungen Hönne führt uns der Weg zu einer kleinen Asphaltstraße hinauf, dort kurz rechts und dann auf einem Pfad, später Weg, zur **Hönnequelle** ❷, 447 m, im Südhang des Großen Attig.

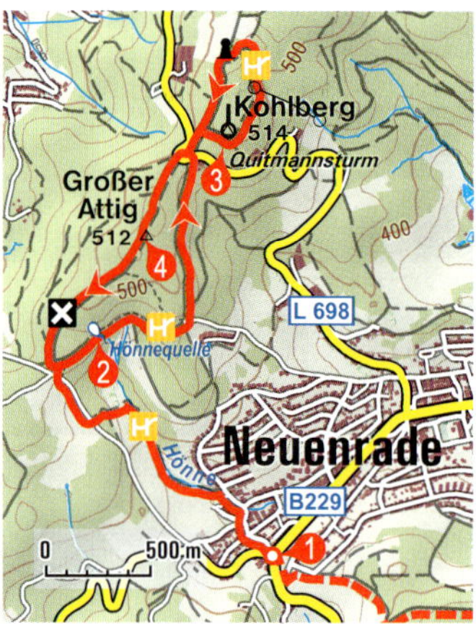

Bei einer Freifläche oberhalb eines Gehöfts biegt der Höhenflug scharf links ab. Wir halten uns jedoch halblinks auf den N2 und gewinnen rasch den Parkplatz Kohlberg an der L698.

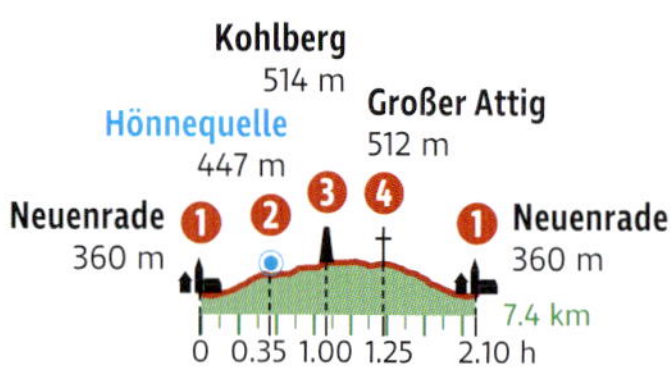

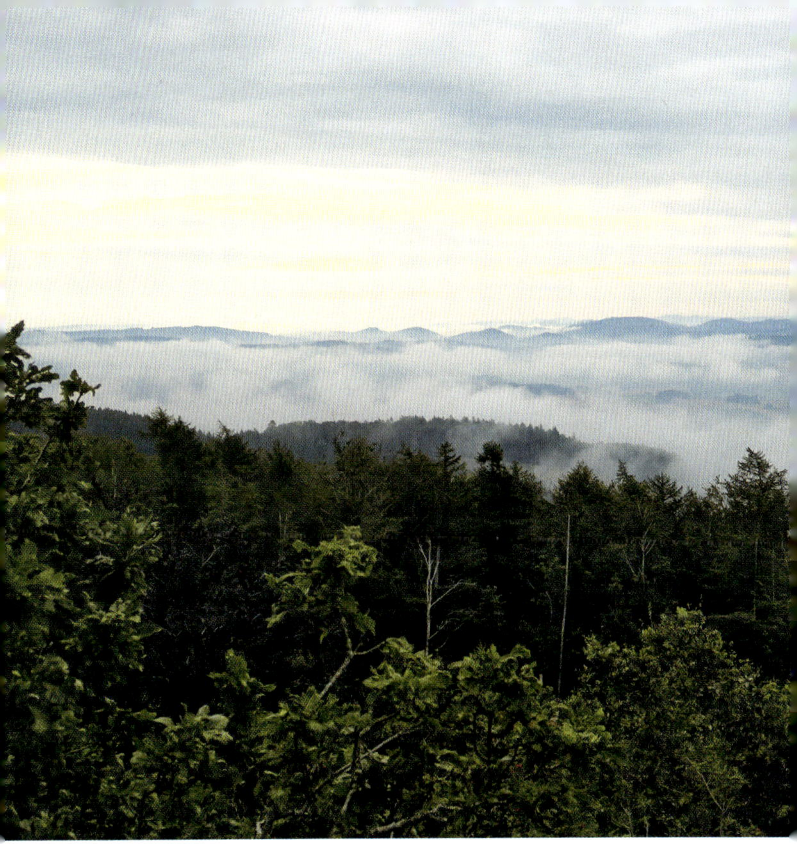

Nebelverhangener Morgen über dem Märkischen Sauerland.

Wir beginnen nun eine gemütliche Spazierrunde über den **Kohlberg** ❸, 514 m. Zunächst geht es zum nahen Quitmannsturm, von dessen Aussichtsplattform sich eine wunderbare Rundsicht über das märkische Sauerland öffnet. Zurück am Boden folgen wir dem Höhenflug noch bis zum SGV-Ehrenmal, biegen dort links ab und gelangen zurück zum Parkplatz an der Passstraße.
Rechts versetzt geradeaus leitet der Höhenflug aussichtsreich über den **Großen Attig** ❹, 512 m. Wo der Fernwanderweg links abzweigt, bleiben wir mit dem X17 geradeaus. Bei der Einen Eiche trifft er auf die Fahrstraße, und links ist die Hinweg-Abzweigung nur wenige Schritte entfernt, von wo uns wie zu Beginn die Hönne zurück nach **Neuenrade** ❶, 360 m, begleitet.

↗ 550 m | ↘ 550 m | 16.5 km

41 Dahlsen – Dannenhöfer – Hegenscheid

4.40 h

Auf den Höhen zwischen Iserlohn und der Burgstadt Altena

Burg Altena, eine hochmittelalterliche Spornburg aus dem 12. Jahrhundert, ist das Wahrzeichen der Lennetalstadt im Märkischen Sauerland. Hier liegt der Ursprung der Jugendherbergsbewegung. Der Lehrer Richard Schirrmann gründete auf Burg Altena die erste Jugendherberge, und noch heute sind diese Räumlichkeiten im Originalzustand erhalten. Darüber hinaus sind weitere Ausstellungen in der Burg zu besichtigen. Die Burganlage ist ein lohnendes Ziel im Anschluss an die Wanderung, welche uns über die sanft geschwungenen Höhen zwischen Altena und Iserlohn führt. Meistens sind wir dabei auf kleinen Asphaltstraßen unterwegs, die gehtechnisch wenig Abwechslung bieten. Dennoch rechtfertigen die zahlreichen Aussichtsstellen eine Aufnahme der Tour in diesen Wanderführer.

Ausgangspunkt: Dahlsen (Stadt Iserlohn), 386 m; kostenfreier Parkplatz bei der Auferstehungskirche in der Dahlsener Straße.
ÖPNV: Buslinie 204 (Iserlohn–Dahlsen–Grüne), Haltestelle »Dahlsen«, von dort in wenigen Minuten zum Ausgangspunkt.
Anforderungen: Überwiegend kleine Asphaltstraßen; zwischendurch auch bequeme Schotterwege.
Einkehr: Forsthaus Löhen, Mo. und Di. Ruhetag; Gaststätte Zum Windsack in Hegenscheid, Mo. bis Mi. Ruhetag; Hotel Restaurant Zur Mühle, an Wochenenden geöffnet, www.zur-muehle.net.
Karte: Iserlohn.

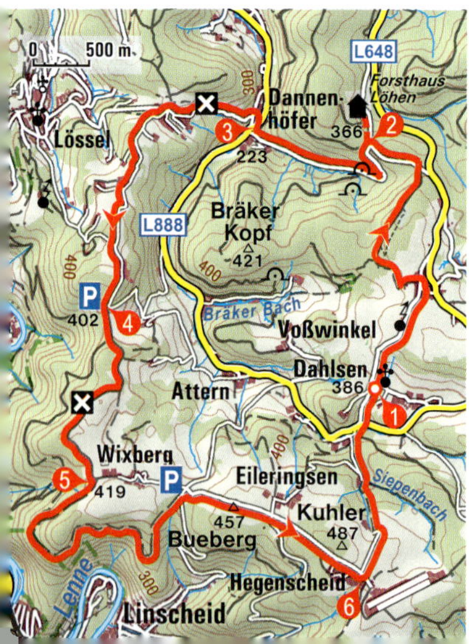

Von der Auferstehungskirche in **Dahlsen** ❶, 386 m, folgen wir dem asphaltierten Sturmweg bergwärts, der uns mit ersten hübschen Ausblicken über die Umgebung zu den Häusern von Kesbern bringt. Das Wegzeichen D des Drahthandelswegs weist die Richtung. Wir biegen in Kesbern links in offene Feldflur ab, dann taucht die Route in den Wald ein, passiert einen Unterstand und erreicht eine weitere Hütte am **Löhener Weg** ❷, 366 m. Wer einkehren möchte, kann einen Abstecher zum nahen Forsthaus Löhen unternehmen. Ansonsten folgen wir direkt dem Asbecker Weg talwärts. Er ist mit der Zahl 2 markiert und führt als breite Trasse in den Taleinschnitt

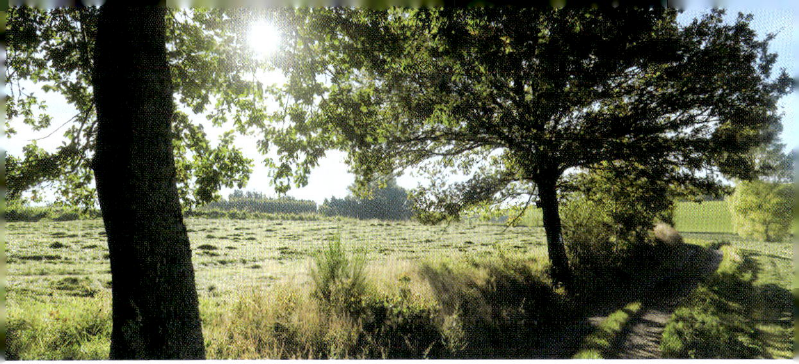

Meist führt die Wanderung durch offenes Grünland.

nach **Dannenhöfer** 3, 223 m, hinab. Hier überqueren wir die Fahrstraße L888, halten uns kurz rechts und wandern dann links mit der Markierung X5 in teilweise strenger Steigung zu einem Reiterhof bergan. Während der Untergrund nach wie vor von Asphalt bestimmt wird, nehmen die Fernblicke zu. Immer öfter schweift die Sicht über das weite Land bis zum Rand des Ruhrgebiets. Nachdem wir ein Haus auf der Hilkenhöhe passiert haben, senkt sich der Weg zum **Wanderparkplatz Vorm Heu** 4, 402 m, hinab. Dann übernehmen geschotterte Wirtschaftswege die Routenführung und leiten zum Reiterhof oberhalb von **Wixberg** 5, 419 m. Der gleichnamige Gipfel wird anschließend fast komplett umrundet: Zunächst noch auf dem Siegerlandweg (X5), dann auf dem mit AL markierten Altenaer Rundwanderweg, wobei sich teilweise herrliche Tiefblicke auf die Burgstadt und das Lennetal eröffnen.
Schließlich gewinnt die Route den Wanderparkplatz Lohsiepenstraße, wo wir wiederum eine Asphaltpassage beginnen. Sie quert den aussichtsreichen Bueberg, dann verbreitert sich die Fahrbahn und leitet hinüber zum Flugplatz in **Hegenscheid** 6, 470 m. Kurz vor den Gebäuden des Flugplatzes treffen wir wieder auf das D des Drahthandelswegs und folgen ihm linker Hand teilweise recht steil hinab. Nachdem wir ein Wohnhaus passiert haben, senkt sich der Weg in den Talgrund und zur Grüner Talstraße (L888; links das Hotel Restaurant Zur Mühle) hinab. Auf der Gegenseite sind es abschließend nur noch wenige Minuten zum Ausgangspunkt in **Dahlsen** 1, 386 m.

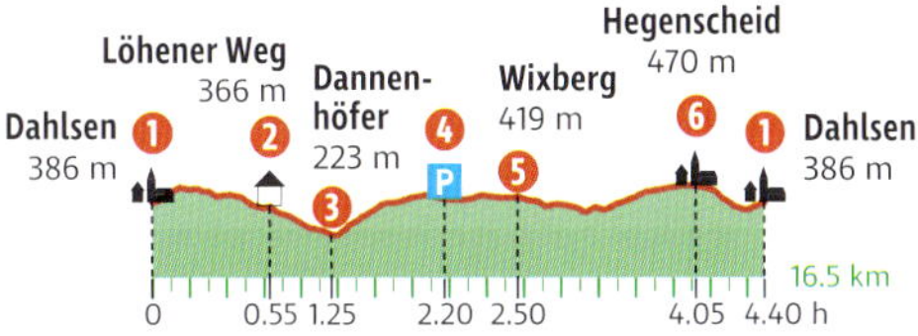

↗ 430 m | ↘ 430 m | 11.8 km

42 Iserlohn – Danzturm – Wolfsplatz

3.30 h

In den Wäldern hoch über Iserlohn

Mit über 90.000 Einwohnern ist Iserlohn die größte Stadt im Sauerland. Auf dem Fröndenberg, in den Wäldern südlich des Stadtkerns, wurde ab 1908 der Danzturm errichtet. Hier kann man nicht nur die Aussicht genießen, sondern sich auch im angeschlossenen Panorama-Restaurant verwöhnen lassen. Von dort folgen wir der Sauerland-Waldroute durch stimmungsvollen Hochwald, ehe der Rückweg nach Iserlohn beginnt.

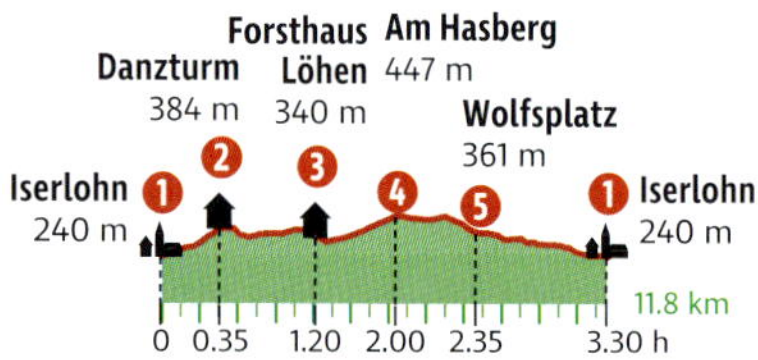

Ausgangspunkt: Iserlohn, 240 m, Hauptbahnhof; kostenpflichtige Parkplätze im Parkhaus, kostenfreie am Schmelzplatz und am Danzturm.
ÖPNV: Zug nach Iserlohn.
Anforderungen: Die Waldroute folgt überwiegend einfachen Pfaden, danach Schotterwege und zuletzt Asphalt.
Einkehr: Panorama-Restaurant Danzturm, www.danzturm-iserlohn.de; Forsthaus Löhen, Mo. und Di. Ruhetag; Literaturhotel Franzosenhohl, www.literaturhotel-franzosenhohl.de.
Karte: Iserlohn.

Am Bahnhofsvorplatz in **Iserlohn** ❶, 240 m, orientieren wir uns nach Süden, überqueren die Alexanderstraße, halten uns rechts und biegen sogleich links in die Südstraße ein, die ansteigend aus der Bebauung herausleitet. Immer öfter tauchen nun die Markierungen der Sauerland-Waldroute auf, der Fernwanderweg bestimmt auch die erste Hälfte unserer Tour. Erstes Zwischenziel ist der Ballotsbrunnen. Dem Quellwasser des Brunnens wird eine heilende Wirkung zugeschrieben, weshalb hier alljährlich zu Pfingsten das traditionelle Brunnentrinken praktiziert wird.
Über mehrheitlich attraktive Waldpfade gewinnen wir den Fröndenberg mit dem **Danzturm** ❷, 384 m, der sich für eine erste Rast eignet, und um das Panorama zu genießen. Vom Turm schweift der Blick über Iserlohn bis zu den Hellwegbörden. Anschließend führt die Waldroute zum Parkplatz am Schmelzplatz hinab, im Mittelalter Standort einer Schmiede. Im munteren Auf und Ab geht es weiter nach Süden und zum **Forsthaus Löhen** ❸, 340 m, wo sich abermals die Gelegenheit zur Einkehr bietet. Nachfolgend weist das weiße W auf grünem Grund zur Straße L648 hinab und quert die Fahrbahn. Dann beginnt der Gegenanstieg auf Forstwegen durch den

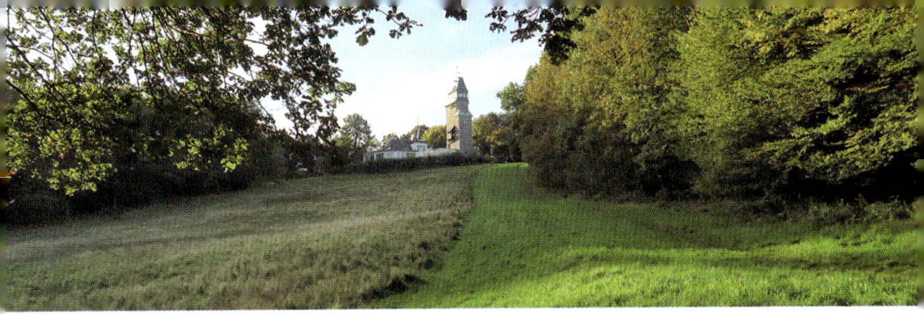

Der Danzturm auf dem Fröndenberg wird auf der Sauerland-Waldroute erreicht.

Wald zur Lichtung **Am Hasberg** ❹, 447 m, oberhalb von Gut Holmecke. Hier verabschieden wir die Waldroute und biegen links auf den Ihmerter Weg, einen weiteren Forstweg, ein. Er ist mit einer Raute markiert, quert den Herdstein auf dessen Ostseite und senkt sich hernach zur Wegespinne **Wolfsplatz** ❺, 361 m, hinab. Da sich hier mehrere Routen kreuzen, ist die Orientierung kurz unübersichtlich. Der mit einer 2 gekennzeichnete Weg beschreibt den nächsten Abschnitt, der im Westhang des bewaldeten Mühlenbergs zurück in Richtung Zielort leitet. Am Ortsrand angekommen halten wir uns links und gelangen über Schödderweg und Hardtstraße talwärts. Zuletzt leitet der asphaltierte Rad- und Gehweg flach zurück zum Bahnhof in **Iserlohn** ❶, 240 m.

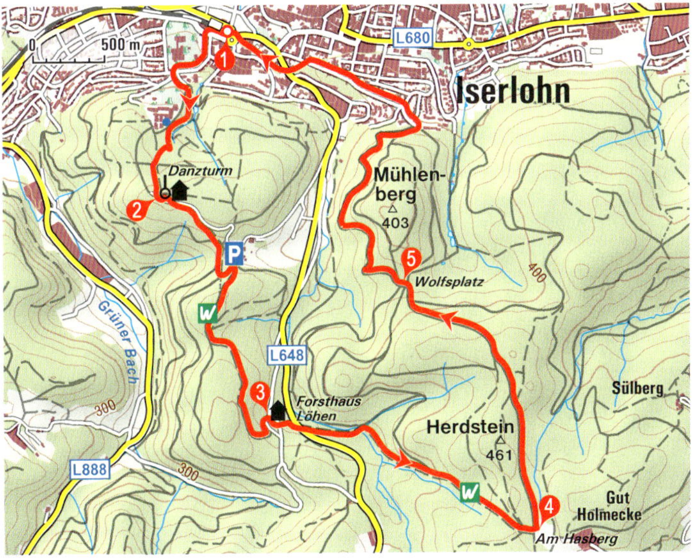

TOP

43 Heinrichshöhle – Felsenmeer

↗ 100 m | ↘ 100 m | 3.9 km

1.10 h

Karstlabyrinthe, Felstürme, Waldschluchten

Das Felsenmeer von Hemer zählt zu den bedeutendsten Geotopen in Nordrhein-Westfalen und lockt mit der benachbarten Heinrichshöhle alljährlich zahlreiche Besucher in die Region. Wie bei vielen anderen Höhlen und Felsformationen im Sauerland sind auch hier Kalksteine aus dem Devon, eines geologischen Zeitabschnitts im Erdaltertum, für die Entstehung verantwortlich. Vor 400 Millionen Jahren lagerten sich am Meeresboden Fossilien ab, woraus über einen langen Zeitraum das Kalkgestein entstand. Im Zeitalter des Tertiär wurde der Kalk dann in Teilen aufgelöst, sodass eine spektakuläre Karstlandschaft entstand. Heute empfängt uns hier ein wahres Paradies (so wird auch der südöstliche Teil des Felsenmeers explizit genannt) aus moosüberzogenen Felsen, Farnen und efeuumrankten Buchen.

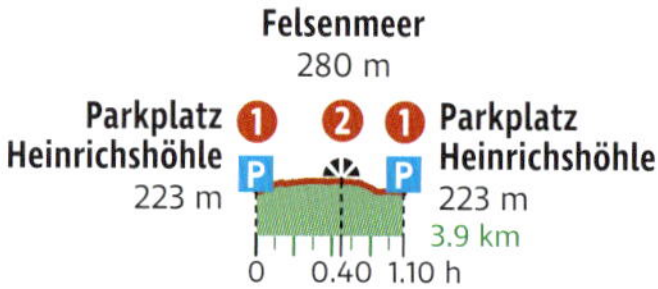

Ausgangspunkt: Parkplatz Heinrichshöhle, 223 m, in Sundwig, Ortsteil von Hemer; kostenfreier Parkplatz an der Hönnetalstraße; alternativer Ausgangspunkt: Tourist-Information und Naturparkzentrum an der Deilinghofer Straße, nördlich des Felsenmeers, dort kostenfreie Parkplätze.
ÖPNV: Buslinie 2 (Hemer–Deilinghofen) oder 3 (Hemer–Heppingsen), Haltestelle »Hemer, Sundwig Meise«.
Anforderungen: Durchgehend einfache Wege und Pfade.
Einkehr: Unterwegs keine; zahlreiche Angebote in Hemer.
Karte: Iserlohn.

Vom **Parkplatz Heinrichshöhle** ❶, 223 m, in Sundwig leitet die ruhige Felsenmeerstraße bergwärts. Bei den letzten Häusern zweigt vor einer Parkbucht links ein Weg ins Felsenmeer ab, der zu einer Wegkreuzung ansteigt. Hier lohnt der kurze Abstecher nach links zu einem ersten Aussichtspunkt.

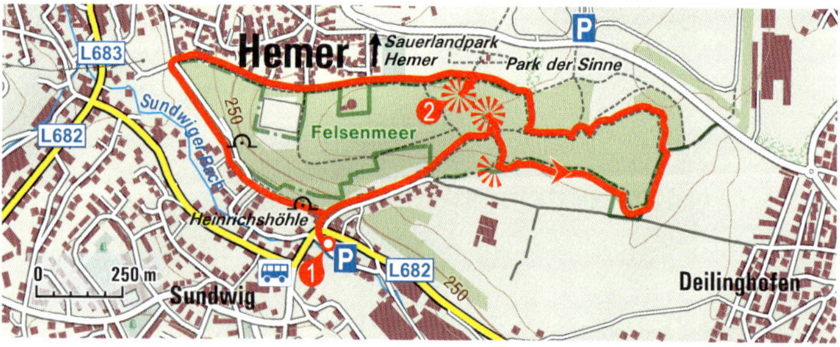

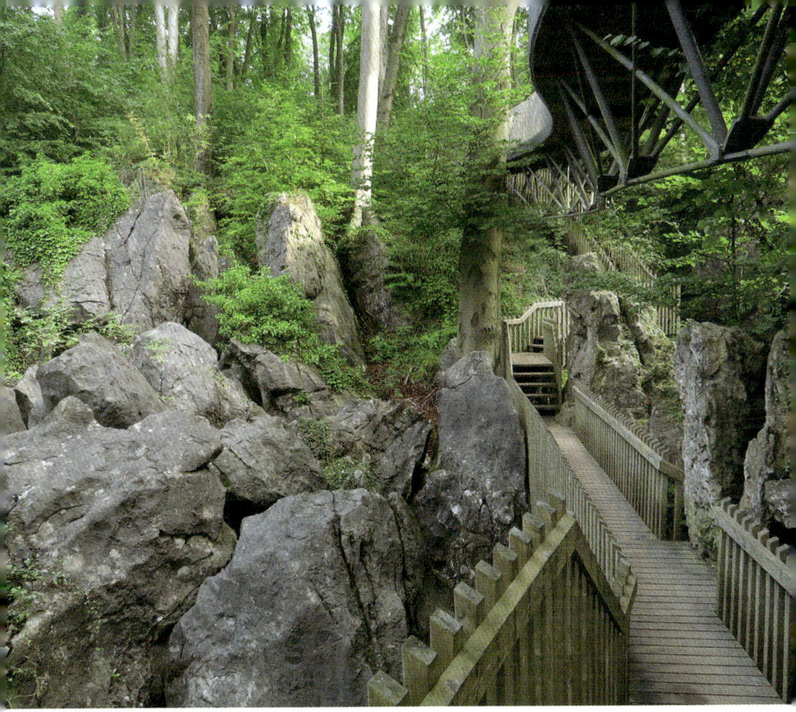

Mittendrin im Abenteuer Felsenmeer.

Von der genannten Kreuzung geht es anschließend geradeaus weiter zur Brücke oder auf einer Holztreppe darunter hindurch, wo wir die Blockmeere aus nächster Nähe betrachten können. Beide Wege vereinigen sich wieder. Wir folgen nun dem örtlichen Wanderweg A8 nach links. Er umrundet das Naturschutzgebiet am Rand von aussichtsreichen Feldern und taucht bald wieder in den Wald ein, den er als attraktiver Pfad mit kleineren Auf-und Abstiegen durchstreift. Immer wieder laden Bänke zum Schauen und Verweilen ein. Der A8 trifft auf der Nordseite des Felsenmeers auf den Waldschlösschenweg und erreicht kurz darauf die links vom Weg liegende **Aussichtsplattform Felsenmeer** ❷, 280 m. Sie ist der letzte Höhepunkt im Herzstück des spannenden Geotops.
Der Waldschlösschenweg leitet danach in westlicher Richtung, zuletzt auf Stufen, zu einer Straße hinab. Hier winkelt der Höhlenpfad scharf links zur Heinrichshöhle ab. Die sehenswerte Tropfsteinhöhle kann an ausgewählten Tagen unter ortskundiger Führung besichtigt werden. Der **Parkplatz Heinrichshöhle** ❶, 223 m, ist von dort wenige Gehminuten entfernt.

44 Volkringhausen – Hönnetal – Brockhausen

3.45 h

Durch das felsenreiche Tal der Hönne in den Balver Wald

Zwischen den Uhuwänden und der Reckenhöhle wurde durch die Erosion der Hönne ein spektakuläres Schluchttal erschaffen. Zahlreiche Höhlen bezeugen die Löslichkeit des allgegenwärtigen Kalksteins. Der anstehende Massenkalk weckte seit dem 19. Jahrhundert auch wirtschaftliche Interessen, sodass bis heute Steinbrüche in Betrieb sind. Zudem zwängen sich eine Straße und die Zugstrecke in das Engtal. Wir durchstreifen die Schlucht auf dem Hönnetalpfad und steigen anschließend in den Balver Wald hinauf, der uns mit einer herrlichen Ruhe empfängt.

Ausgangspunkt: Volkringhausen (Stadt Balve), 207 m; kostenfreier Wanderparkplatz am Glashüttenweg.
ÖPNV: Zug nach Volkringhausen.
Anforderungen: Im Hönnetal einfache Pfade, anschließend bequeme Wege.
Einkehr: Haus Recke, www.haus-recke.de; Möglichkeiten in Volkringhausen und Brockhausen.
Karte: Iserlohn.

Vom Wanderparkplatz in **Volkringhausen** ❶, 207 m, gehen wir zunächst wenige Schritte auf dem Glashüttenweg zurück, ehe wir an der Schützenhalle auf die Sauerland-Waldroute treffen. Das weiße W auf grünem Grund

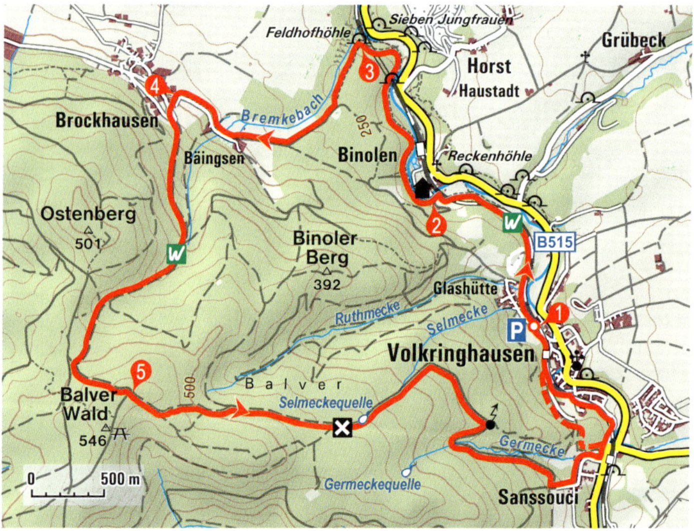

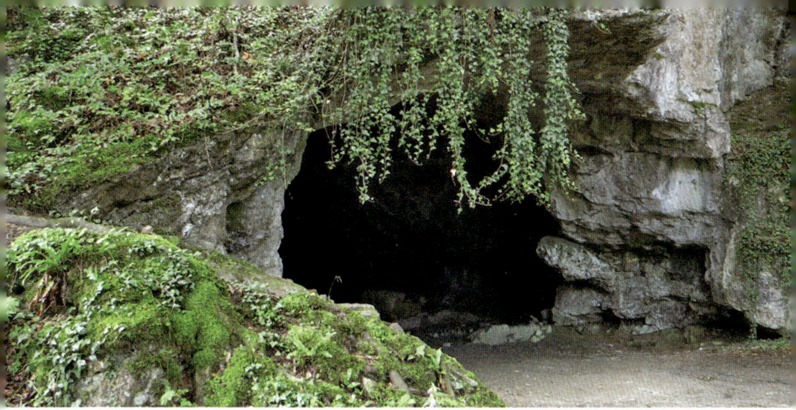

Bei der Feldhofhöhle verlassen wir das Hönnetal und steigen nach Brockhausen auf.

schickt uns links zwischen den Bahngleisen und dem Flusslauf der Hönne sanft talwärts nach **Binolen** 2, 195 m, wo man wenige Meter abseits der Route im Haus Recke eine Einkehr findet und zudem die Reckenhöhle besichtigen kann. Die Waldroute führt uns weiter ins Naturschutzgebiet Hönnetal. Bei einer Abzweigung lassen die sagenumwobenen Felsen der Sieben Jungfrauen aufschauen. Der Legende nach verwandelten sich einst sieben Mädchen zu Kalksäulen, als sie konkurrierend um das Herz von Ritter Ulrich warben. Nur einen Moment entfernt befindet sich die **Feldhofhöhle** 3, 200 m, wo Besiedlungsspuren aus der Eiszeit gefunden wurden.

Allmählich verabschieden wir uns von der Hönne und folgen dem Fernwanderweg hinauf nach Bäingsen und an den Ortsrand von **Brockhausen** 4, 295 m. Vor den ersten Häusern zweigt die Waldroute links auf eine Wiese ab, steigt eine Geländestufe empor, und folgt dem Forstweg links in den Wald. Nachdem wir den Bremkebach bei einer kleinen Furt gequert haben, nimmt die Steigung noch einmal zu. Auf einer Anhöhe zweigen wir links ab und gewinnen auf einem schmalen Weg eine **Kreuzung** 5, 531 m. Mit dem Wechsel auf den mit X1 markierten Plackweg beginnt der Rückmarsch ins Hönnetal. In einer Mischung aus Wald- und Forstwegen senkt sich die Route, zwischenzeitlich auf Asphalt, hinab zur B229. Nun wandern wir nach links zu einer Brücke und geradeaus mit dem X1 oder alternativ links mit der Waldroute zurück zum Parkplatz in **Volkringhausen** 1, 207 m.

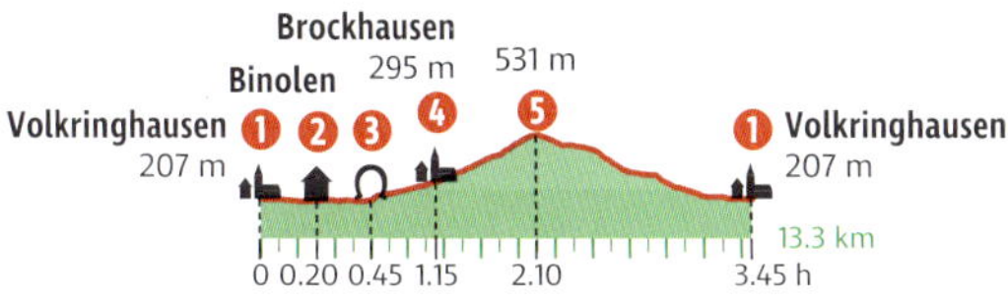

↗ 320 m | ↘ 320 m | 12.1 km

45 Balve – Luisenhütte – Schloss Wocklum

3.20 h

Von der Balver Höhle zur Luisenhütte und zum Burgberg

Das Fachwerkstädtchen Balve ist überregional vor allem für sein Reitturnier »Balve Optimum« bei Schloss Wocklum sowie wegen der mächtigen Karsthöhle bekannt, die heutzutage unter anderem für Kulturveranstaltungen genutzt wird. Archäologische Funde deuten darauf hin, dass die Höhle bereits in der Steinzeit Menschen als Unterschlupf diente. Nur wenige Gehminuten entfernt befindet sich mit der Luisenhütte der älteste erhaltene Hochofen Deutschlands. Das nationale Kulturdenkmal wurde Anfang der 2000er Jahre aufwendig saniert und kann besichtigt werden, ein lohnendes Ausflugsziel unmittelbar am Weg dieser unschwierigen Familienwanderung.

Ausgangspunkt: Balver Höhle (Stadt Balve), 225 m; kostenloser Parkplatz an der Balver Höhle in der Straße Helle.
ÖPNV: Zug nach Balve, zu Fuß 20 Min. zum Ausgangspunkt.
Anforderungen: Insgesamt leichte Runde, wenige steile Anstiege.
Einkehr: Restaurant Zur Höhle, Mi. und Do. Ruhetag, www.zurhöhle.de; Hüttenschänke an der Luisenhütte; Mellener Landmarkt und Café, an Wochenenden und Feiertagen geöffnet, zudem SB-Kiosk, immer offen, www.mellener-landmarkt.de; weitere Angebote in Balve.
Karte: Iserlohn und Sundern.

Am Parkplatz vor der **Balver Höhle** ❶, 225 m, orientieren wir uns nach Süden und wandern ein kurzes Stück auf dem Hönnetal-Radweg, ehe der Waldrouten-Rundweg Luisenhütte (grünes W auf weißem Grund) nach links abzweigt, einen Hang übersteigt und die sehenswerte **Luisenhütte** ❷, 230 m, im benachbarten Borketal ansteuert. Das Gelände ist heute ein Museum, die Hüttenschänke lädt jetzt oder auf dem Rückweg zur Einkehr. Vor dem Spielplatz biegen wir rechts ab, wandern hinter den Gebäuden entlang in den Wald, dort recht flach auf bequemen Wegen, ehe die

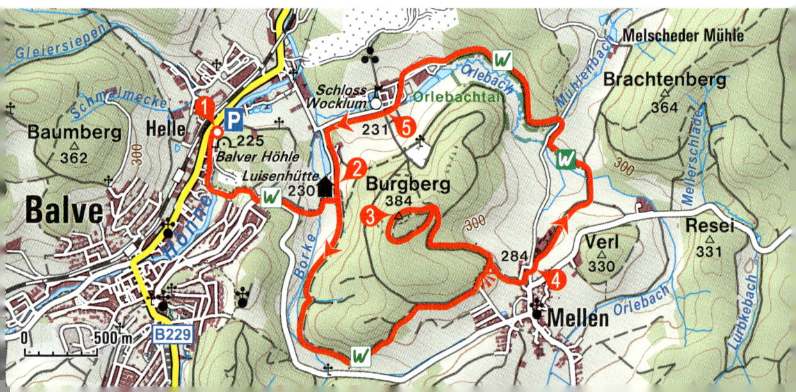

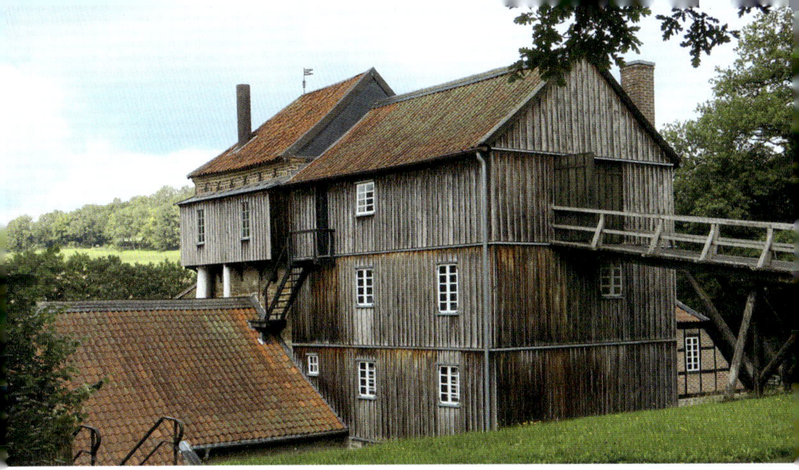

Die Luisenhütte ist ein spannendes Besucherziel am Weg.

W-Markierung am Waldrand links eine Geländestufe hinaufweist. In mäßiger Steigung erklimmt der Pfad einige Höhenmeter und führt schließlich aussichtsreich zum Mellener Friedhof. Ein paar Meter weiter bietet sich eine Aussichtsplattform für eine Rast an. Am folgenden Wegweiser verlassen wir den Rundweg Luisenhütte für eine Weile und wechseln linker Hand auf den Rundwanderweg A4. Er leitet hinauf zur Ollen Borg auf dem **Burgberg** ❸, 384 m. Der Gipfel bietet zwar keine Aussicht, dafür jedoch hübsche Pfade in zauberhaftem Laubwald.

Zurück am Abzweig wandern wir hinab nach **Mellen** ❹, 284 m. An der Straße Zum Hohlen Weg gehen wir links und dann rechts versetzt an Stallungen vorbei talwärts. Bald danach halten wir uns links über eine Wiese und kurzzeitig gemeinsam mit dem Hauptweg der Waldroute hinab ins Naturschutzgebiet Orlebachtal. Im Tal empfängt uns wieder ein gemütlicher Forstweg, der zu den Wocklumer Reitanlagen und zum herrschaftlichen Wasserschloss führt. Hier verlassen wir den Rundweg Luisenhütte und wandern südlich an **Schloss Wocklum** ❺, 231 m, vorbei. Die L1-Markierung schickt uns auf kleinen Asphaltstraßen zurück zur **Luisenhütte** ❷, 230 m, von wo wir auf bekanntem Weg zum Ausgangspunkt an der **Balver Höhle** ❶, 225 m, zurückkehren.

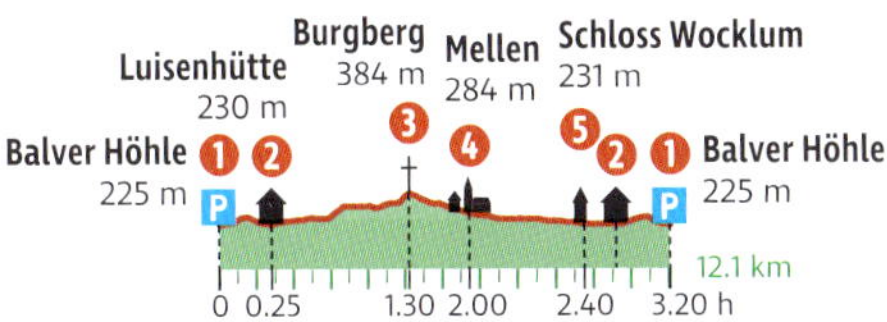

↗ 400 m | ↘ 400 m | 16.9 km

46 Sorpedamm – Auf'm Stück – Amecker Damm

4.40 h

Sorpestrand im Naturpark Sauerland-Rothaargebirge

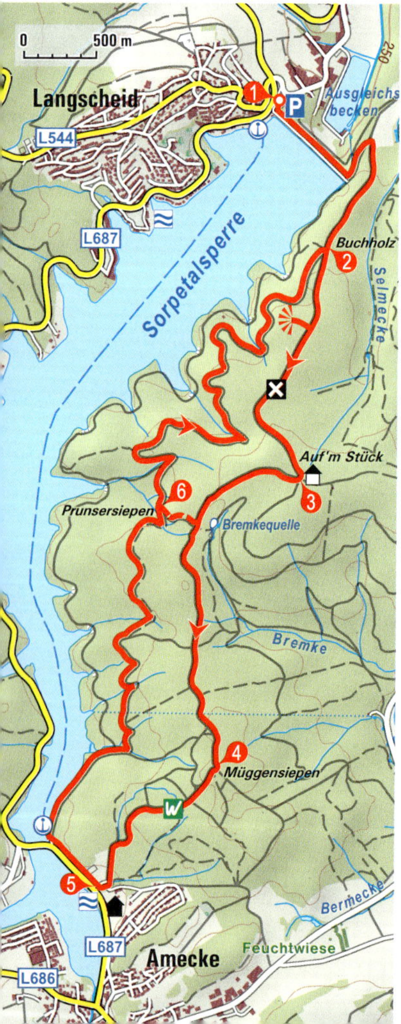

Der Sorpesee ist der größte Bade- und Freizeitsee im nordwestlichen Teil des Naturparks Sauerland-Rothaargebirge. Bis zum Zusammenschluss mit den Naturparken Ebbegebirge und Rothaargebirge im Jahr 2015 gehörte die Talsperre zum Naturpark Homert. An der Sorpe ist eine breite touristische Infrastruktur vorhanden: Es wird gebadet, getaucht und gesegelt, zudem verkehrt ein Personenschiff zwischen Langscheid an der Sperrmauer und Amecke an der Südspitze des Gewässers. Mehrere Campingplätze bieten sich zum Übernachten an. Zum Wandern, Radfahren und Inlineskaten drängt sich das autofreie Ostufer auf.

Ausgangspunkt: Parkplatz Sorpedamm, 280 m, in Langscheid (Stadt Sundern); kostenpflichtig.
ÖPNV: Buslinie R22 (Arnsberg–Langscheid), Haltestelle »Langscheid, Sorpedamm«.
Anforderungen: Einfache und bequeme Forst- und Asphaltwege ohne strenge Steigungen.
Einkehr: Verpflegungsmöglichkeiten am Sorpedamm sowie in Amecke.
Karte: Sundern.

Am für gewöhnlich gut besuchten **Parkplatz Sorpedamm 1**, 280 m, beginnen wir unseren Streifzug durch die Wälder über dem Sorpesee. Wir überqueren das Bauwerk zum Ostufer, biegen hier links und gleich darauf halbrechts ab, sodass

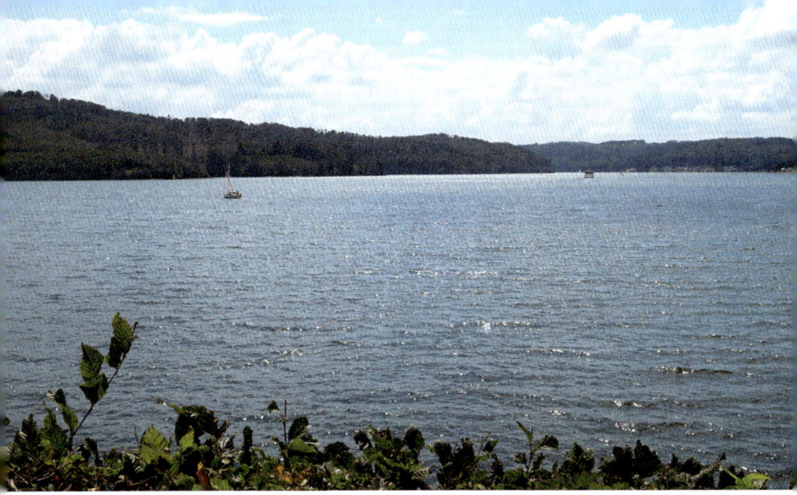

Der Sorpesee lockt zu Aktivitäten am und auf dem Wasser.

wir im Bogen den Möhne-Westerwald-Weg (X24) erreichen. Kurz hinter dem Wegweiser **Buchholz** ❷, 325 m, beginnt der Rundkurs. Bei der nahen Weggabelung bleiben wir auf der linken der beiden Möglichkeiten. Nach einigen Minuten zweigt rechts ein nicht markierter Seitenpfad ab, der zu einem herrlichen Aussichtspunkt über den Sorpesee führt.
Zurück auf dem Hauptweg steuert der X24 die Schutzhütte **Auf'm Stück** ❸, 413 m, an. Nun nach rechts und über welliges Terrain zur Bremkequelle, wo man rechter Hand zum Prunsersiepen abkürzen kann. Im **Müggensiepen** ❹, 385 m, trennen wir uns vom X24 und folgen der Sauerland-Waldroute hinab nach **Amecke** ❺, 283 m. Der Rückweg beginnt parallel zur Straße in Richtung Amecker Damm und für einige Minuten auf dem breiten Uferrandweg. Schöner als dieser asphaltierte Radweg ist der im Hang verlaufende, mit einem S markierte Sorpesee-Rundweg. Er steigt zum **Prunsersiepen** ❻, 341 m, an und leitet mit geringen An- und Abstiegen, teilweise mit weiter Sicht, zurück zum Abzweig **Buchholz** ❷, 325 m. Wie zu Beginn geht es zum Ostufer und zum **Parkplatz Sorpedamm** ❶, 280 m, zurück.

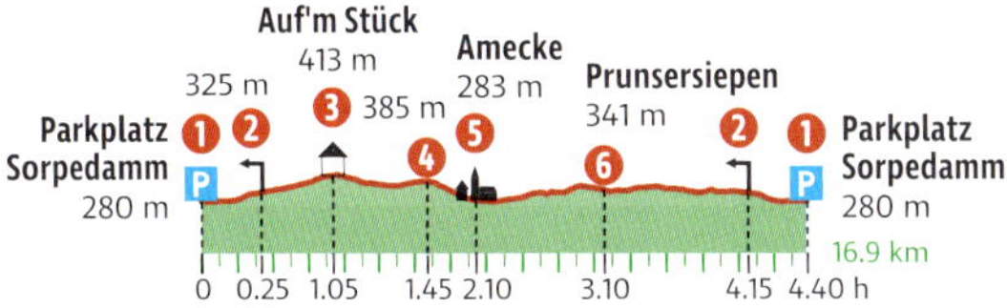

↗ 350 m | ↘ 350 m | 11.1 km

47 Wenholthausen – Esmecke-Stausee

3.10 h

Golddorf-Route Wenholthausen

Von der Sauerland Touristik in Schmallenberg wurden in den vergangenen Jahren zwölf Golddorf-Routen ausgewiesen, darunter in Oberkirchen, Grafschaft und Kirchrarbach. Die kurzen bis mäßig langen Rundwanderungen in und um charmante Sauerlanddörfer sind mit einem goldenen G auf rotem Grund markiert. Der Rundweg um den Esloher Ortsteil Wenholthausen verläuft im Wechsel aus Wald und Feldflur, oft aussichtsreich und ohne längere Steigungen. Mit dem Besuch am Badestrand des kleinen Esmecke-Stausees ist dies ein wunderbarer Familienspaziergang im Hochsommer.

Ausgangspunkt: Wenholthausen (Gemeinde Eslohe), 275 m; kostenfreier Parkplatz in der Ortsmitte an der Königstraße.
ÖPNV: Buslinie 367 (Bad Fredeburg– Eslohe–Freienohl), Haltestelle »Wenholthausen, Hotel zur Post«.

Anforderungen: Angenehme Mischung aus bequemen Forstwegen und einfachen Pfaden.
Einkehr: Station am See, Mo. Ruhetag, www.station-am-see.de; mehrere Möglichkeiten in Wenholthausen.
Karte: Eslohe.

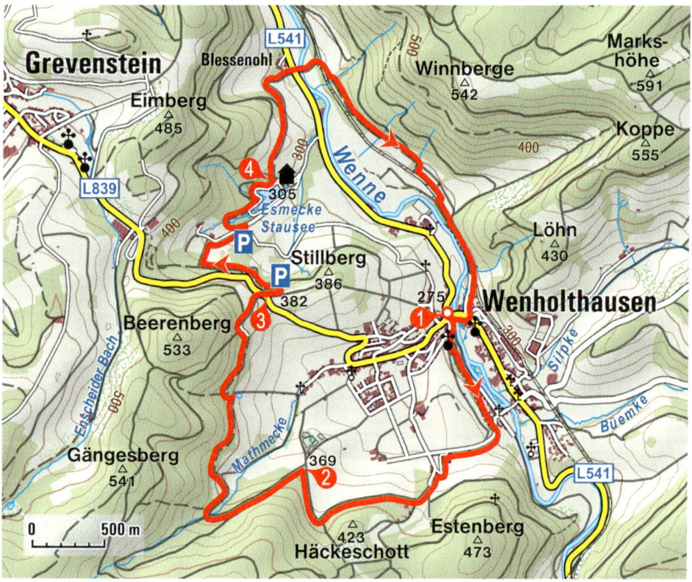

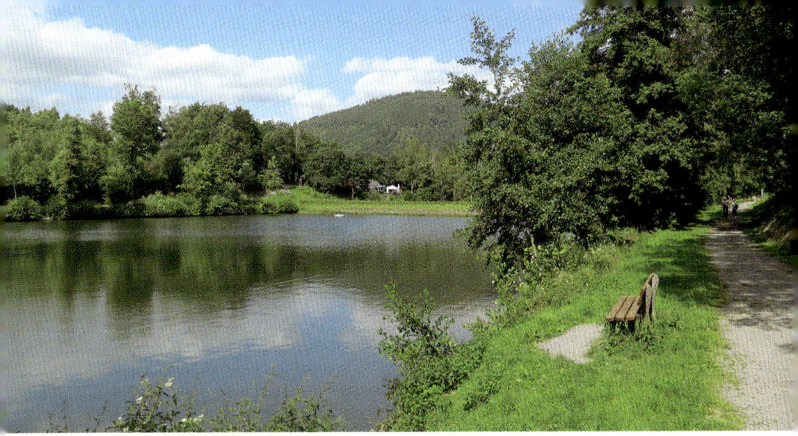

Gegen Ende der Wanderung passieren wir den kleinen Esmecke-Stausee.

Am Parkplatz in der Ortsmitte von **Wenholthausen** ❶, 275 m, informiert eine Wandertafel über die Golddorf-Route. Wir begehen die Runde im Uhrzeigersinn und gelangen auf Straßen und über Treppenstufen an der Schützenhalle vorbei zur Eibelkapelle. Nun links hinab, auf einem Pfad am Wildgehege entlang zum südlichen Ortsrand und dort rechts hinauf zum Reiterhof Gut Habbecke. Ein herrlicher Aussichtsabschnitt führt bald am Waldrand entlang zum Abzweig **Teufelstanne** ❷, 369 m. Der anschließende Teil bis zum **Parkplatz Beerenberg** ❸, 382 m, ist von massiven Abholzungsmaßnahmen betroffen, sodass der Wegverlauf künftig abweichen kann.

Es folgt der Abstieg in die Esmecke, dort auf kleiner Asphaltstraße zum oberen Ende des Parkplatzes, hier scharf links und im Bogen zum Badestrand und zum Kiosk am **Esmecke-Stausee** ❹, 305 m. Unter der Dammkrone befindet sich ein Parkplatz, der als alternativer Ausgangspunkt dienen kann. Vom Stausee leitet die Golddorf-Route hinüber nach Blessenohl, dann über die Wenne, im Gegenhang wenige Meter empor und auf Pfaden parallel zum Radweg in Richtung Ziel. Kurz vor Wenholthausen senkt sich die Pfadspur in die Wenneauen und weiter zum Fluss hinab. Zuletzt führt der mit Lehrtafeln ausgestattete Wennepfad zurück in die Ortsmitte zum Ausgangspunkt in **Wenholthausen** ❶, 275 m.

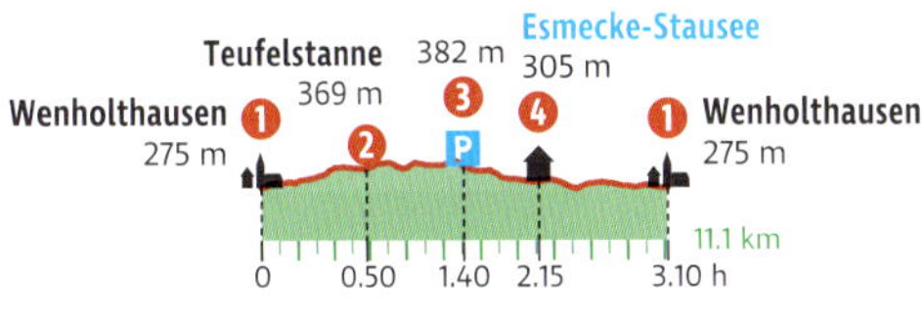

TOP

48

↗ 220 m | ↘ 220 m | 16.5 km

Möhnetalsperre – Hevedamm – Sankt Meinolf

4.20 h

Vom Möhnesee ins Hevetal

Am Übergang vom Arnsberger Wald zu den Hellwegbörden liegt mit der Möhnetalsperre der größte See unseres Tourengebiets. Er besitzt zwei charakteristische Flussarme, wobei der südliche und kleinere Hevearm seit 1975 unter strengem Naturschutz steht. Oft kann man hier Wasservögel beobachten. Insgesamt geht es deutlich ruhiger zu als am besiedelten Nordufer mit der Staumauer als Hauptattraktion, unserem Startpunkt. Nach einem gemütlichen Spaziergang am Wasser führt uns die Route zum Rennweg und zum Möhneseeturm hinauf. Beeindruckend ist der Rundblick aus fast 40 Metern Höhe.

Ausgangspunkt: Möhnesee, 215 m, Staumauer Möhnetalsperre; kostenpflichtiger Parkplatz.
ÖPNV: Buslinie C4 (Soest–Möhnesee), Haltestelle »Günne, Möhnestraße«, von dort 20 Min. Fußweg zur Route.
Endpunkt: Hevetal, 215 m, Schiffsanleger; mit dem Ausflugsschiff zurück zum Staudamm, Informationen unter www.moehneseeschifffahrt.de; alternativ kehrt man vom Torhaus auf dem Hinweg zurück; der Weg am verkehrsreichen Nordufer ist weniger attraktiv.
Anforderungen: Am Möhnesee einfache Asphaltwege; zwischendurch auch Pfade und Schotterwege.
Einkehr: Torhaus Möhnesee, www.torhaus-moehnesee.de; mehrere Möglichkeiten am Möhnedamm.
Karte: Arnsberg-Möhnesee.

Vom nördlichen Ende der Staumauer am **Möhnesee** ❶, 215 m, überqueren wir das geschichtsträchtige Bauwerk und folgen dem mit X24 gekennzeich-

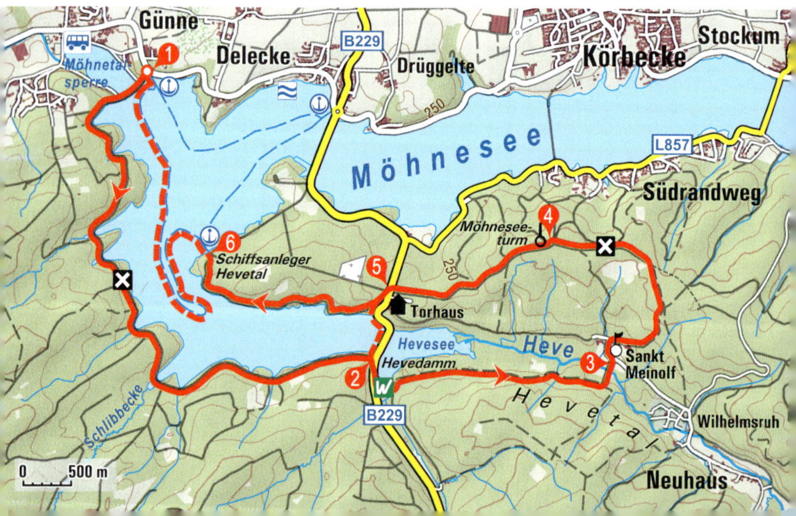

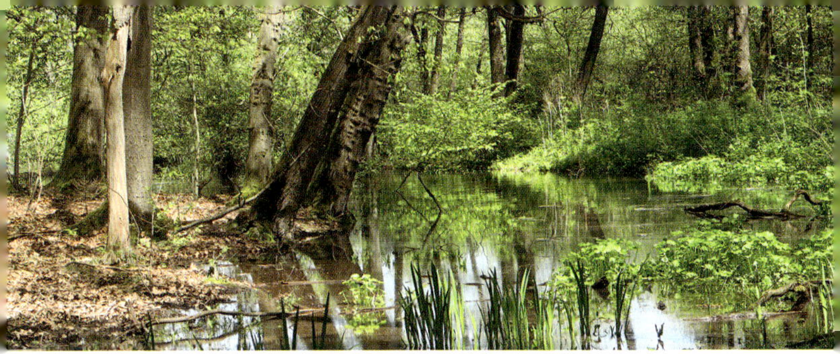

Das naturnahe Südufer des Hevesees bietet Zugvögeln ein Refugium.

neten Fuß- und Radweg. In sanftem Auf und Ab schlängelt sich die Route am Wasser entlang, wobei mehrere kleine Buchten passiert werden. Am Weg können wir immer wieder Wasservögel beobachten, darunter Zugvögel, für die der Möhnesee eine bedeutende Zwischenstation darstellt. Nach einer Weile wechselt die Markierung auf den Rennweg (X26), mit dem wir zum **Hevedamm** 2, 215 m, an der verkehrsreichen B229 schlendern. Nach Queren der Fahrbahn folgen wir einige Minuten der Sauerland-Waldroute über einen Pfad durch ein kleines Feuchtgebiet, halten uns dann jedoch nach links auf den mit einem M ausgewiesenen Möhnesee-Rundweg, der über eine Forststraße zum Jagdschloss von **Sankt Meinolf** 3, 220 m, leitet. Nach einem kurzen Stück auf der Asphaltstraße winkelt die M-Markierung rechts ab, passiert einige Häuser und führt im Wald bergan. Bei zwei aufeinanderfolgenden Schutzhütten halten wir uns jeweils links, womit wir uns wieder auf dem Rennweg befinden, dessen bekannte X26-Markierung den **Möhneseeturm** 4, 295 m, ansteuert. Eine Besteigung lohnt unbedingt. Von der höchsten Plattform schweift der Blick über den Arnsberger Wald ins Hochsauerland. Im Norden drehen sich die Windkraftanlagen auf dem Haarstrang, während sich unter uns der Möhnesee in das sanft geschwungene Tal schmiegt. Nach der Turmbesteigung lockt das nahe **Torhaus** 5, 238 m, wo man eine Zwischenrast einlegen kann.

Nach abermaligem Queren der Bundesstraße B229 bestimmen wieder fahrradtaugliche Uferwege das Bild. Unschwierig führt die beliebte Promenade zum **Schiffsanleger Hevetal** 6, 215 m.

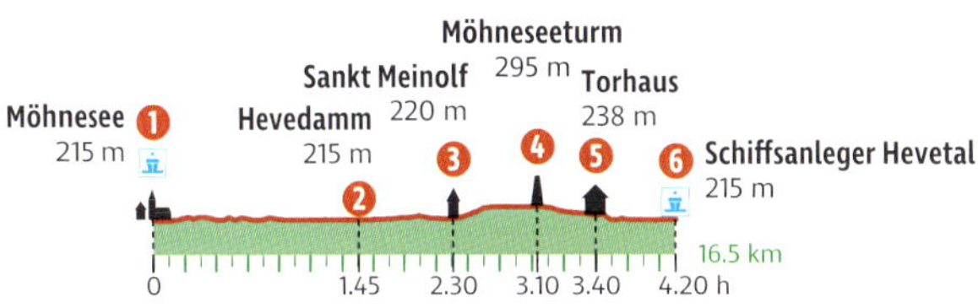

↗ 220 m | ↘ 220 m | 15.9 km

49 Neuhaus – Halletal – Eisenberg

4.15 h

Durch das Hevetal auf den Rennwegkamm

Diese einfache Waldwanderung kombiniert das in Teilen liebliche Hevetal mit dem Rennwegkamm. Der Rennweg, der den Arnsberger Wald in West-Ost-Richtung quert, ist einer der Hauptwanderwege des Sauerländischen Gebirgsvereins. Er führt auf 103 Kilometern Länge von Neheim nach Paderborn und ist mit dem Zeichen X26 versehen. Die Route kann mehrfach abgekürzt werden, indem man auf einem der Wege aus dem Hevetal nach Norden zum Rennweg aufsteigt. Einige Wanderparkplätze entlang der Route ermöglichen einen alternativen Zugang. Unterwegs begegnen uns allerdings auch immer wieder Spuren der massiven Abholzung aus den zurückliegenden Jahren.

Ausgangspunkt: Neuhaus (Gemeinde Möhnesee), 241 m; kostenloser Parkplatz an der Heve.
ÖPNV: Buslinie 605 (Körbecke–Südufer–Neuhaus), Haltestelle »Neuhaus, Haus Krick«.
Anforderungen: Fast ausschließlich bequeme Forstwege; lediglich der letzte Abstieg erfolgt auf einem schmalen Pfad.
Einkehr: Unterwegs keine; am Ausgangspunkt Landgasthaus Zum Tackeberg, Fr. bis So. und an Feiertagen geöffnet, www.zumtackeberg.de.
Karte: Arnsberg-Möhnesee.

Vom Wanderparkplatz in **Neuhaus** ❶, 241 m, gehen wir wenige Meter hinab zur Heve, die auf einer Brücke überquert wird. Im Wesentlichen bestimmt der Flusslauf auch die erste Hälfte unserer Wanderung. Mit nur geringen Höhenunterschieden folgen wir dem breiten Weg entlang der mäandrierenden Heve aufwärts. Markante Orientierungspunkte fehlen, dafür hat man mehrfach die Gelegenheit, über links abzweigende Wege zum Rennweg abzukürzen. Wir folgen konsequent der N-Markierung, die nach einer Weile rechts hinab zu einer **Furt** ❷, 275 m, leitet. Alternativ kann man den Fluss bei hohem Wasserstand auch auf einer Brücke überqueren. Kurz darauf halten wir uns bei der Schutzhütte links und gewinnen in nach wie vor sanftem Bergauf den **Wanderparkplatz Halletal** ❸, 299 m. Wir biegen abermals links ab und steigen nach der Brücke rechter Hand auf dem

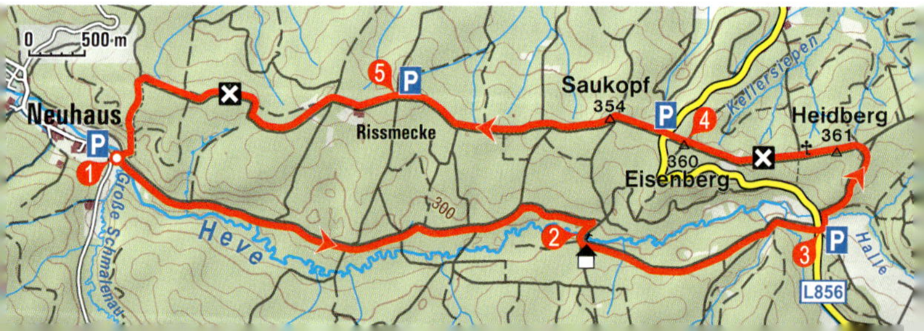

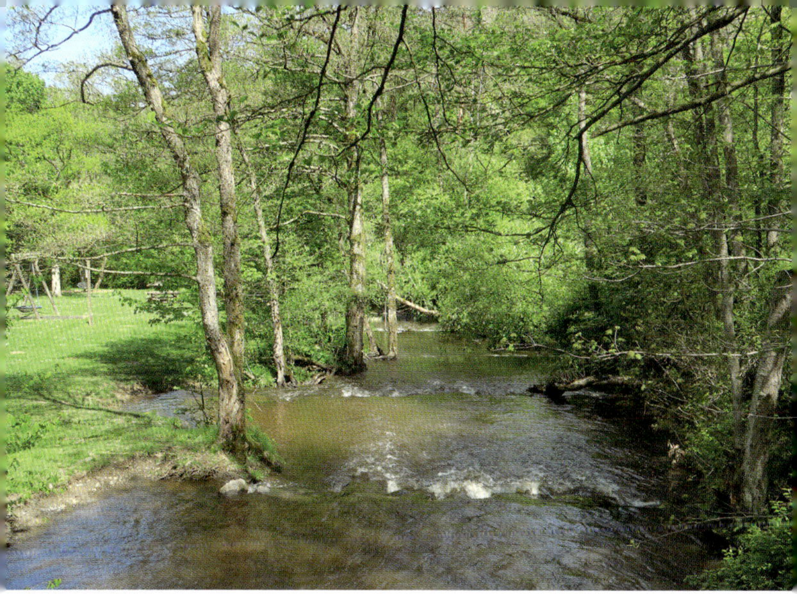

Munter plätschert die Heve durch das gleichnamige Tal.

Heidbergsweg, einem ausgeschilderten Radweg, hinauf zum Rennweg. Gemeinsam mit der X26-Markierung beginnen wir die Überquerung mehrerer Gipfelkuppen, von denen Heidberg und **Eisenberg** ❹, 360 m, die beiden ersten darstellen. Am gleichnamigen Wanderparkplatz kreuzt die Fahrstraße L856. Der Nadelwaldbestand auf dem Gipfelkamm ist beinahe komplett dem Borkenkäfer zum Opfer gefallen, sodass sich aussichtsreiche Passagen mit Laubwaldabschnitten abwechseln. Nach dem Saukopfgipfel passieren wir den **Wanderparkplatz Rissmecke** ❺, 338 m, und marschieren auf dem flachwelligen Kamm weiter. Wo der Rennweg eine markante Biegung nordwärts einleitet, verlassen die Rundwege A 6, 10 und 11 die X26-Markierung. Hier biegen wir letztmalig links auf den Waldpfad ein und steigen mit den A-Markierungen recht steil ins Hevetal hinab. Der Ausgangspunkt **Neuhaus** ❶, 241 m, befindet sich wenige Meter entfernt.

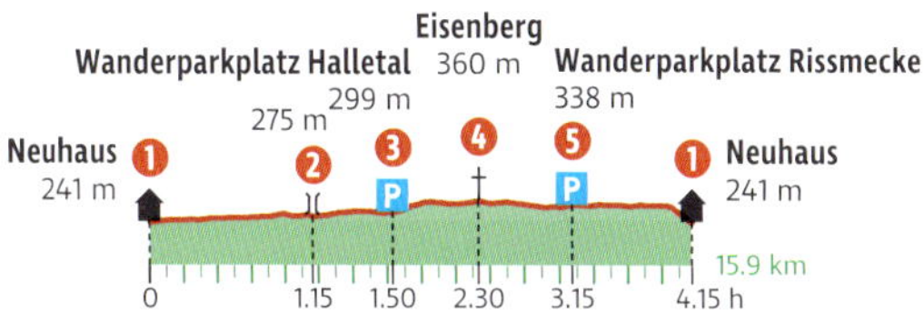

↗ 480 m | ↘ 480 m | 19.4 km

50 Hirschberg – Lörmecketurm – Bilsteinhöhle

5.30 h

Auf dem Plackweg über die Höhen des Arnsberger Waldes

Der Plackweg ist neben dem Rennweg der zweite Hauptwanderweg des Sauerländischen Gebirgsvereins, der durch den Arnsberger Wald verläuft. Die X1-Markierung führt entlang historischer Handelswege von Hagen zum Diemelsee und erreicht an der Plackweghöhe den höchsten Punkt im Arnsberger Wald. Hier steht der 2008 eingeweihte Lörmecketurm, ein imposantes Bauwerk, welches eine umfassende Rundschau gewährt: im Norden die Windräder auf dem Haarstrang, dahinter Münsterländer Bucht und Teutoburger Wald. Im Süden weitet sich das Rothaargebirge mit den markanten Bruchhauser Steinen. In Kombination mit einem Besuch der Bilsteinhöhle in Warstein ist dies eine tagfüllende Unternehmung im Arnsberger Wald.

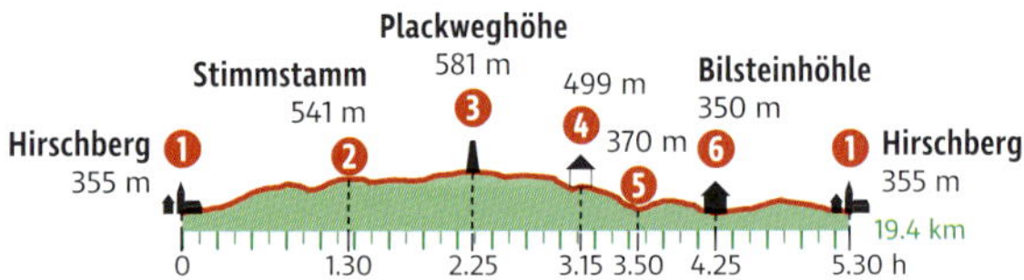

Ausgangspunkt: Hirschberg (Stadt Warstein), 355 m; kostenfreie Parkplätze am Waldfreibad an der Straße Bermecke.
ÖPNV: Buslinie R76 (Meschede–Hirschberg–Warstein), Haltestelle »Hirschberg, Waldfreibad«.
Anforderungen: Einfache Schotterwege und Waldpfade.
Einkehr: Birkenhof, Mo. und Di. Ruhetag, www.warstein-birkenhof.de; Warsteiner Waldwirtschaft im Bilsteintal, Mo. und Di. Ruhetag, www.bilsteintal.de/waldwirtschaft; mehrere Möglichkeiten in Hirschberg und Warstein.
Karte: Rüthen-Warstein.

Schutzhütte im Paradies zwischen Lörmecketurm und Bilsteinhöhle.

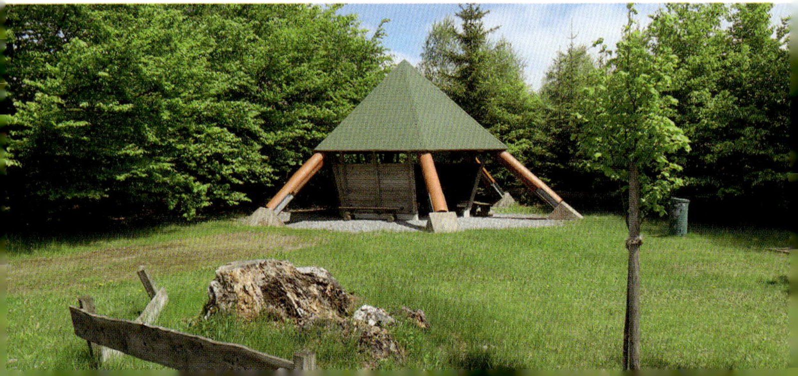

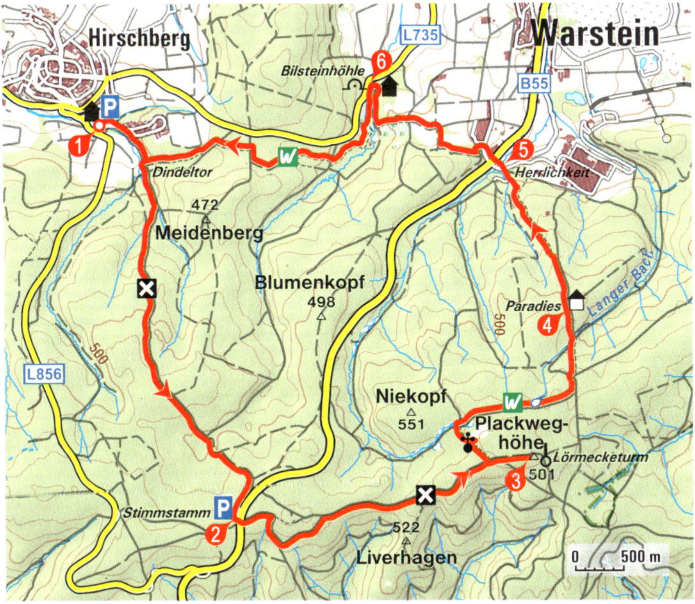

Vom Parkplatz am Birkenhof in **Hirschberg** ❶, 355 m, folgen wir der Sauerland-Waldroute und dem Plackweg (X1) am Bachlauf der Bermecke talwärts, bis kurz vor dem Dindeltor der Rundkurs beginnt. Während uns die Waldroute den Rückweg weist, folgen wir zunächst dem X-Symbol des Plackwegs auf Forstwegen bergan, ehe nach einer kleinen Talsenke eine

Am Wildgehege nahe der Bilsteinhöhle.

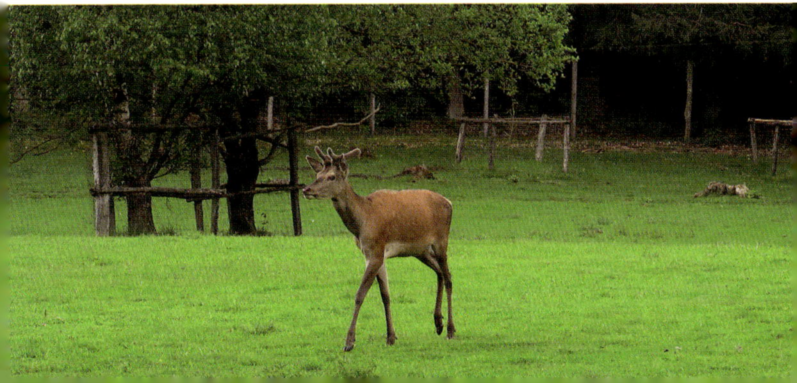

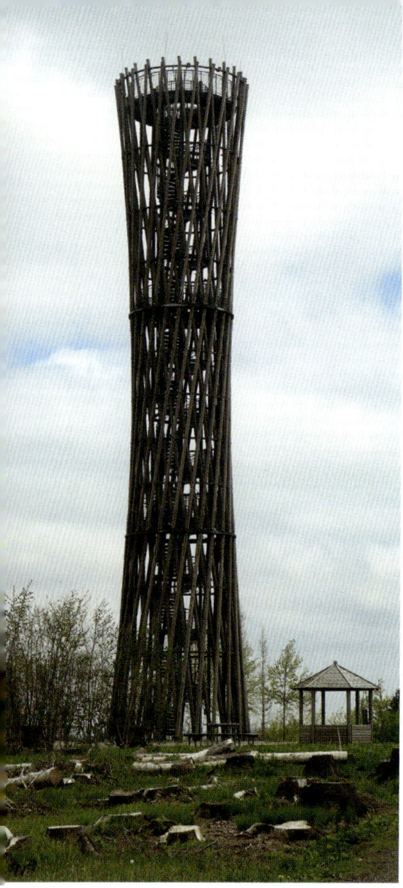

Lörmecketurm auf der Plackweghöhe.

Pfadspur zum **Stimmstamm** ❷, 541 m, führt, wo wir die verkehrsreiche B55 queren müssen. Auf dem Plackweg (X1) gelangen wir nach einem kurzen Zwischenabstieg auf durchgehend breiten Schotterwegen zum Lörmecketurm auf der **Plackweghöhe** ❸, 581 m. Die Rundsicht ist beeindruckend, was auch daran liegt, dass sämtliche Nadelbäume im Umkreis aufgrund von Käferbefall abgeholzt wurden, ein Umstand, der leider auf weite Teile des Tourengebiets zutrifft, insbesondere den Arnsberger Wald.

Vom Aussichtsturm gehen wir ein kurzes Stück zurück und biegen dann mit der Waldroute rechts auf einen Pfad ein, der an einer Kapelle mit Rastplatz vorbei zu einer Kreuzung führt. Dort rechts und die Hubertusquelle passierend zu einem quer verlaufenden Forstweg. Hier biegen wir links ab, durchwandern eine kleine Talsenke und gewinnen die Schutzhütte am **Paradies** ❹, 499 m. Ein längerer Abstieg, zunächst auf einem Schotterweg, bald Waldpfad, bringt uns hinab zum Wegpunkt **Herrlichkeit** ❺, 370 m, wo sich Nord- und Südroute des beliebten Fernwanderwegs aufspalten. Wir waren bisher auf der Südvariante unterwegs und wechseln nun links auf den Hauptstrang, der zunächst wieder die B55 quert und anschließend im Wald zum Wildgehege leitet. Im weitläufigen Areal des populären Familienausflugsziels können wir neben Hirschen auch Rehe, Wildschweine und Waschbären beobachten. Schließlich ist das Gasthaus am Eingang zur **Bilsteinhöhle** ❻, 350 m, erreicht, wo die Waldroute eine Biegung vollzieht und oberhalb des Wildgeheges Südwestkurs einschlägt. Mit einigen Richtungswechseln schickt uns das weiße W auf grünem Grund wieder zum Vereinigungspunkt mit dem Plackweg und auf bekanntem Terrain nach **Hirschberg** ❶, 355 m, zurück.

↗ 520 m | ↘ 520 m | 19.0 km

5.20 h

Kallenhardt – Hohler Stein

Zum Naturdenkmal im Lörmecketal

Ähnlich wie bei der Balver Höhle handelt es sich am Hohlen Stein von Kallenhardt um eine Kulturhöhle. Archäologische Funde bezeugen menschliche Siedlungsspuren bis in die Altsteinzeit. Wie die meisten anderen Höhlen im Sauerland liegt auch hier mitteldevonischer Riffkalk zugrunde, der unter feucht-warmen Bedingungen ausgewaschen wurde: Ein natürlicher Hohlraum ist entstanden.

Ausgangspunkt: Wanderparkplatz Rabennest, 370 m; beim Bikepark Warstein, südlich von Kallenhardt (Stadt Rüthen) in der Straße Am Rabennest, kostenlos.
ÖPNV: Buslinie R76 (Rüthen–Warstein), Haltestelle »Kallenhardt, Am Rabennest«.
Anforderungen: Überwiegend Forst- und kleine Asphaltwege, auf der Waldroute auch Pfade, die hin und wieder Trittsicherheit erfordern; etwas Orientierungssinn hilfreich, da Wegweiser teilweise fehlen.
Einkehr: Hotel Knippschild in Kallenhardt, www.hotel-knippschild.de.
Karte: Rüthen-Warstein.
Variante: Möglichkeit abzukürzen vom Waldrand über dem Glennetal 2 nach Kallenhardt 5, insgesamt dann 14,3 km, Gehzeit ca. 4 Std.

Oft führt die Wanderung durch offene Feldflur.

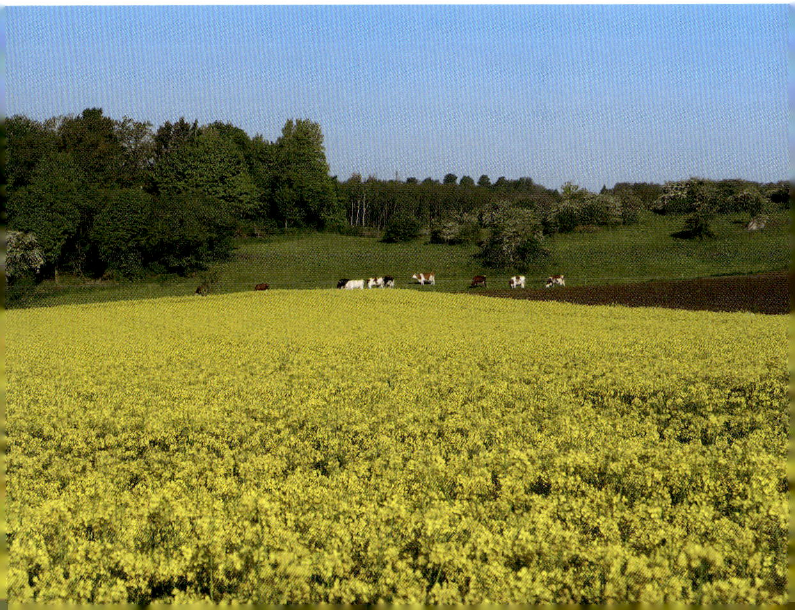

Vom Wanderparkplatz **Rabennest** ❶, 370 m, südlich von Kallenhardt orientieren wir uns südostwärts und folgen dem Waldrouten-Zuweg (grünes W auf weißem Grund) am Waldrand entlang, ehe er sich links ins Tal wendet, die L776 unterquert und eine Bachfurt mit Brücke erreicht. Dahinter halten wir uns rechts, passieren ein Haus und biegen bei der nächsten Möglichkeit links ab. Unmittelbar danach folgen wir dem halblinks ansteigenden Forstweg, der mit weiter Sicht die gesamte Bergflanke nordwärts quert und schließlich zum **Waldrand über dem Glennetal** ❷, 365 m, führt (→ Variante).

Am Übergang zwischen Wald und Feldflur wandern wir westwärts, kommen an zwei kleinen Taleinschnitten vorbei und steigen schließlich links zur **Glenne** ❸, 340 m, ab. Danach wiederum links und nach wenigen Minuten rechts hinauf, ehe der Önningsberg südlich umgangen wird. Unsere Route kreuzt den X16-Weg und gewinnt einen Abzweig am **Kalvarienberg** ❹, 380 m, wo sie auf den Hauptweg der Sauerland-Waldroute trifft. Bis kurz vor das Ziel gibt von nun das weiße W auf grünem Grund die Richtung vor. Über den Kreuzweg steigen wir recht steil hinab zu einer weiteren Unterführung, die gemeinsam mit der Glenne die L776 quert. Nach der Siechenkapelle führt uns ein schmaler Bergpfad hinauf in den historischen Ortskern von **Kallenhardt** ❺, 425 m, mit mehreren Fachwerkhäusern und der Sankt Clemens Kirche.

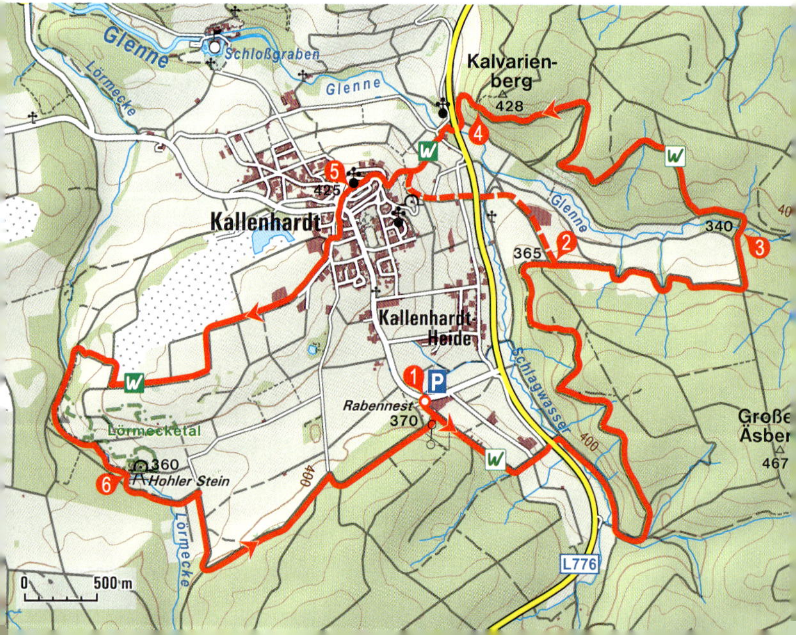

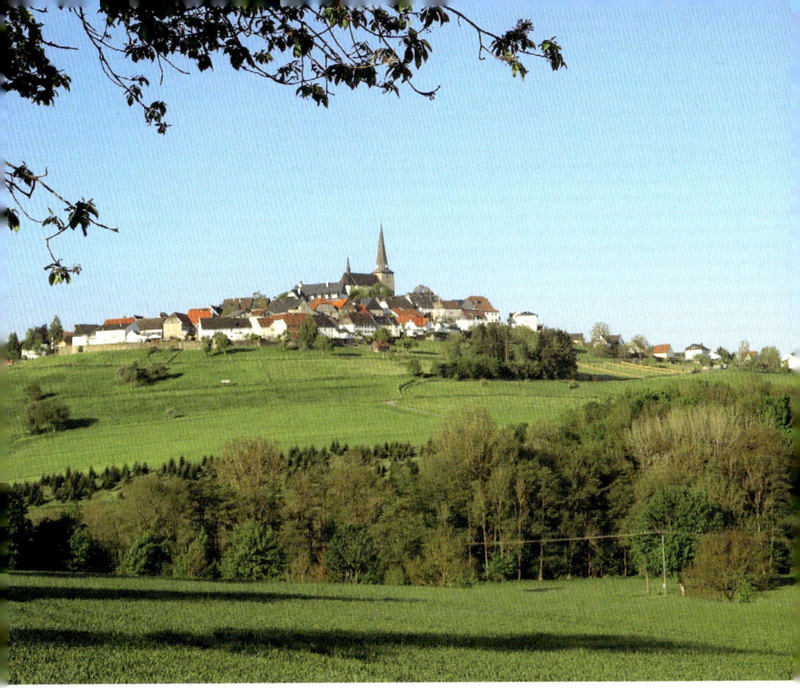

Der Ortskern von Kallenhardt thront hoch über der Umgebung.

Hinter dem Friedhof verlassen wir den Ort wieder und gehen an einigen Höfen vorbei auf den mächtigen Kalksteinbruch zu, dessen Abbrüche man rechts vom Weg erahnen kann. Unterwegs geben Infotafeln Auskunft zur Lörmecke und zum Gesteinsuntergrund, der hier großflächig abgebaut wird. Nach dem aussichtsreichen Wiesenabschnitt senkt sich der Pfad ins bewaldete Lörmecketal und gewinnt den sagenumwobenen **Hohlen Stein** 6, 360 m, wo Bänke zu einer weiteren Rast einladen. Nach dem Überqueren der Lörmecke verabschieden wir die Waldroute und folgen erneut dem Zuweg, der linker Hand zu einer weiteren Furt leitet und uns durch Feld- und Waldfluren zurück zum Wanderparkplatz **Rabennest** 1, 370 m, führt.

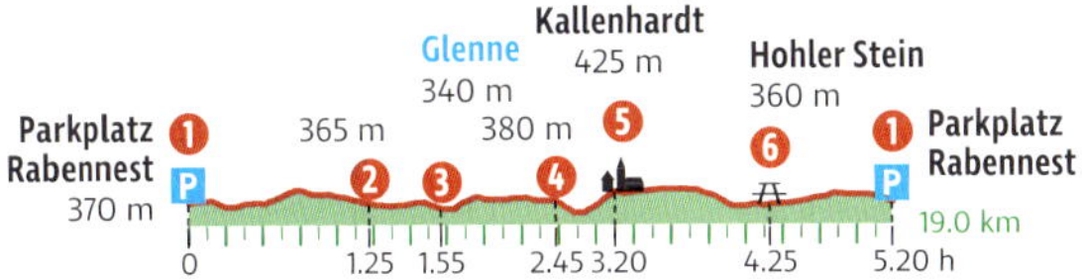

Rothaarsteig

Der Rothaarsteig ist der mit Abstand prominenteste Fernwanderweg im Rothaargebirge. Sein traditioneller Verlauf verbindet auf einer Länge von 154 Kilometern die westfälische Stadt Brilon im Hochsauerland mit dem hessischen Dillenburg an der Dill. Wanderer überschreiten die höchsten und bekanntesten Gipfel Nordwestdeutschlands, durchqueren naturnahe Täler und erleben am Weg regionale Gastlichkeit.

Am 6. Mai 2001 auf der Ginsburg bei Hilchenbach eröffnet, trägt der Rothaarsteig den Beinamen »Weg der Sinne«. Die Route ist gesäumt von einer Vielzahl an Wegpunkten, an denen man wissenswerte Informationen über die Region erhält. Die Wegfindung ist denkbar einfach: Ein liegendes weißes R auf rotem Grund markiert den gesamten Trail, womit es nahezu unmöglich ist, sich zu verlaufen. Zuwege zum und vom Steig sind mit einem schwarzen, liegenden R auf gelbem Grund gekennzeichnet.

Da der Rothaarsteig längere Zeit in Höhen von über 600 Metern verläuft, gelten die Monate Mai bis Oktober als beste Wanderzeit. Im Winterhalbjahr kann eine Begehung durch Schnee erschwert bzw. vereitelt werden. Wenn Sie planen, den gesamten Rothaarsteig zu wandern, sollten Sie besonderen Wert auf eine zweckmäßige und leichte Ausrüstung legen (mehr dazu im Kapitel »Ausrüstung«), wobei die Gastgeber unterwegs in der Regel auch Gepäcktransport anbieten. Alle aktuellen Infos erhalten Sie unter www.rothaarsteig.de. Bei den einzelnen Touren finden Sie zudem eine Auswahl an Einkehrmöglichkeiten (teilweise kann man dort auch übernachten) sowie Übernachtungsbetriebe am jeweiligen Start- und Zielort der einzelnen Etappen.

In der Wanderliteratur wird der Rothaarsteig mehrheitlich als 8-Tages-Tour präsentiert. Um Alternativen vorzustellen, ist in diesem Wanderführer eine 6-Tages-Tour enthalten, die unter den Routenvorschlägen 52–57 detailliert beschrieben wird (RHS 1–6). Unter den Nummern 58 bis 60 wird die Westerwaldvariante (WWV 1–3) vorgestellt.

ETAPPENPLAN 6 ETAPPEN

	Start	Ziel	Strecke	Aufstieg	Abstieg	Gehzeit
1	Brilon	Willingen	25 km	780 m	650 m	7.15 h
2	Willingen	Winterberg	24 km	630 m	540 m	7 h
3	Winterberg	Jagdhaus	28 km	620 m	650 m	8 h
4	Jagdhaus	Lützel	29 km	640 m	710 m	8 h
5	Lützel	Irmgarteichen	28 km	510 m	690 m	7.30 h
6	Irmgarteichen	Dillenburg	29 km	700 m	860 m	8.15 h
Σ	**Brilon**	**Dillenburg**	**163 km**	**3880 m**	**4100 m**	**46 h**

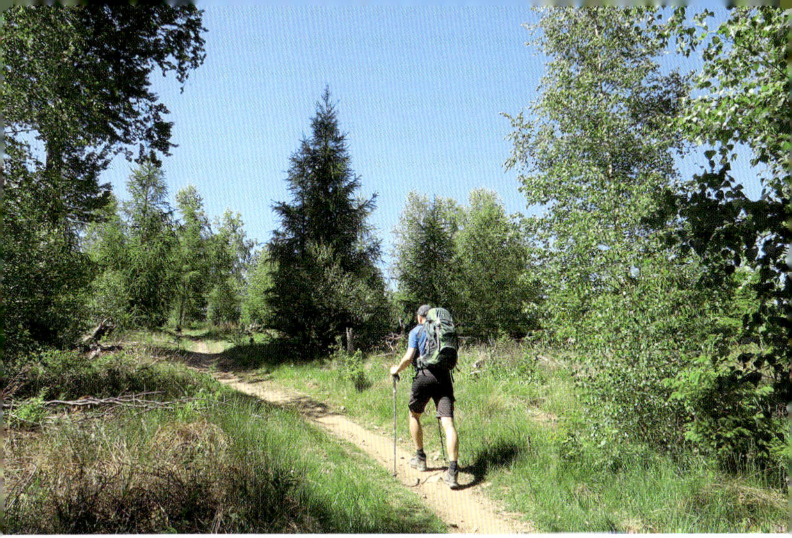

Naturnaher Wegabschnitt zwischen Tiefenrother Höhe und Forsthaus Steinbach.

Grundsätzlich können Sie Ihre Wanderung auf dem Rothaarsteig sehr individuell planen. Für alle, die es etwas gemütlicher angehen möchten, empfiehlt sich eine Ausdehnung auf neun Tage (siehe dazu den untenstehenden Etappenplan; da Zuwege zum und vom Steig mit eingerechnet sind, ergeben sich Differenzen in der Gesamtlänge). Auch eine Begehung in vier Tagen wird hin und wieder unternommen.

ETAPPENPLAN 9 ETAPPEN

	Start	Ziel	Strecke	Aufstieg	Abstieg	Gehzeit
1	Brilon	Bruchhausen	17 km	540 m	540 m	5 h
2	Bruchhausen	Küstelberg	18 km	390 m	550 m	5.15 h
3	Küstelberg	Langewiese	19 km	510 m	450 m	5.30 h
4	Langewiese	Jagdhaus	18 km	520 m	300 m	5.15 h
5	Jagdhaus	Rhein-Weser-T.	11 km	200 m	150 m	3 h
6	Rhein-Weser-T.	Lützel	18 km	390 m	490 m	5 h
7	Lützel	Lahnhof	15 km	290 m	240 m	4.15 h
8	Lahnhof	Wilgersdorf	19 km	280 m	480 m	5.15 h
9	Wilgersdorf	Dillenburg	22 km	580 m	720 m	6.30 h
Σ	**Brilon**	**Dillenburg**	**157 km**	**3700 m**	**3920 m**	**45 h**

↗ 780 m | ↘ 650 m | 24.9 km

52 Brilon – Willingen (RHS 1)

7.15 h

Auftakt am Rothaarsteig

Der nördliche Ausgangspunkt für eine Etappenwanderung auf dem Rothaarsteig ist Brilon, die waldreichste Stadt Deutschlands. Die historische Hansestadt war im Mittelalter eine Zeitlang Hauptstadt des Herzogtums Westfalen. Auch unterwegs, insbesondere am Borbergskirchhof und am Richtplatz, können wir in die spannende Geschichte der Region eintauchen. Ansonsten wird uns dieser Weg einiges abverlangen, denn die Auftaktetappe ist zugleich die forderndste: Etliche Anstiege, darunter anspruchsvolle Passagen über den Ginsterkopf und zum Richtplatz, prägen den ersten Tag auf dem Rothaarsteig.

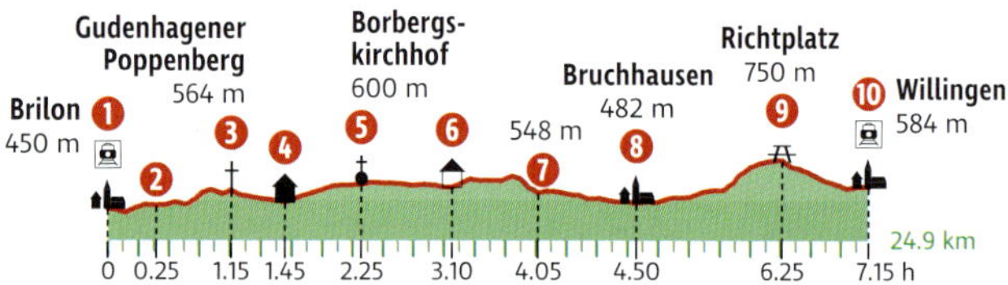

Ausgangspunkt: Brilon, 450 m, Markt.
Endpunkt: Willingen (Upland), 584 m, Bahnhof.
ÖPNV: Brilon: Zuganbindung, mehrere Buslinien, vom Bahnhof ca. 10 Min. Fußweg zum Markt; Willingen: mehrere Buslinien, vom Bahnhof ca. 10 Min. Fußweg in die Ortsmitte.
Anforderungen: Überschreitung von Habberg und Ginsterkopf anspruchsvoll; auch sonst Passagen, die Trittsicherheit erfordern.
Einkehr: Brockmanns Hütte, Mo. bis Mi. Ruhetag, www.brockmanns-huette.de; Hiebammen-Hütte, Mo. bis Mi. Ruhetag, www.hiebammen-huette.info; in Bruchhausen: Gutshof Schloss Bruchhausen, im Sommer täglich geöffnet, www.rosenbogen-heidrich.de und Gasthof Rüther, Mo. Ruhetag, www.gasthof-ruether.de.
Unterkunft (Auswahl): Brilon: Hotel Restaurant Starke, +49 2961 8008, www.hotel-starke.de; Hotel Rech, +49 2961 97540, www.hotel-rech.de; Waldhotel Klaholz, +49 2961 3473, www.waldhotel-klaholz-brilon.hotel-mix.de; Willingen (Upland): Sporthotel Zum Hohen Eimberg, +49 5632 4090, www.eimberg.de; Landkomfort Hotel Elsenmann, +49 5632 98180, www.hotel-elsenmann-willingen.de; Hotel Waldhaus am See, +49 5632 409406, www.waldhaus-am-see.de.
Karte: Rothaarsteig, Blatt Nord.

Wir beginnen unser sechstägiges Abenteuer Rothaarsteig am Marktplatz von **Brilon** ❶, 450 m, wo sich an der Nordostecke des historischen Rathauses der offizielle Startpunkt befindet. Vom Stein mit dem Kilometer 0 orientieren wir uns nach Süden und biegen an der Propsteikirche links in die Niedere Straße ein. An deren Ende geht es kurz rechts auf der Gartenstraße, dann links in den Heinrich-Jansen-Weg und weiter durch den kleinen Kreishauspark, ehe im Naturschutzgebiet Drübel der erste Anstieg wartet. Nach dem Waldstück queren wir die **Hoppecker Straße** ❷, 470 m, wandern am Krankenhaus vorbei und gewinnen nach einem kurzen Zwischenabstieg im Wald die Möhnequelle. Nun geht es einige Meter bergab, dann parallel zur Straße und im Gegenanstieg auf einem Pfad zum **Gudenhagener Poppenberg** ❸, 564 m. Das unterhalb liegende Kyrilltor erinnert an den verheerenden Orkan, der im Januar 2007 weite Landstriche im Sauerland entwaldete. Anschließend senkt sich der Weg durch das liebliche Tal der Hillbringse zur **Hiebammen-Hütte** ❹, 490 m, und weiter zum Wanderparkplatz Hillbringse. Hier beginnt der Aufstieg zur archäologischen Stätte und zur Friedenskapelle auf dem **Borbergskirchhof** ❺, 600 m. Hinter dem kleinen Gotteshaus öffnet sich der Blick ins Ruhrtal, ein herrlicher Platz zum Verweilen.

Bei einem Wegkreuz erklimmt der Steig einige Höhenmeter, dann leitet ein Forstweg unschwierig zur Schutzhütte am Antonius. Wenige Meter weiter führt der neue Wegverlauf nach Südosten durch den Wald zu einer Wegspinne, dann geht es über eine kleine Anhöhe zur Schutzhütte am

Der Rothaarsteig beginnt auf dem Briloner Marktplatz.

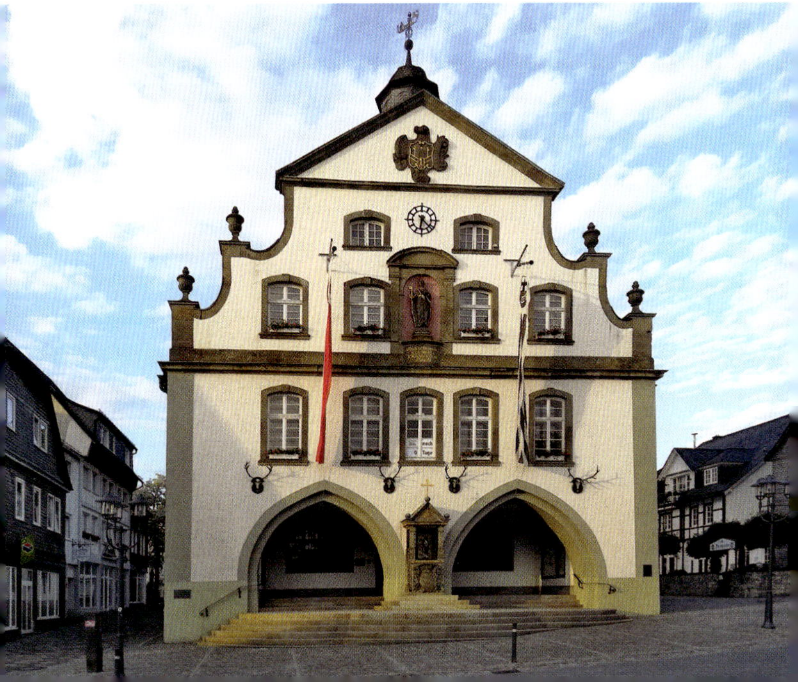

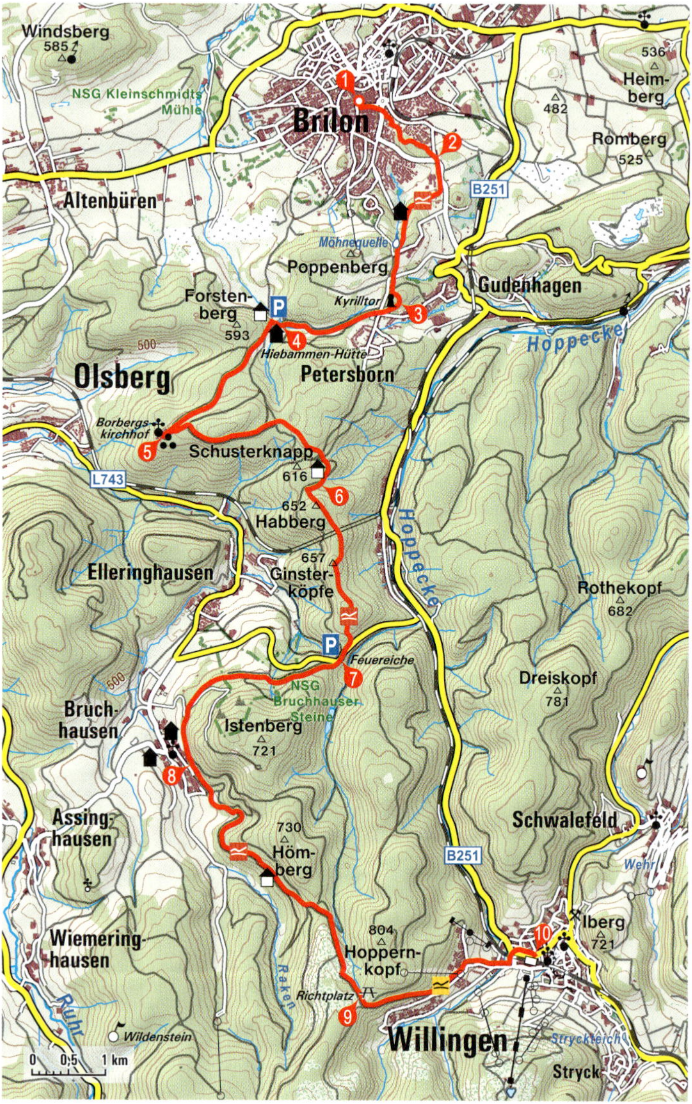

Windsberg
585
NSG Kleinschmidts Mühle
Brilon
536
Heim-
berg
482
Romberg
525
Altenbüren
B251
Möhnequelle
Poppenberg
Gudenhagen
Forsten-
berg
593
Kyrilltor
Hiebammen-Hütte
Hoppecke
500
Olsberg
Petersborn
Borbergs
kirchhof
Schusterknapp
616
L743
652
Habberg
657
Ginster-
köpfe
Elleringhausen
Hoppecke
Rothekopf
682
Feuereiche
NSG
Bruchhauser
Steine
Dreiskopf
781
Bruch-
hausen
Istenberg
721
Assing-
hausen
730
Höm-
berg
Schwalefeld
B251
Wehr
Wiemering-
hausen
804
Hoppern-
kopf
Iberg
721
Richtplatz
Raken
Ruhr
Wildenstein
Willingen
Strycktelch
Stryck
0 0,5 1 km

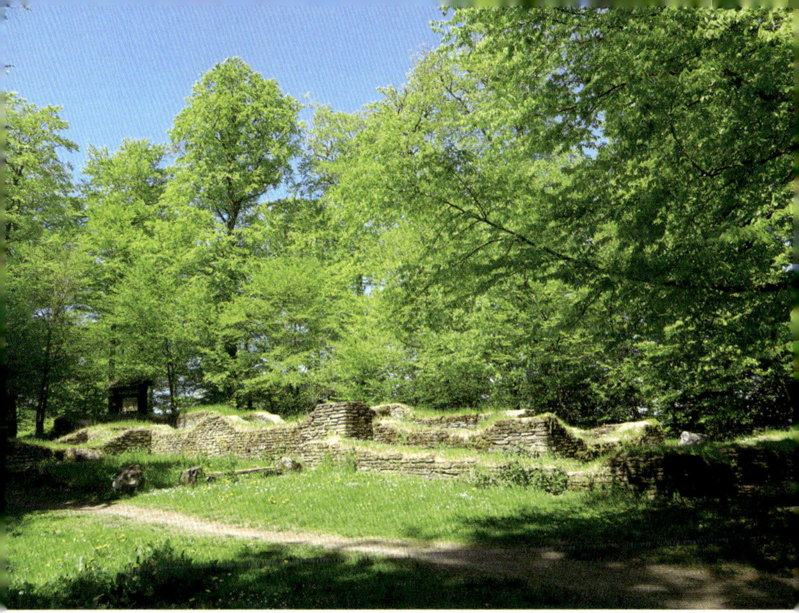

Mauerreste der ehemaligen Klosterkirche auf dem Borbergskirchhof.

Schusterknapp 6, 584 m. Hier beginnt die anspruchsvollste Passage des Tages und vom gesamten Rothaarsteig. Der Fernwanderweg verläuft immer der traditionellen Grenze zwischen Brilon und Elleringhausen folgend nach Süden, Schnadesteine säumen die Route. Zunächst wird der Habberg erklommen, dann folgt der wellige Kamm der Ginsterköpfe, wobei eine Passage Trittsicherheit, jedoch kein Klettern im eigentlichen Sinn erfordert. Wem dies zu anspruchsvoll erscheint, der kann den Kammweg auf einem Forstweg unschwierig umgehen, allerdings büßt man dadurch fantastische Panoramablicke ein.
Schließlich senkt sich der Weg zur **Feuereiche** 7, 548 m, an der Rhein-Weser-Wasserscheide hinab. Deutlich entspannter umrundet der Weg daraufhin den Istenberg in einem weiten Bogen und führt am Besucherzentrum Bruchhauser Steine vorbei zur Marienkapelle am Ortsrand von **Bruchhausen** 8, 482 m. Der Ort wird nur kurz tangiert, dann wechselt der Pfad hinter einigen Häusern nach links und erreicht einen Forstweg, der an einem Unterstand vorbei langsam an Höhe gewinnt. Schließlich wird es wieder ein wenig anspruchsvoller, der Pfad erklimmt den **Richtplatz** 9, 750 m, eine historische Gerichtsstätte an der Landesgrenze zu Hessen. Wir halten uns geradeaus und folgen den Wegweisern hinab zum Ortsrand und weiter zum Bahnhof von **Willingen** 10, 584 m.

↗ 630 m | ↘ 540 m | 23.9 km

53 Willingen – Winterberg (RHS 2)

7.00 h

Über den höchsten Berg im Rothaargebirge

Unser zweiter Wandertag steht ganz im Zeichen des höchsten Gipfels am Weg, des 843 m hohen Langenbergs, sowie seiner Umgebung. Es geht über die Niedersfelder Hochheide, die sich in den Sommermonaten als bunter Farbenteppich vor uns ausbreitet. Neben dem Heidekraut findet man die als Heilpflanze geschätzte Arnika, zudem Heidelbeeren, Preiselbeeren sowie weitere Zwergsträucher. Mit der Ruhrquelle passieren wir kurz vor dem Ziel ein weiteres geografisches Highlight am Weg.

Ausgangspunkt: Willingen (Upland), 584 m, Bahnhof.
Endpunkt: Winterberg, 668 m, Markt.
ÖPNV: Willingen: mehrere Buslinien, von der Ortsmitte ca. 10 Min. Fußweg zum Bahnhof;
Winterberg: Zuganbindung, mehrere Buslinien, von der Ortsmitte ca. 10 Min. Fußweg zum Bahnhof.
Anforderungen: Auf der ersten Hälfte überwiegen Pfadabschnitte, danach bequeme Wege, zuletzt Steiganlage im Helletal.
Einkehr: Hochheidehütte, www.hochheidehuette.com; in Küstelberg: Gasthof Lichte, Mi. und Do. Ruhetag, www.gasthof-lichte.de; weitere Möglichkeiten in Willingen und Winterberg.
Unterkunft (Auswahl): Willingen (Upland): Sporthotel Zum Hohen Eimberg, +49 5632 4090, www.eimberg.de; Landkomfort Hotel Elsenmann, +49 5632 98180, www.hotel-elsenmann-willingen.de; Hotel Waldhaus am See, +49 5632 409406 www.waldhaus-am-see.de; Winterberg: Hotel Forsthaus, +49 2981 1023, www.hotel-forsthaus-winterberg.de; Hotel Hessenhof, +49 2981 9300, www.hotel-hessenhof.de; Hotel Nuhnetal, +49 2981 92290, www.hotel-nuhnetal.de.
Karte: Rothaarsteig, Blatt Nord.

Am zweiten Wandertag heißt es zunächst, von **Willingen** ❶, 584 m, drei Kilometer zum Steig zurückzukehren. Wieder am **Richtplatz** ❷, 750 m, angelangt biegen wir links ab und folgen dem attraktiven Wanderpfad hinauf zum Gipfel des **Langenbergs** ❸, 843 m. Der höchste Berg am Rothaarsteig markiert gleichzeitig den Landeshöhepunkt von Nordrhein-Westfalen und ist die höchste Erhebung im nordwestlichen Teil von Deutschland. Eine Aussicht lässt der Langenberg leider vermissen, dafür eignet sich das liebevoll hergerichtete Areal um das 2010 aufgestellte Gipfelkreuz hervor-

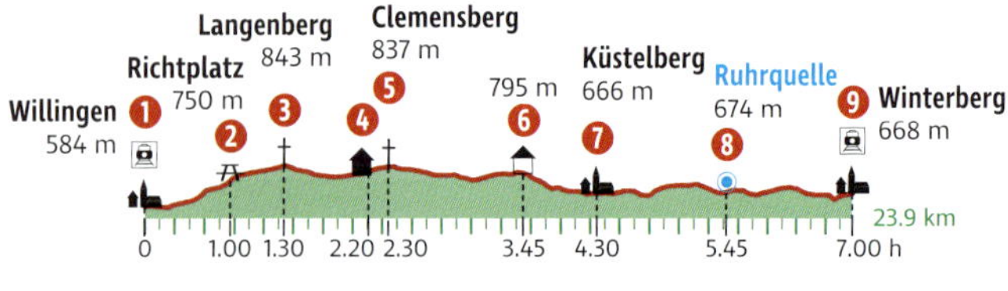

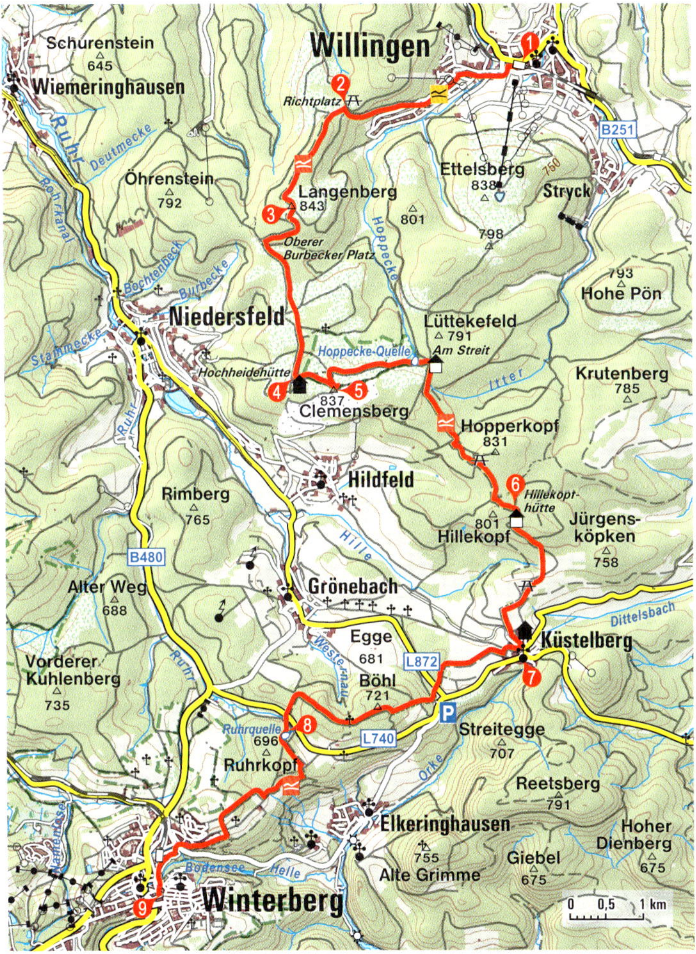

ragend für eine erste Rast. Im Abstieg erreichen wir die Wegspinne am Oberen Burbecker Platz, dann leiten recht flache Wege hinüber zur Einkehr an der rustikalen **Hochheidehütte** 4, 805 m, einem beliebten Ausflugsziel bei Niedersfeld. Nahe der Hütte lockt mit dem **Clemensberg** 5, 837 m, der nächste hohe Gipfel. Der von einem großen Diabas-Steinbruch geprägte

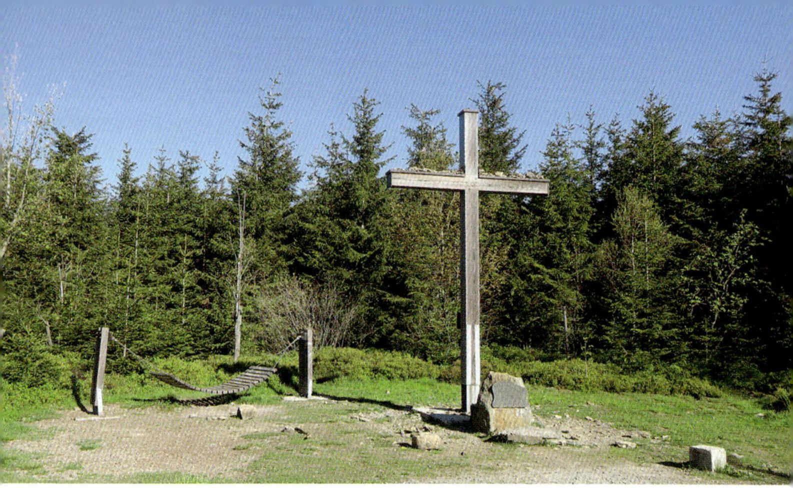

Gipfelkreuz auf dem Langenberg.

Bergstock gewährt vom Gipfelkreuz eine erstklassige Aussicht über das Sauerland. Anschließend kurvt der Rothaarsteig ins Naturschutzgebiet Neuer Hagen mit seiner herrlichen Heidelandschaft, Bänke laden auch hier zum Verweilen ein. Wir passieren die Hoppeckequelle und biegen wenig später rechts ab. Über Forstwege bzw. Pfadspuren parallel dazu geht es ohne nennenswerte Höhenunterschiede im Wald unterhalb des Hopperkopfs vorbei zur **Hillekopfhütte** 6, 795 m, einem kleinen Wetterschutz. Wenig später passieren wir eine Panoramakarte, welche die Landschaft südlich davon benennt, dann dominiert offene Feldflur auf den letzten Metern nach **Küstelberg** 7, 666 m, wo der Gasthof Lichte zur Stärkung einlädt.

Wir verlassen den Ort nach Westen, passieren den Parkplatz Wagenschmier und wandern in lockerem Auf und Ab zur **Ruhrquelle** 8, 674 m, hinüber. Als winziges Rinnsal entspringt hier der 219 Kilometer lange Fluss, dem die größte Metropolregion Deutschlands ihren Namen verdankt. Mit einigen Richtungswechseln geht es von der Ruhrquelle unterhalb der Gipfel von Ruhrkopf und Dumel vorbei zum Ortsrand von Winterberg. Nach Überqueren der Orkestraße am Hotel Forsthaus senkt sich eine Steiganlage ins schluchtartig eingeschnittene Helletal, einem landschaftlichen Kleinod inmitten der betriebsamen Stadt. Nach einem kurzen Gegenanstieg erreichen wir zum Tagesabschluss den Marktplatz von **Winterberg** 9, 668 m. Winterberg ist die einzige größere Siedlung unmittelbar am Rothaarsteig, sodass es hier besonders leicht fällt, Proviant für die kommenden Tage zu besorgen. In der Ortsmitte gibt es mehre Einkaufs- und Übernachtungsmöglichkeiten.

↗ 620 m | ↘ 650 m | 27.7 km

8.00 h

Winterberg – Jagdhaus (RHS 3)

54

Kamm- oder Talvariante?

Tag Drei beginnt mit dem Aufstieg zum bekanntesten Berg der Region, dem Kahlen Asten. Mit 842 m Gipfelhöhe ist er zwar nur Nordrhein-Westfalens Nummer zwei, dafür jedoch weithin bekannt. Auf dem mit Pkw anfahrbaren Plateau befindet sich eine Wetterwarte sowie ein Hotel-Restaurant. Mit der Besteigung des Astenturms kann man das Panorama noch einmal um einige Meter erweitern. Anschließend führt der Hauptweg weiter über den Rothaarkamm. Wer eine sehr gute Kondition mitbringt und zudem eine Alternative zum Kammweg sucht, dem sei eine Begehung der Tal- oder Hochsauerlandvariante empfohlen. Sie vermeidet den etwas monotonen Kammweg und führt stattdessen durch die schmucken Orte Schanze und Latrop.

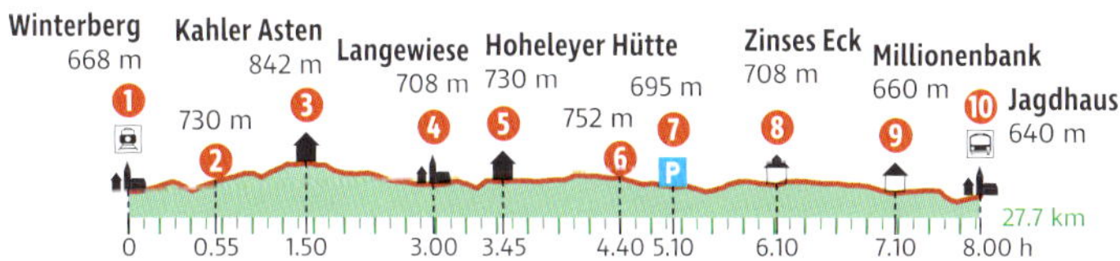

Ausgangspunkt: Winterberg, 668 m, Markt.
Endpunkt: Jagdhaus (Stadt Schmallenberg), 640 m.
ÖPNV: Winterberg: Zuganbindung, mehrere Buslinien, vom Bahnhof ca. 10 Min. Fußweg in die Ortsmitte; Jagdhaus: Busverbindung, Wanderbus.
Anforderungen: Fast ausschließlich bequeme Wege; einige Pfade fordern punktuell Trittsicherheit, darunter eine kurze Schlucht am Anfang.
Einkehr: Nordhangjause, Mo. und Di. Ruhetag, www.nordhangjause.de; Berghotel Kahler Asten; in Langewiese: Landgasthof Gilsbach, www.landgasthof-gilsbach.de; Hoheleyer Hütte, Mo. Ruhetag, www.hoheleyer-huette.de; in Schanze: Almhütte Schanze, Mo. Ruhetag, www.almhuette-schanze.de; in

Winterberg ist die einzige größere Siedlung, die vom Rothaarsteig durchquert wird.

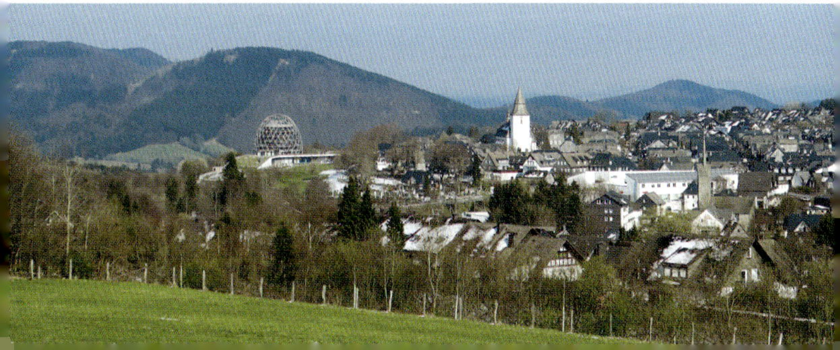

Latrop: Hotel Hanses – Bräutigam, www.hotel-hanses.de; Hotel Hubertushöhe, www.hubertushoehe-latrop.de.
Unterkunft (Auswahl): Winterberg: Hotel Forsthaus, +49 2981 1023, www.hotel-forsthaus-winterberg.de; Hotel Hessenhof, +49 2981 9300, www.hotel-hessenhof.de; Hotel Nuhnetal, +49 2981 92290, www.hotel-nuhnetal.de; Jagdhaus: Hotel Jagdhaus Wiese, +49 2972 3060, www.jagdhaus-wiese.de; Schäferhof, +49 2972 9639830, www.schaeferhof.com.
Karte: Rothaarsteig, Blatt Nord.
Variante: Am Abzweig der Talvariante 6 halten wir uns rechts und gelangen auf einem Forstweg hinüber in den Höhenort Schanze, 716 m, wo unter anderem die Almhütte am Skilift zur Einkehr einlädt. Von Schanze senkt sich die Hochsauerlandvariante in Richtung Latrop. Nach einer markanten Rechtskehre verengt sich das Tal und wir erreichen den Altarstein, der wie der Heidenstock als historische Kultstätte gilt. Im Anschluss folgen wir dem Lauf von Schladebach und Grubensiepen im idyllischen Tal hinab in das Fachwerkdorf Latrop, 430 m, wie Schanze ein Ortsteil der Stadt Schmallenberg und ebenfalls mit der Möglichkeit zur Einkehr ausgestattet. Im Ort beginnt der gut ausgeschilderte bzw. markierte Rückweg zum Bergkamm hinauf, den wir an der Millionenbank 9 erreichen; zusätzlich 4,1 km, 280 Hm, 1.15 Std.

An diesem Tag sind für die meisten kaum oder gar keine zusätzlichen Kilometer für die Rückkehr zum Rothaarsteig zu erwandern, denn **Winterberg** 1, 668 m, liegt unmittelbar an der Route. Vom Marktplatz geht es in westlicher, später nördlicher Richtung über die Straßen Am Waltenberg,

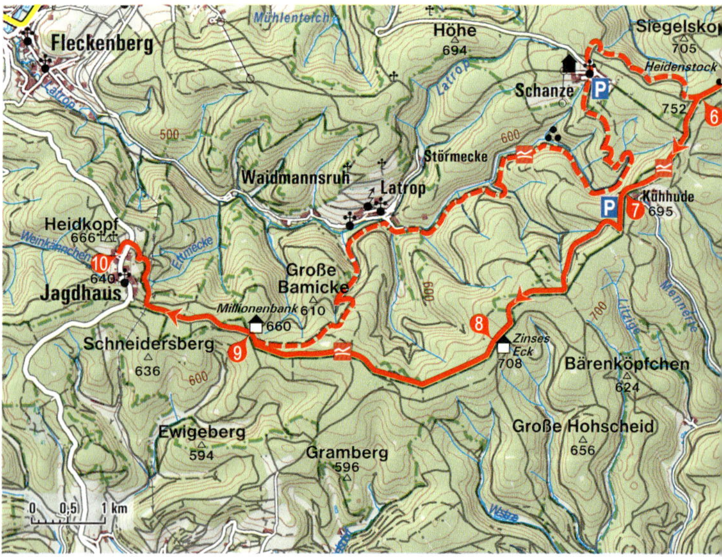

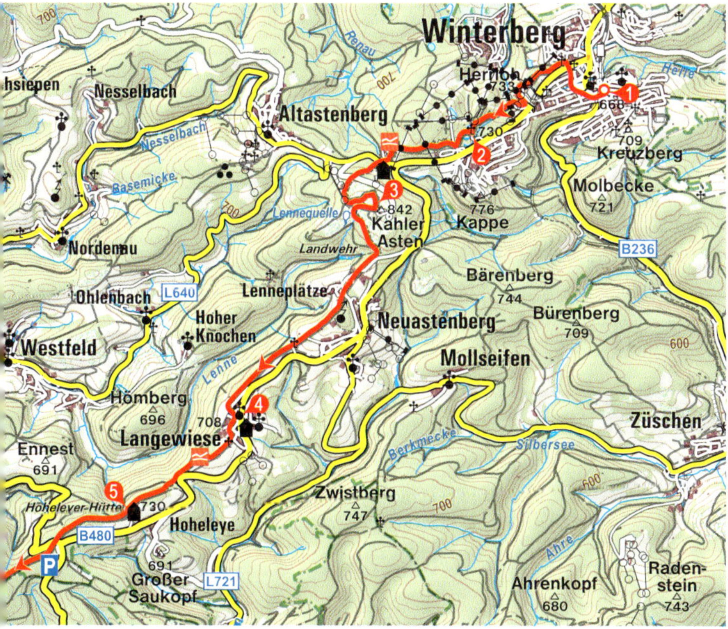

Im Hohlen Seifen und Am Südhang aus der Bebauung heraus, auf einer Brücke über die B236 und ansteigend auf den Herrloh, wo die Skiadler an der Sankt-Georgs-Schanze auf Weitenjagd gehen. Ein kurzer Abstieg führt zu einer kleinen Schlucht, dann geht es hinauf zum **Halbstundenkreuz** ❷, 730 m. Wir befinden uns nun inmitten des Winterberger Skizirkus, mit Biathlon-Anlage, Skipisten und Speicherbecken für die Schneekanonen. Nach einem Serpentinenabstieg an den Brembergkopfliften ist der Nordhangparkplatz erreicht. Neben der Piste führt ein attraktiver Pfad bergan, quert bald die Astenstraße und kurvt schließlich durch Heidevegetation aussichtsreich auf den höchsten Punkt am **Kahlen Asten** ❸, 842 m. Auf dem gesamten Astenmassiv laden immer wieder Bänke zu einer Rast ein, zudem besteht auf dem Gipfel die Möglichkeit zur Einkehr.

Der Abstieg führt an der Lennequelle vorbei zur Landwehr, ehe ein welliger Kamm mit herrlichen Fernsichten in den Höhenort **Langewiese** ❹, 708 m, leitet. Nach Überschreitung der nächsten Kuppe senkt sich der Rothaarsteig zur Schutzhütte am Knäppchen, dann erklimmt er eine kleine Steilstufe, wo ein Markierungsstein anzeigt, dass wir noch 100 Kilometer bis Dillenburg vor uns haben. An der **Hoheleyer Hütte** ❺, 730 m, besteht

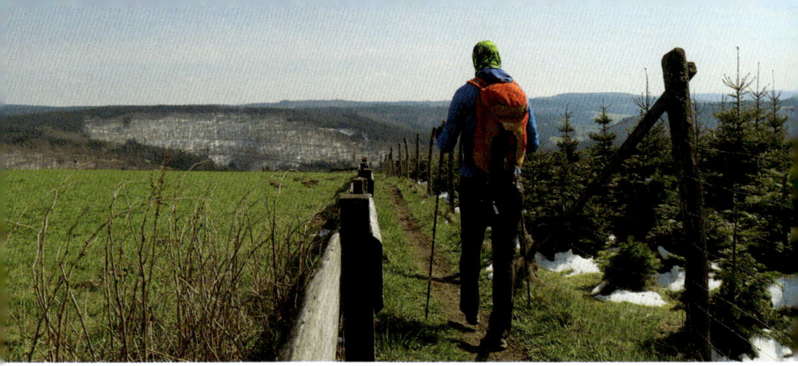

Aussichtsreicher Abschnitt bei Langewiese.

abermals die Option, eine Rast einzulegen, danach ist beim Parkplatz am Albrechtsplatz ungefähr der Halbzeitpunkt der heutigen Tagesetappe erreicht. Die Umgebung besteht vorwiegend aus Weihnachtsbaumkulturen sowie Waldflächen, von denen einige in den vergangenen Jahren durch Trockenheit und Borkenkäferbefall arg in Mitleidenschaft gezogen wurden – dies gilt beinahe für den gesamten Rothaarsteig. Nach Überschreitung der flachen Albrechtsberg-Kuppe gelangen wir zum Heidenstock. Hierher sollen sich einst heidnische Sachsen zurückgezogen haben, um ihrem Opferkult nachzugehen. Im 19. Jahrhundert wurde an dieser Stelle ein Bildstock errichtet, wobei der Name Heidenstock geblieben ist. Kurz darauf bleiben wir am **Abzweig der Talvariante** 6, 752 m, geradeaus (→ Variante). Unser Fernwanderweg verläuft nun eine Weile gemeinsam mit dem Waldskulpturenweg. Wenige Minuten nach dem Wanderparkplatz **Kühhude** 7, 695 m, passieren wir die Installation »Stein-Zeit-Mensch«, dann geht es rechts hinab zur Hängebrücke, die am Rand des Steigs eine kleine Senke überspannt. Der Rothaarsteig überquert sie nicht, sondern steigt bald im Hang zurück zum Kammweg bei **Zinses Eck** 8, 708 m. In der Folge leiten schnurgerade Passagen über den Kamm. Einige Infotafeln zur regionalen Geschichte – wir bewegen uns an der Grenze von Sauerland und Wittgenstein – lockern den etwas monotonen Wegverlauf auf. Bei der **Millionenbank** 9, 660 m, vereinigen sich Kamm- und Talvariante wieder miteinander. Auch dieser Platz ist reich an Sagen und Geschichten. Eine davon behauptet, dass hier zur Inflationszeit nach dem Ersten Weltkrieg eine Buche von Millionenwert gefällt worden sei. Eine andere geht auf den Rothaarkamm als historische Territorialgrenze zurück. Der Grenzweg, dem die Kammvariante folgt, markierte gleichzeitig eine Zollgrenze. Schmugglerpfade zogen sich als feines Netz durch die unerschlossenen Wälder, wo der Sage nach Unsummen am Fiskus vorbeigeschleust wurden. Schließlich geht es bei einer Stromtrasse noch einmal steil hinab, dann ist bald unser Tagesziel im Höhenort **Jagdhaus** 10, 640 m, erreicht.

↗ 640 m | ↘ 710 m | 28.5 km

8.00 h

Jagdhaus – Lützel (RHS 4) 55

Aussichtstürme und eine mittelalterliche Burg

Nachdem wir bereits am Vortag die Aussicht mit einer Besteigung des Astenturms erweitern konnten, besteht am vierten Wandertag gleich drei Mal die Möglichkeit, zusätzliche Sporteinlagen zu absolvieren: Rhein-Weser-Turm, Ginsburg und Gillerturm gewähren traumhafte Panoramen über das Rothaargebirge. Knapp 30 Wanderkilometer stellen wie jeden Tag hohe Anforderungen an die körperliche Verfassung, jedoch hält sich auch diesmal die Zahl der zu absolvierenden Höhenmeter in Grenzen. Zudem ist die Wegbeschaffenheit technisch unschwierig, sodass reichlich Zeit zum Genießen bleiben sollte.

Ausgangspunkt: Jagdhaus (Stadt Schmallenberg), 640 m.
Endpunkt: Lützel (Stadt Hilchenbach), 575 m, Ortsmitte.
ÖPNV: Jagdhaus: Busverbindung, Wanderbus; Lützel: Zug- und Busanbindung, von der Ortsmitte ca. 5 Min. Fußweg zum Bahnhof (unmittelbar am Rothaarsteig).
Anforderungen: Leichte Wege und Pfade, überwiegend Forst- und Schotterwege.
Einkehr: Am Rhein-Weser-Turm: Landgasthof Schwermer, www.rhein-weser-turm.de und Gasthof Zur Hahnenquelle, www.zurhahnenquelle.de.
Unterkunft (Auswahl): Hotel Jagdhaus Wiese, +49 2972 3060, www.jagdhaus-wiese.de; Schäferhof, +49 2972 9639830, www.schaeferhof.com; in Lützel: Hotel Ginsberger Heide, +49 2733 3224, www.hotel-ginsberger-heide.de; zudem Fremdenzimmer im Ort; mehrere Übernachtungsbetriebe in Hilchenbach und Erndtebrück (abseits des Rothaarsteigs).
Karte: Rothaarsteig, Blatt Süd.

Wir eröffnen den vierten Tag mit einer kleinen Extraschleife um unseren Etappenort. Dazu verlassen wir **Jagdhaus** ❶, 640 m, nach Norden parallel zur Durchgangsstraße und biegen den Markierungen folgend am Waldrand links ab. Vom Heidkopf unterhalb der Kapelle bieten sich erste herrliche Panoramablicke. Anschließend geht es entgegen dem Uhrzeigersinn um den Ort herum, ehe uns ein Waldpfad aufnimmt, der in westlicher Richtung wieder zum Kamm empor leitet. Im Südhang des Härdler passieren wir die **Sombornquelle** ❷, 668 m, und kurz darauf den Potsdamer Platz. Hier und am nahen **Margaretenstein** ❸, 685 m, ermöglichen Schutzhütten Unterschlupf bei Regen. Zwischen beiden Wegpunkten überschreiten wir un-

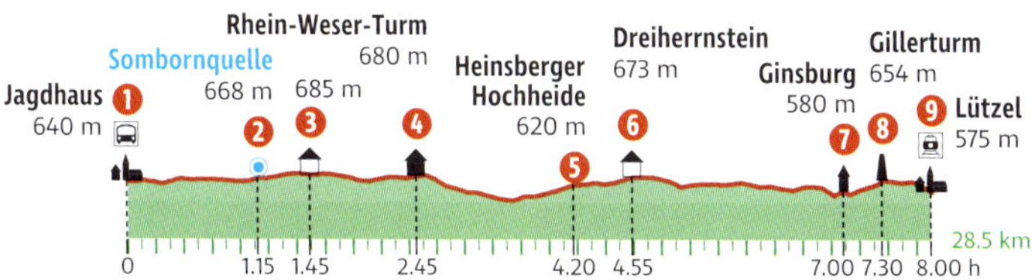

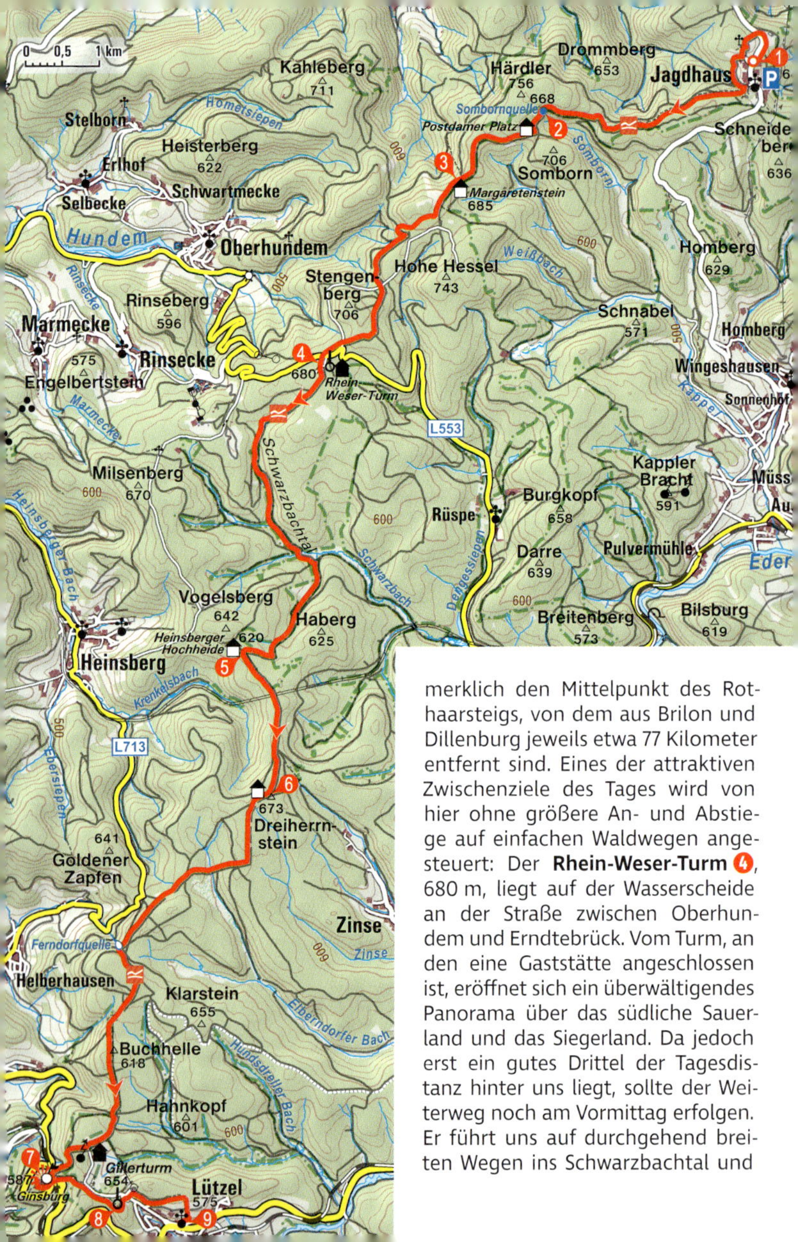

merklich den Mittelpunkt des Rothaarsteigs, von dem aus Brilon und Dillenburg jeweils etwa 77 Kilometer entfernt sind. Eines der attraktiven Zwischenziele des Tages wird von hier ohne größere An- und Abstiege auf einfachen Waldwegen angesteuert: Der **Rhein-Weser-Turm** ❹, 680 m, liegt auf der Wasserscheide an der Straße zwischen Oberhundem und Erndtebrück. Vom Turm, an den eine Gaststätte angeschlossen ist, eröffnet sich ein überwältigendes Panorama über das südliche Sauerland und das Siegerland. Da jedoch erst ein gutes Drittel der Tagesdistanz hinter uns liegt, sollte der Weiterweg noch am Vormittag erfolgen. Er führt uns auf durchgehend breiten Wegen ins Schwarzbachtal und

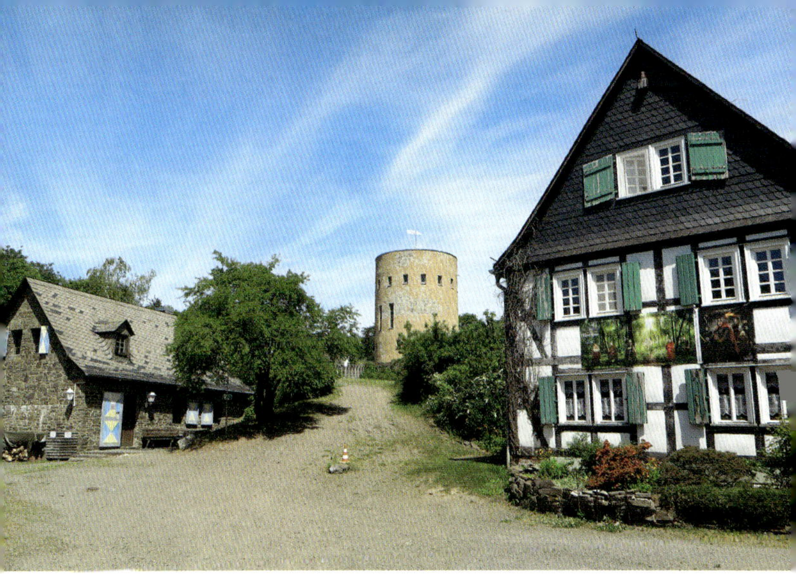

Ein kurzer Seitenweg führt uns zur sehenswerten Ginsburg hinauf.

im Gegenanstieg zur **Heinsberger Hochheide** 5, 620 m, auf dem Haberg, beide Gebiete stehen unter Naturschutz. Auf einem Waldweg gewinnen wir den Rastplatz mit Schutzhütte am **Dreiherrnstein** 6, 673 m, wo die historischen Grenzen von Sauerland, Siegerland und Wittgensteiner Land zusammentreffen.

In der Folge durchqueren wir ein liebliches Bachtal und gelangen im Gegenhang zur Ferndorfquelle hinauf, die sich wenige Meter abseits der Route befindet. Wir überschreiten einige schwach ausgeprägte Waldkuppen und kommen an eine große Lichtung am Hüttenberg, wo das Hotel Ginsberger Heide, eine Übernachtungsmöglichkeit, nahe am Weg liegt. Wer hier übernachtet, kann von Lützel zum Hotel zurückkehren oder bereits jetzt den Wandertag beenden und die fehlenden Kilometer auf morgen verschieben.

Empfehlenswert ist es, zunächst noch die nahe **Ginsburg** 7, 580 m, anzusteuern. Vom restaurierten Burgturm bietet sich eine herrliche Aussicht über die Umgebung. Von der Burganlage wandern wir zum Hauptweg zurück und steigen zum Wanderparkplatz Ginsberger Heide hinauf. Nun geradeaus und kurz darauf rechter Hand zum **Gillerturm** 8, 654 m. Auch vom Plateau der 1892 errichteten Stahlfachwerkkonstruktion ist die Rundsicht beeindruckend. Der Aussichtsturm ist das letzte Highlight dieser Etappe. Wir wandern an der Skihütte Gillerberg vorbei und schließlich über einen Wiesenweg hinab nach **Lützel** 9, 575 m.

↗ 510 m | ↘ 690 m | 27.6 km

56 Lützel – Irmgarteichen (RHS 5)

7.30 h

Entlang von Quellen weiter nach Süden

Der Rothaarsteig führt nicht nur lange Zeit durch das Land der 1000 Berge, wie das Sauerland oft genannt wird. Wir sind gleichsam in einer Region unzähliger Quellen unterwegs, von denen etliche unmittelbar am Fernwanderweg liegen. Heute passieren wir gleich fünf von ihnen, denen so prominente Flüsse wie Sieg und Lahn entspringen. Von allen Wanderetappen sind am heutigen Tag die wenigsten Aufstiegshöhenmeter zu erklimmen, dafür müssen wir wieder ein paar Extrakilometer unter die Füße nehmen, da keine Übernachtungsmöglichkeit direkt am Steig zur Verfügung steht.

Ausgangspunkt: Lützel (Stadt Hilchenbach), 575 m, Ortsmitte.
Endpunkt: Irmgarteichen (Stadt Netphen), 395 m, Ortsmitte.
ÖPNV: Lützel: Zug- und Busanbindung, Bahnhof unmittelbar am Rothaarsteig; Irmgarteichen: Busverbindung.
Anforderungen: Durchgehend einfache Schotterwege und Waldpfade.
Einkehr: In Großenbach: Landgasthof zur Siegquelle, Mo. Ruhetag, www.landgasthof-zur-siegquelle.de; am Lahnhof: Hotel Forsthaus Lahnquelle, Di. und Mi. Ruhetag, www.forsthaus-lahnquelle.de und Landgasthof zum Lahnhof, So. und Mo. Ruhetag, www.gasthof-lahnhof.de.
Unterkunft (Auswahl): Lützel: Hotel Ginsberger Heide, +49 2733 3224, www.hotel-ginsberger-heide.de; Fremdenzimmer im Ort; mehrere Übernachtungsbetriebe in Hilchenbach und Erndtebrück (abseits des Rothaarsteigs); Irmgarteichen: Gasthof Pension Jokebes, +49 2737 9583, www.gasthof-jokebes.de; Gasthof Ley, +49 2737 91094, www.gasthof-ley.de.
Karte: Rothaarsteig, Blatt Süd.

Wir verlassen die Siedlung **Lützel** ❶, 575 m, in südlicher Richtung am Haltepunkt der Bahn vorbei und queren danach hinüber ins Edertal, wo wir der jungen Eder flussaufwärts folgen und dabei den Mittelpunkt vom Landkreis Siegen-Wittgenstein passieren. Erst kurz vor dem Talschluss wechseln wir vom Forstweg auf einen Pfad, der zur **Ederquelle** ❷, 621 m, führt. Wenige Meter weiter treffen wir auf dem Bergkamm die Kohlenstraße, auf der wir hinab ins Straßendorf **Benfe** ❸, 570 m, einen Ortsteil von Erndtebrück, wandern. Der Ort wird nur kurz berührt, dann geht es sogleich im Gegenhang auf eine Waldkuppe, welche die Wasserscheide Rhein/Weser markiert, und nach einem kurzen Zwischenabstieg und dem Überqueren

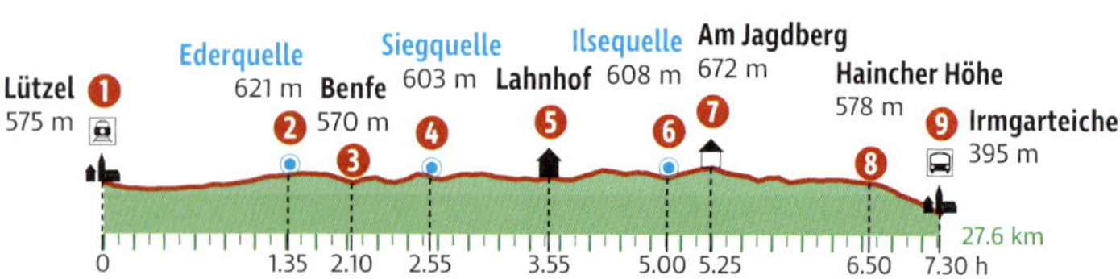

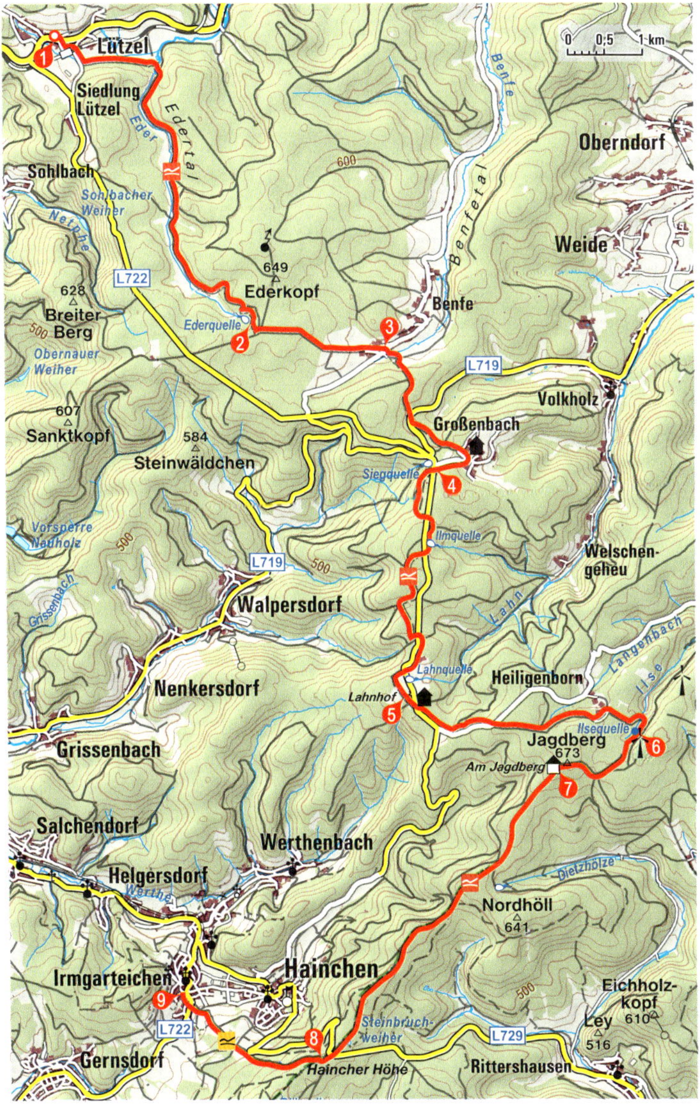
0 0,5 1 km
Lützel
Siedlung Lützel
Eder
Edertal
Benfe
Oberndorf
Sohlbach
Sohlbacher Weiher
Netphe
600
Benfetal
Weide
649
Ederkopf
628
Breiter Berg
500
L722
Benfe
Ederquelle
Obernauer Weiher
L719
Volkholz
607
Sanktkopf
584
Steinwäldchen
Großenbach
Siegquelle
Ilmquelle
Vorsperre Nauholz
500
L719
500
Welschen-geheu
Walpersdorf
Lahn
Grissenbach
Langenbach
Lahnquelle
Heiligenborn
Ilse
Nenkersdorf
Lahnhof
Ilsequelle
Jagdberg
673
Am Jagdberg
Grissenbach
Salchendorf
Werthenbach
Dietzhölze
Helgersdorf
Werthe
Nordhöll
641
Hainchen
Irmgarteichen
Eichholz-kopf
610
500
L722
Steinbruch-weiher
Ley
516
L729
Gernsdorf
Haincher Höhe
Rittershausen
1
2
3
4
5
6
7
8
9

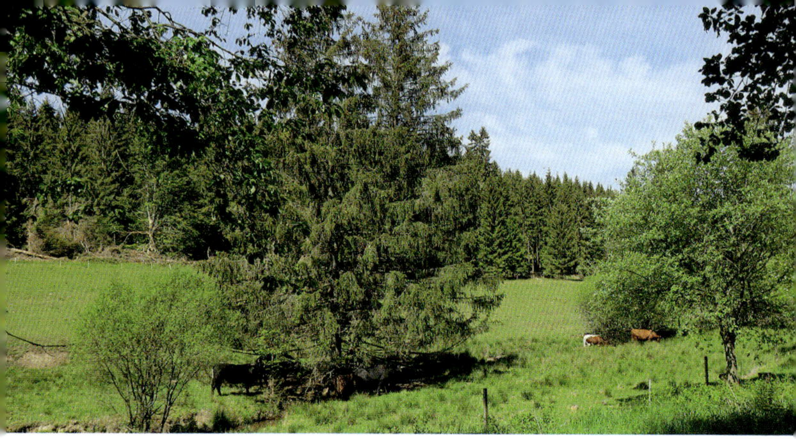

Typisches Rothaarsteiggelände, hier im Edertal.

der L719 hinauf nach Großenbach, wo der Landgasthof zur Siegquelle eine Einkehrrast ermöglicht. Westlich vom Ort sind es anschließend nur wenige Minuten bis zur **Siegquelle** ❹, 603 m. Der namensgebende Flusslauf des Siegerlands besitzt hier seinen Ursprung. Er ist dem keltischen Wort sikkere, für schneller Fluss, entlehnt. Nahe der Quelle und in der Folge quert der Rothaarsteig mehrfach eine kleine Asphaltstraße mit dem Namen Eisenstraße, was – wie auch die vorhin passierte Kohlenstraße – an historische Handelswege im Rothaargebirge erinnert. Ohne sich weit von der Straße zu entfernen, führt uns der Weg an der Ilmquelle vorbei zu den Häusern am **Lahnhof** ❺, 610 m. Wer in einem der Gasthäuser einkehren oder den Quelltopf der Lahn anschauen möchte, gelangt in einem kurzen Abstecher dorthin. Allmählich schlägt die Route eine östliche Richtung ein und leitet uns über sanft geschwungene Wege und Pfade zuletzt ins Ilsetal hinab. Dort angelangt biegen wir rechts ab und treffen rasch auf die **Ilsequelle** ❻, 608 m, der bereits seit Jahrhunderten eine heilende Wirkung nachgesagt wird.
Von der Ilsequelle steigt der Weg hinauf zur Landesgrenze von Nordrhein-Westfalen und Hessen, und der Grenzverlauf ist auch für etliche Kilometer identisch mit unserer Route. Zunächst wird der höchste Punkt im Lahn-Dill-Kreis passiert, dann treffen wir bei der Wegespinne **Am Jagdberg** ❼, 672 m, auf eine Schutzhütte sowie auf einen Wegweiser und eine Steintafel, die mit Entfernungsangaben zu umliegenden Ortschaften versehen sind. In strenger Südwestrichtung geht es nun wieder dem Rothaarkamm folgend in stetem Auf und Ab durch den Wald. Dabei werden etliche Kuppen überschritten, ehe wir an der **Haincher Höhe** ❽, 578 m, die L729 zwischen Netphen und Diethölztal überqueren. Kurz nach der Straße verlassen wir den Rothaarsteig und wandern rechtshaltend, zuletzt in aussichtsreicher Feldflur, hinab nach **Irmgarteichen** ❾.

8.15 h

Irmgarteichen – Dillenburg (RHS 6)

Finale auf den Hügeln längs der Dill

Am letzten Tag unserer Wanderreise geht es noch einmal zum Rothaarkamm hinauf, der auf den ersten Kilometern wieder der westfälisch-hessischen Landesgrenze entspricht. In der Ferne lockt bereits die Oranienstadt Dillenburg mit ihrer reichen Geschichte. Der Weg dorthin – heute der längste der sechs Tagesmärsche – wird vom Flusslauf der Dill vorgezeichnet, deren Quelle wir am Morgen passieren. Nach dem, was wir bisher geleistet haben, werden uns die überwiegend sanften An- und Abstiege nicht mehr sonderlich fordern. Dennoch bedeuten knapp 30 Wanderkilometer einen ausgefüllten Tag.

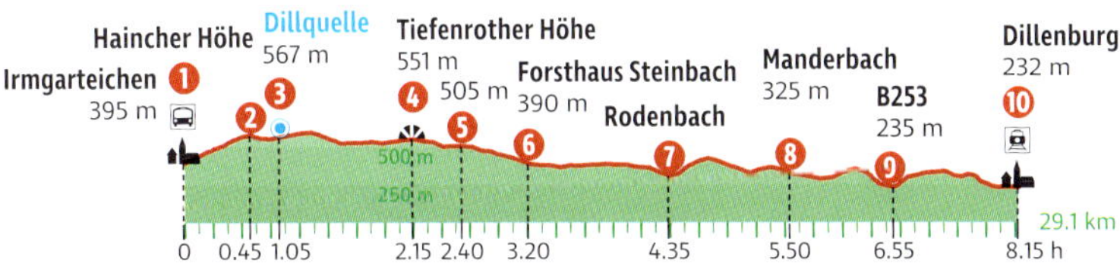

Ausgangspunkt: Irmgarteichen (Stadt Netphen), 395 m, Ortsmitte.
Endpunkt: Dillenburg, 232 m, Hofgarten.
ÖPNV: Irmgarteichen: Busverbindung; Dillenburg: Zuganbindung, mehrere Buslinien, vom Hofgarten ca. 10 Min. Fußweg zum Bahnhof.
Anforderungen: Durchgehend einfache Schotterwege und Waldpfade.
Einkehr: Unterwegs keine; unbedingt genügend Proviant einpacken; zahlreiche Möglichkeiten in Dillenburg.
Unterkunft (Auswahl): Irmgarteichen: Gasthof Pension Jokebes, +49 2737 9583, www.gasthof-jokebes.de; Gasthof Ley, +49 2737 91094, www.gasthof-ley.de; Dillenburg: Hotel Liebezeit, am Hüttenplatz, +49 2771 265380, www.liebezeit-dillenburg.de; Hotel Bartmanns Haus, +49 2771 265610, www.hotelbartmanns-haus.de.
Karte: Rothaarsteig, Blatt Süd.
Variante: Bei 5 können wir der Westerwaldvariante (WWV 1-3) 30 Extrakilometer durch den Westerwald nach Dillenburg folgen (Touren 58–60).

In **Irmgarteichen** 1, 395 m, beginnen wir den letzten Reisetag mit dem Rückweg auf der Strecke des Vortags, wobei das schwarze R auf gelbem Grund den Weg weist. Auf der **Haincher Höhe** 2, 578 m, überschreiten wir den Gebirgskamm und wandern etwas unterhalb durch den Wald zur **Dillquelle** 3, 567 m, deren Wasser später auch durch den Zielort des Rothaarsteigs fließt. Die Route winkelt bald scharf rechts ab und gewinnt wieder den Kammverlauf mit der von einigen Grenzsteinen gesäumten Route (KP steht für Königreich Preußen, HN für Herzogtum Nassau). Turmhohe Windkraftanlagen bestimmen teilweise das Bild auf dem Abschnitt über

die Gernsbacher Höhe, dann können wir an der Aussichtsplattform Nase im Wind auf der **Tiefenrother Höhe** ❹, 551 m, eine erste schöne Panoramarast einlegen. Von der Aussichtsplattform senkt sich der Kammweg, an einem alten Steinbruch vorbei, bald links abbiegend zur Schutzhütte am Haubergpfad und weiter zum **Abzweig der Westerwaldvariante** ❺, 505 m, (→ Variante).
Für den Großteil der Fernwanderer geht es geradeaus weiter. Einfache Waldwege und Pfade leiten am Naturdenkmal Lucaseiche vorbei ins romantische Steinbachtal und zum **Forsthaus**

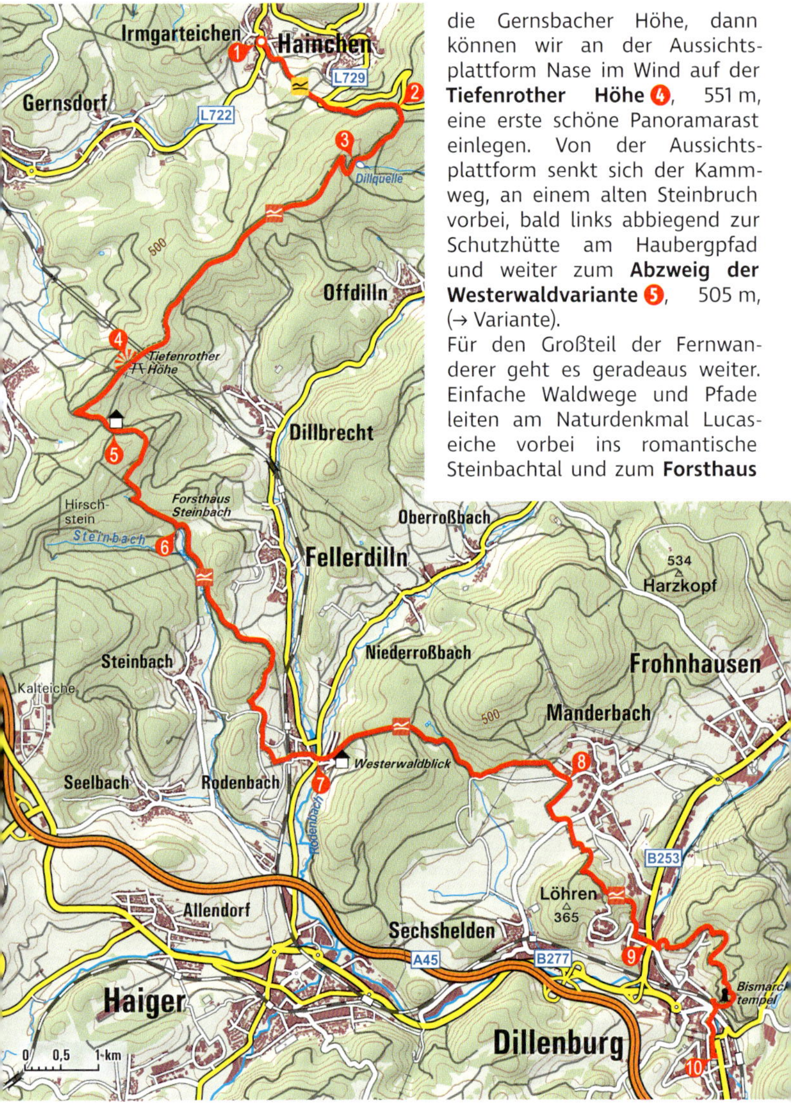

Am letzten Tag wechseln sich Forstwege und einfache Pfade ohne strenge Steigungen ab.

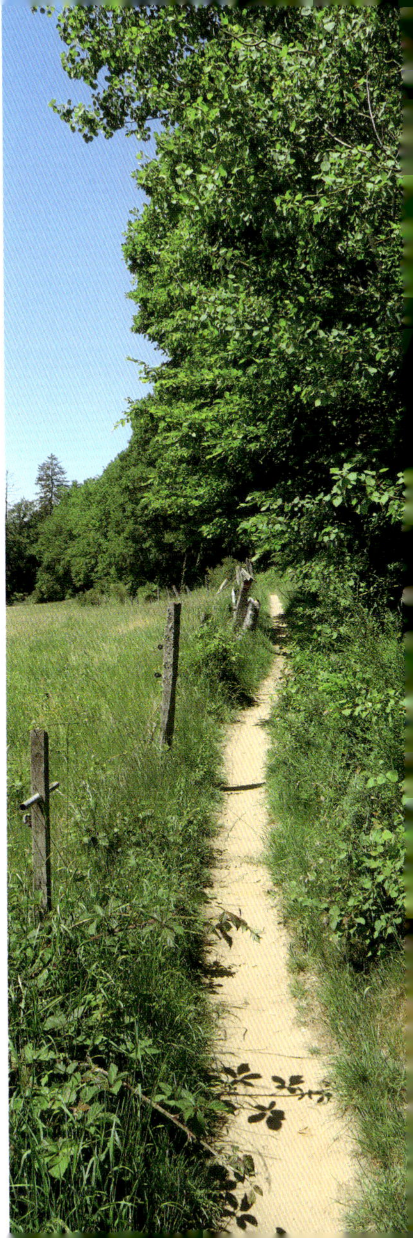

Steinbach 6, 390 m. Hinter einigen Fischteichen führt ein sanfter Gegenanstieg im Wald bergan, dann wird eine Kuppe umrundet, ehe wir am Wald entlang herrlich aussichtsreich den Ort **Rodenbach** 7, 310 m, einen Stadtteil von Haiger, ansteuern. Nach Durchqueren der Ortschaft bietet die Schutzhütte Westerwaldblick Gelegenheit zum Verschnaufen. Forstwege leiten über die folgende Anhöhe zum Ortsrand von **Manderbach** 8, 325 m. Der Wanderweg führt in diesem Abschnitt durch offene Feldflur, ehe er am Löhren wieder für kurze Zeit in den Wald eintaucht und sich als Pfad in den gleichnamigen Ortsteil von Dillenburg senkt. Über die Ströherstraße und Am Rabenborn gelangen wir zur **B253** 9, 235 m, hinab, die es zu überqueren gilt.

Nun befinden wir uns auf der Zielgeraden, nur noch ein letzter Aufstieg stellt sich uns in den Weg. Geradeaus führt die Frohnhäuser Straße über die Gleise, ehe die Markierungen wenige Meter weiter nach links eine Treppe hinaufweisen. Oberhalb der Bebauung sind es schöne Waldwege, die zum Bismarcktempel über der Stadt leiten, mit herrlichem Blick zum Wilhelmsturm auf dem Schlossberg.

Von hier senkt sich der Rothaarsteig zur Dill und in die Altstadt von **Dillenburg** 10, 232 m, wo er nach 154 Kilometern im Hofgarten endet. Der Bahnhof ist von hier wenige Minuten entfernt, der Weg ist ausgeschildert.

↗ 380 m | ↘ 360 m | 16.8 km

58 Irmgarteichen – Wasserscheide (RHS WWV 1)

4.30 h

Abschied vom Rothaarkamm

Wer die Zeit auf dem Rothaarsteig noch etwas ausdehnen möchte, kann auf der Westerwaldvariante zusätzliche Tage anhängen. Das von Landwirtschaft und Windparks geprägte Gelände wird im Vergleich zur bisherigen Strecke insgesamt zahmer, und es sind auch keine allzu großen Höhenunterschiede mehr zu bewältigen. Wer eine sehr gute Kondition besitzt, kann die 36 Kilometer von Irmgarteichen zur Fuchskaute an einem Tag absolvieren. Sinnvoller erscheint es, den langen Weg auf zwei Tage auszudehnen und in Wasserscheide, einem Ortsteil von Würgendorf, oder abseits des Trails eine zusätzliche Nacht einzuplanen.

Ausgangspunkt: Irmgarteichen (Stadt Netphen), 395 m, Ortsmitte.
Endpunkt: Wasserscheide (Gemeinde Burbach), 420 m, Ortsmitte.
ÖPNV: Irmgarteichen: Busverbindung; Würgendorf-Wasserscheide: Zug- und Busanbindung, Bahnhof Würgendorf wenige Meter vom Rothaarsteig entfernt.
Anforderungen: Überwiegend einfache Schotterwege und Waldpfade.
Einkehr: Unterwegs keine; Verpflegung nur in Irmgarteichen und Würgendorf-Wasserscheide; Proviant einpacken.
Unterkunft (Auswahl): Irmgarteichen: Gasthof Pension Jokebes, +49 2737 9583, www.gasthof-jokebes.de; Gasthof Ley, +49 2737 91094, www.gasthof-ley.de; Wasserscheide: Hotel Haus Wasserscheide, +49 2736 4487818; Hotel Restaurant Windeck, +49 2736 1640, www.hotel-windeck.de.
Karte: Rothaarsteig, Blatt Süd.

Auf der Kalteiche trennt sich die Westerwaldvariante vom Hauptweg.

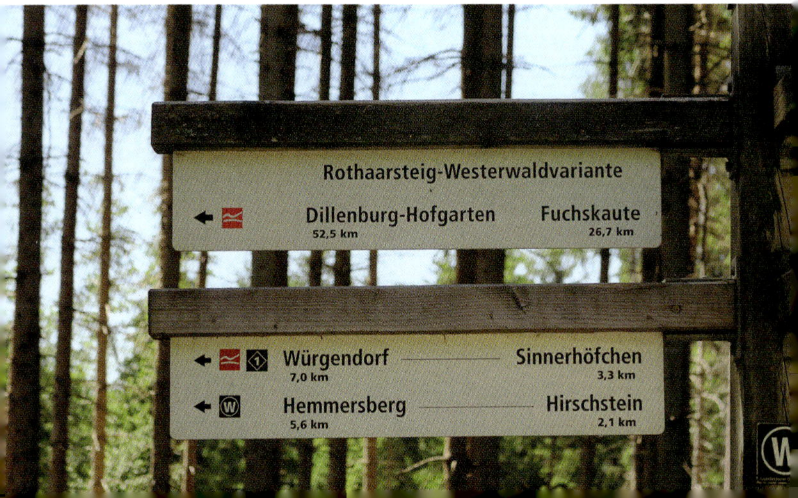

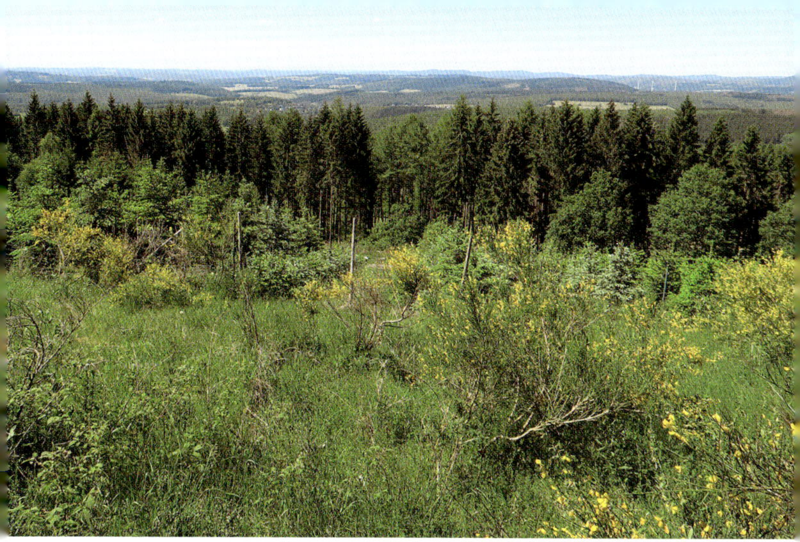

Herrlicher Ausblick von der Tiefenrother Höhe.

Von **Irmgarteichen** ❶, 395 m, begeben wir uns entlang der gelb-schwarzen Markierung zurück zum Rothaarsteig-Hauptweg, den wir auf der **Haincher Höhe** ❷, 578 m, erreichen. Auf der Südostseite des Bergkamms führt der Weg etwas unterhalb der Höhe zur **Dillquelle** ❸, 567 m, winkelt danach scharf rechts ab und gewinnt wieder den Kammverlauf mit der von alten Grenzsteinen gesäumten Route (KP steht für Königreich Preußen, HN für Herzogtum Nassau). Etliche Windkraftanlagen begleiten unseren Weg über die Gernsbacher Höhe, dann bietet sich bei der Aussichtsplattform Nase im Wind auf der **Tiefenrother Höhe** ❹, 551 m, eine erste schöne Gelegenheit für eine Panoramarast.

Weiterhin senkt sich der Kamm an einem alten Steinbruch vorbei, dann bald links abbiegend zur Schutzhütte am Haubergpfad und weiter zum **Abzweig der Westerwaldvariante** ❺, 505 m, an der Kalteiche. Hier trennen wir uns vom Hauptweg und verabschieden die Mehrheit der Fernwanderer nach Dillenburg. Stattdessen biegen wir rechts auf die Westerwaldvariante ab.

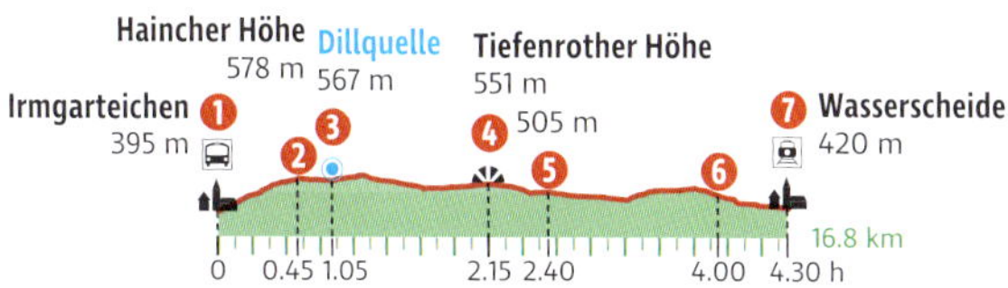

Zunächst noch auf dem Kamm quert die Route bald eine Talsenke, führt dort auf einem Holzsteg über den Steinbach und erklimmt im Gegenhang in einigen Serpentinen die Waldkuppe Sinnerhöfchen mit einigen Windrädern. Anschließend geht es hinab zur Unterführung der **A45** 6, 490 m, und schließlich schnurgerade weiter über die hessisch-westfälische Grenze hinunter nach **Wasserscheide** 7.

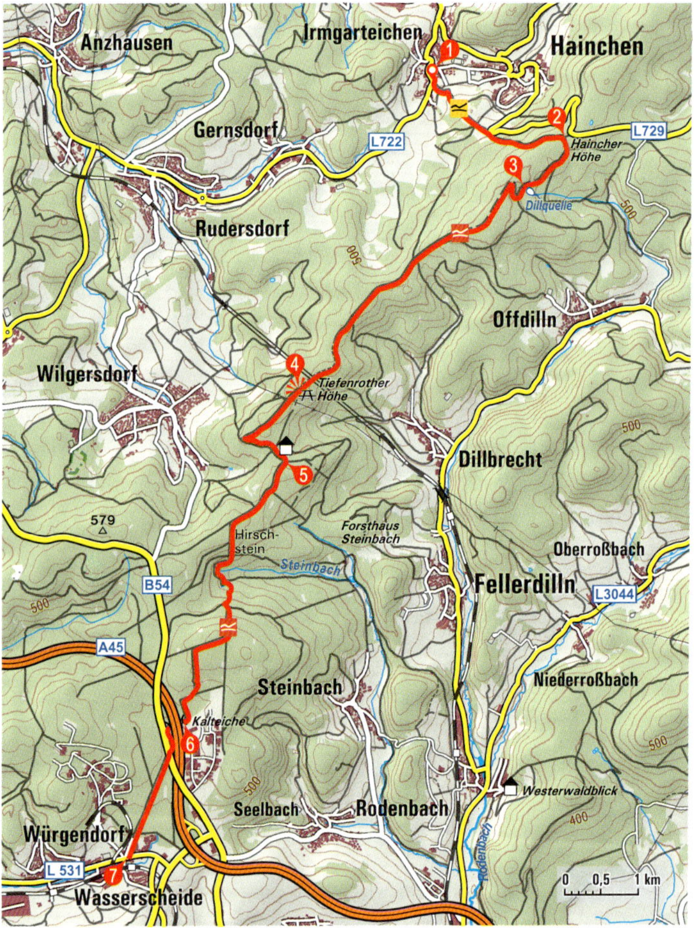

↗ 520 m | ↘ 280 m | 19.3 km

5.15 h

Wasserscheide – Fuchskaute (RHS WWV 2)

Auf in den Westerwald

Unser vorletzter Wandertag auf dem Rothaarsteig beginnt auf der Wasserscheide zwischen Heller und Dill bzw. Sieg und Lahn im Burbacher Ortsteil Würgendorf. Sowohl politisch als auch naturräumlich sind wir in einem Grenzraum unterwegs. Am Vortag haben wir unmittelbar vor Wasserscheide die hessisch-westfälische Grenze überschritten, heute wechseln wir vom Siegerland in den Westerwald und nach Rheinland-Pfalz. Dabei fungiert der Gebirgszug der Hoh als Bindeglied zwischen Rothaargebirge und Hohem Westerwald. Der Tourenvorschlag endet auf der Fuchskaute, dem höchsten Berg im Westerwald.

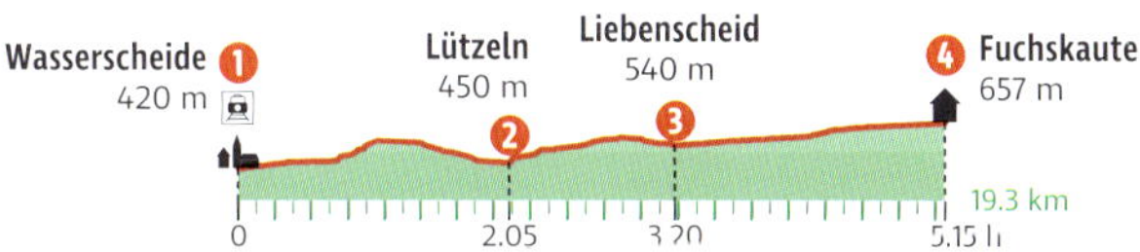

Ausgangspunkt: Wasserscheide (Gemeinde Burbach), 420 m, Ortsmitte.
Endpunkt: Fuchskaute (Gemeinde Willingen, Westerwald), 657 m.
ÖPNV: Wasserscheide: Zug- und Busanbindung,; Bahnhof Würgendorf wenige Meter vom Rothaarsteig entfernt; Fuchskaute: Kein ÖPNV.
Anforderungen: Überwiegend einfache Schotterwege und Waldpfade.
Einkehr: Unterwegs keine; Verpflegung nur in Würgendorf-Wasserscheide und

Auch an kleinen Dingen kann man sich erfreuen: Mohnblumen am Wegesrand.

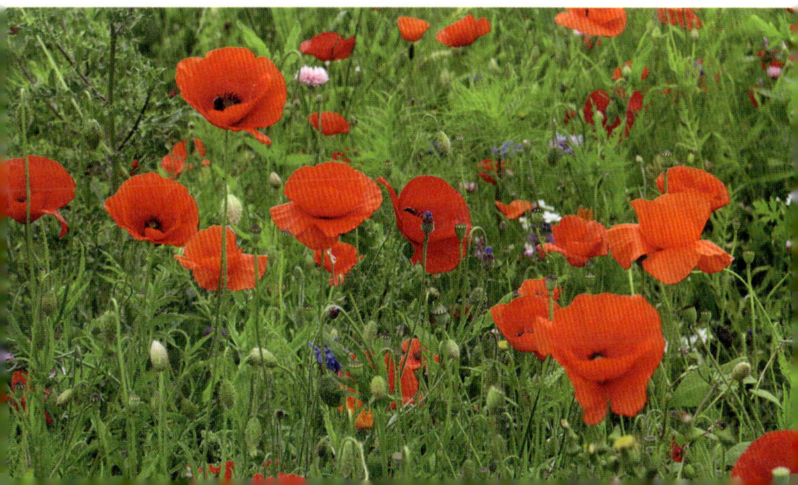

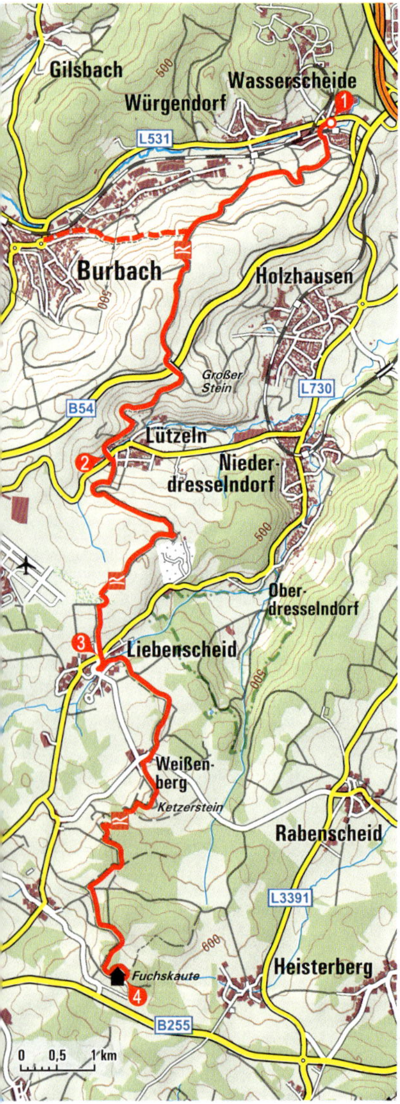

auf der Fuchskaute; Proviant einpacken.
Unterkunft (Auswahl): Wasserscheide: Hotel Haus Wasserscheide, +49 2736 4487818; Hotel Restaurant Windeck, +49 2736 1640, www.hotel-windeck.de; Fuchskaute: Fuchskaute Lodge, +49 2667 961930, www.fuchskaute-lodge.de.
Karte: Rothaarsteig, Blatt Süd.

Der Tag beginnt hinter **Wasserscheide** ❶, 420 m, mit einem Anstieg, der uns zunächst durch Wiesen und Wälder weiter nach Südwesten bringt. Ehe wir die bewaldete Höh überschreiten, tritt der Zuweg von Burbach zur Route.

Wir überqueren auf einer Brücke die B54 und gelangen zur Blockschutthalde Großer Stein, anschließend senkt sich der Weg mit hübschen Ausblicken nach **Lützeln** ❷, 450 m, hinab. Lützeln ist wie auch Würgendorf-Wasserscheide ein Ortsteil von Burbach im Siegerland an der naturräumlichen Grenze zum Westerwald.

Wir passieren bald die Kaolinton-Grube Auf dem Kreuz. Kaolinton ist in der Keramikindustrie ein begehrter Bodenschatz. Im Randbereich vom Flughafen Siegerland tritt der Rothaarsteig wieder in freies Gelände ein. Wir überqueren die Landesgrenze nach Rheinland-Pfalz und kommen nach **Liebenscheid** ❸, 540 m, wo der abschließende Panoramateil der Wanderung beginnt. Er führt mehrheitlich durch offene Feldflur nach Weißenberg und weiter zum Ketzerstein. Der verwitterte Basaltbrocken ist als Naturdenkmal ausgewiesen. Im sanften Schlussanstieg erreichen wir schließlich den höchsten Punkt im Westerwald auf der **Fuchskaute** ❹, 657 m.

↗ 270 m | ↘ 700 m | 24.4 km

6.45 h

Fuchskaute – Dillenburg (RHS WWV 3) 60

Vom Westerwald zurück zur Dill

Zum Abschluss unserer Reise auf dem Rothaarsteig kehren wir dem Westerwald wieder den Rücken und machen uns auf ins Dilltal, wo in der Oranienstadt Dillenburg die Zielmarke wartet und wir stolz auf die erwanderte Wegstrecke zurückblicken können. Nach dem bisher Erlebten wirken die wenigen Höhenmeter wie ein gemütlicher Spaziergang.

Ausgangspunkt: Fuchskaute (Gemeinde Willingen, Westerwald), 657 m.
Endpunkt: Dillenburg, 232 m, Hofgarten.
ÖPNV: Fuchskaute: Kein ÖPNV; Dillenburg: Zuganbindung, mehrere Buslinien, vom Hofgarten ca. 10 Min. Fußweg zum Bahnhof.
Anforderungen: Überwiegend einfache Schotterwege und Waldpfade.
Einkehr: Unterwegs keine; Verpflegung nur auf der Fuchskaute und in Dillenburg; genügend Proviant einpacken.
Unterkunft (Auswahl): Fuchskaute: Fuchskaute Lodge, +49 2667 961930, www.fuchskaute-lodge.de; Dillenburg: Hotel Liebezeit am Hüttenplatz, +49 2771 265380, www.liebezeit-dillenburg.de; Hotel Bartmanns Haus, +49 2771 265610, www.hotelbartmannshaus.de.; Hotel Bartmanns Haus, +49 2771 265610, www.hotelbartmannshaus.de.
Karte: Rothaarsteig, Blatt Süd.

Der Zielort Dillenburg wird vom Wilhelmsturm überragt.

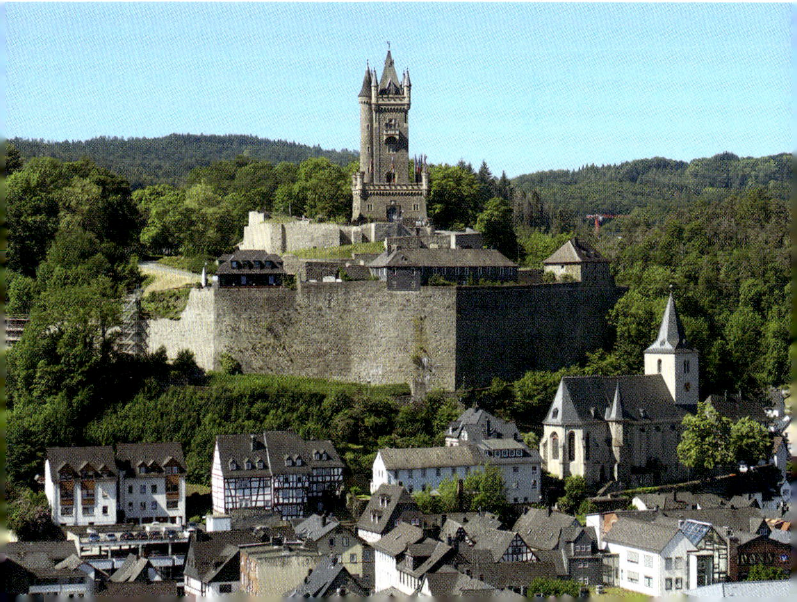

Auf der mit einem Gipfelkreuz geschmückten **Fuchskaute** ❶, 657 m, orientieren wir uns am Finaltag immer grob nach Nordosten. Bereits nach wenigen Minuten kehren wir Rheinland-Pfalz den Rücken und wechseln hinüber nach Hessen, wo wir im lockeren Wechsel aus Wald und Wiesen bald den Breitscheider Ortsteil **Rabenscheid** ❷, 554 m, streifen. Anschließend geht es vor der Fischbachmühle links und hinab ins unter Naturschutz stehende, wildromantische **Aubachtal** ❸, 455 m, wo wir eine Weile dem Flusslauf folgen. Am Korallenkalkriff des sagenumwobenen Wildweiberhäuschens südlich von Langenaubach wechseln wir rechts in einen kleinen Anstieg, der uns an einem Spielplatz mit Hütte vorbei zum Wanderparkplatz an der **K41** ❹, 488 m, bringt.

Der nächste Abschnitt verläuft auf dem bewaldeten Bergrücken entlang der Alten Rheinstraße, einer historischen Handelsstraße zwischen Wester-

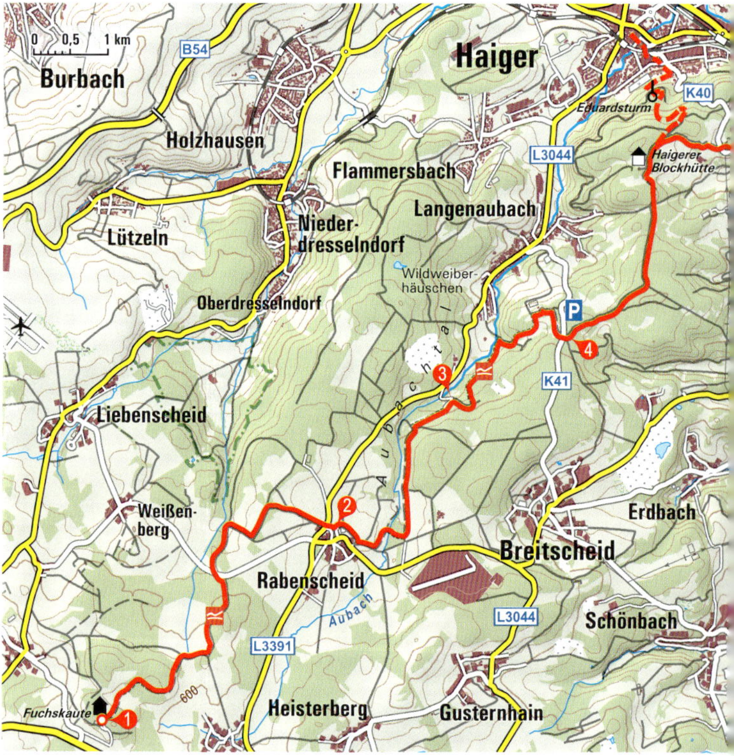

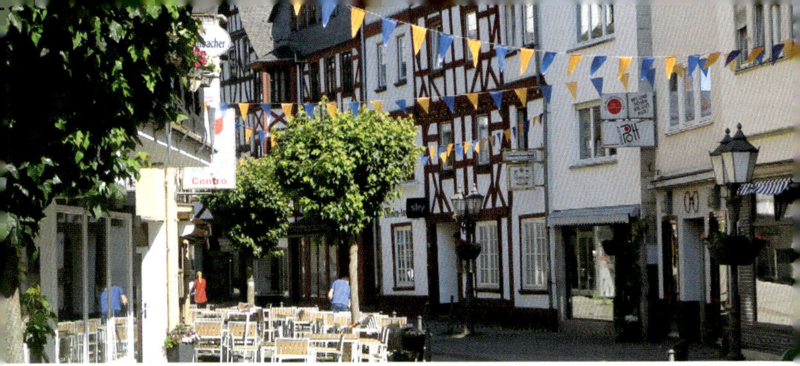

In der Altstadt von Dillenburg.

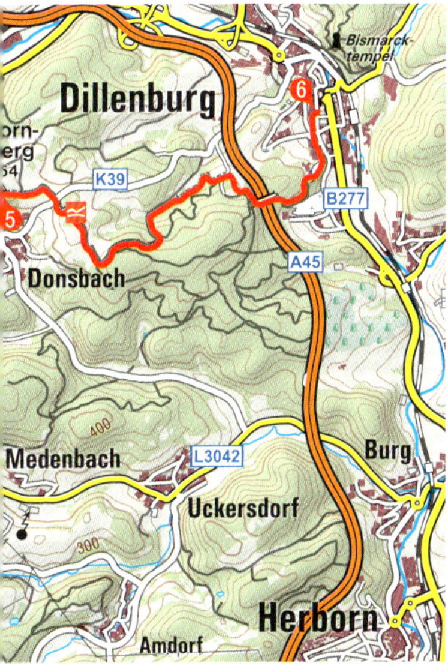

wald und Rhein. Nach der Haigerer Blockhütte tritt der Weg von Haiger über den Eduardsturm zur Route. Der Rothaarsteig nähert sich nun dem Finale.

Westerwaldtypisch dominiert wieder offene Feldflur das Landschaftsbild. In östlicher Richtung wandern wir zur K40 und zum oberhalb von Donsbach gelegenen **Kornberg** 5, 454 m, der ein herrliches Panorama vom Rothaargebirge bis zum Taunus gewährt.

Nach Querung der K39 und einige Zeit später der Sauerlandlinie A45 senkt sich die Westerwaldvariante hinab in den Hofgarten von **Dillenburg** 6, 232 m, wo unsere Wanderung auf dem Rothaarsteig endet. Der Bahnhof ist von hier wenige Minuten entfernt; der Weg dorthin ist ausgeschildert.

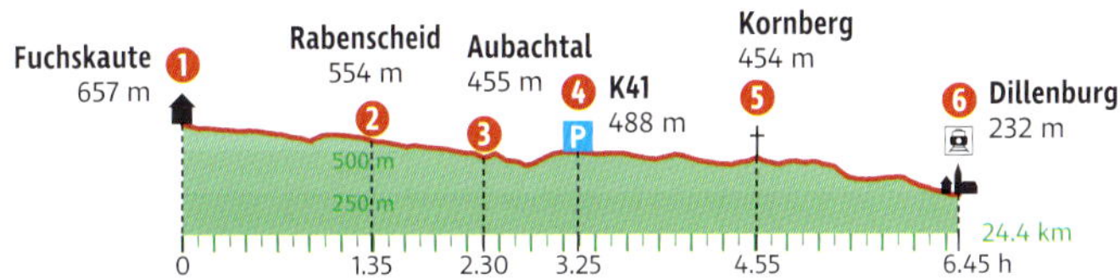

STICHWORTVERZEICHNIS

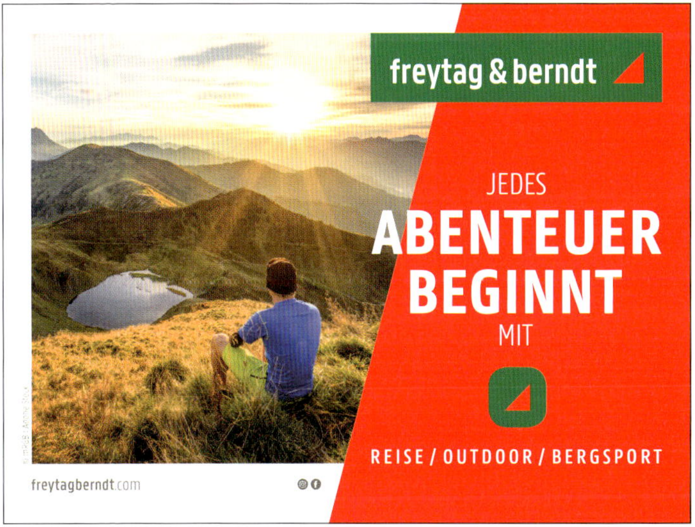
freytag & berndt
JEDES
ABENTEUER
BEGINNT
MIT
REISE / OUTDOOR / BERGSPORT
freytagberndt.com

Umschlagbild: In Vellinghausen, oberhalb des Hennesees.

Bild im Innentitel: Sommerliche Wiesen bei Bruchhausen.

Alle Fotos stammen vom Autor.

Kartografie:
60 Wanderkärtchen im Maßstab 1:25.000, 1:50.000, 1.75.000 und 1:100.000, Geodaten © OpenStreetMap und Mitwirkende, kartografisches Design: Freytag & Berndt Prag, www.freytagberndt.com; 2 Übersichtskärtchen im Maßstab 1:700.000 und 1:1.200.000 © Freytag & Berndt, Wien

8., vollständig neu bearbeitete Auflage 2022

ISBN 978-3-7633-4592-2

MIX
Papier aus verantwortungsvollen Quellen
FSC® C021956

Wir freuen uns über jeden Korrekturhinweis zu diesem Wanderführer!
Bitte per E-Mail an: leserzuschrift@rother.de

ROTHER BERGVERLAG · Keltenring 17 · D-82041 Oberhaching
Tel. +49 89 608669-0 · www.rother.de